翟玉忠

著

中国拯救世界

应对人类危机的中国文化（修订版）

华龄出版社
HUALING PRESS

图书在版编目（CIP）数据

中国拯救世界：应对人类危机的中国文化 / 翟玉忠
著 . -- 修订版 . -- 北京：华龄出版社，2024.5
ISBN 978-7-5169-2683-3

Ⅰ.①中… Ⅱ.①翟… Ⅲ.①中华文化—研究 Ⅳ.
① K203

中国国家版本馆 CIP 数据核字（2024）第 013779 号

策划编辑	南川一滴		责任印制	李末圻
责任编辑	郑 雍		装帧设计	华彩瑞视

书　　名	中国拯救世界：应对人类危机的中国文化 （修订版）		作　者	翟玉忠
出　版 发　行	华龄出版社 HUALING PRESS			
社　　址	北京市东城区安定门外大街甲 57 号		邮　编	100011
发　　行	（010）58122255		传　真	（010）84049572
承　　印	运河（唐山）印务有限公司			
版　　次	2024 年 5 月第 1 版		印　次	2024 年 5 月第 1 次印刷
规　　格	710mm×1000mm		开　本	1/16
印　　张	15.5		字　数	237 千字
书　　号	ISBN 978-7-5169-2683-3			
定　　价	58.00 元			

再版序言

21 世纪人类文明范式大转型

任何有理性和良知的人，都会看到西方资本主义塑造的近代文明范式不可持续。在科技发展日新月异，物质财富不断积累的同时，现实总是无情地将人类推向分裂、战争和苦难的深渊——人类在人文领域不是前进了，而是停滞甚至倒退了。

今天，第二次世界大战中曾遭受大屠杀的犹太人变成了杀戮者。

自 2023 年 10 月 7 日巴以爆发新一轮大规模冲突以来，以色列开始对加沙地带展开无差别轰炸。学校、医院、礼拜场所，甚至救护车队都成了以色列军队攻击的目标。战争法、人道主义、文明底线在这个据说是西方最智慧民族的眼中已不复存在，所有这一切都被疯狂的仇恨吞噬了。

我们不知道中东阿拉伯人和犹太人之间持续 100 多年的冲突何时能结束——他们当中不少人相信自己在遵循上帝的旨意行事，并不愿接受世俗的妥协。

实际上，我们看到整个西方文明范式都出了严重问题。西方主流经济学并没有将生态资源纳入其理论框架。它假定经济可以不断增长，人类可以不断汲取外部资源。问题是，我们只有一个地球，资源总是有限的，这决定了西方经济模式不可能持续；为刺激经济增长，就要刺激物欲、刺激消费。但几乎所有的古老文明都告诉我们，节制欲望才能带来幸福，放纵欲望只会带来个人和社会的苦难。

为了人类的持久和平和持续发展，我们需要一种新的文明范式——从学术体系、生活方式一直到政治经济体系。持续五千年中华文明积累的知识体系（道术）成为我们的必然选择！

梁启超说："'内圣外王之道'一语，包举中国学术之全部，其旨归在于内足以资修养而外足以经世。"[1] 本书以中华文化内圣外王一以贯之的知识体系——道术为主线，分三部分阐述了内圣之学、外王之学、内外一贯的道术，以及在应对人类各种危机中所起的重要作用。除让读者一览这一人类最为高度发展、高度圆融、高度普世的知识体系，还让我们看到其在21世纪人类文明范式大转型中举足轻重的地位。

本书初版于2010年5月，由中央编译出版社出版。主体部分的写作是在2008年金融危机之后。

2008年由美国次贷危机导致的金融市场大动荡引发了有识之士的深刻反思，一些人注意到，西方资本主义主导的文明范式出了问题。2009年，日本企业家稻盛和夫与日本哲学家梅原猛合著了《拯救人类的哲学》一书，在该书的前言中，稻盛先生指出，近代文明的快速发展以无休止的欲望作为动力，不断地追求经济增长，这种增长模式是不可持续的，人类必须改弦易辙，否则会如诸多古老文明一样难以逃脱灭亡的命运。他写道："危机的直接原因似乎是金融衍生产品使用过了头，但事情的本质是，人们为了满足自己的欲望，不择手段地追求利润的最大化，是失控的资本主义的暴走狂奔……人类现在必须思考一个问题，我们怎样来和这个地球共生共存，这就必须从爱、慈悲、同情以及利他之心出发，而不是无止境地追求基于欲望和利己心之上的所谓经济增长。"[2]

作为中国学者，笔者当时首先想到的问题是：中国自古就有发达的市场经济，为何没有陷入以"欲望作为动力""以资为本"的资本主义泥潭。在钱穆先生的《中国文化史导论》中，我读到下面一段话："重农抑商，控制经济，不使社会有大富大贫之分，这是中国自从秦、汉以来两千年内一贯的政

① 梁启超：《庄子·天下篇释义》，收入《饮冰室合集》（第十册），中华书局，1989。

② 稻盛和夫、梅原猛：《拯救人类的哲学》，曹岫云译，中国人民大学出版社，2009，第4-5页。

策。中国的社会经济，在此两千年内，可说永远在政府意识控制之下，因此此下的中国，始终没有产生过农奴制度，也始终没有产生过资本主义。"[1] 那时我开始意识到，中华文化代表一种超越资本主义的文明范式，它为人类的可持续发展提供了新路。

于是就有了本书。同时，我将书中的观点浓缩成《此次金融危机是西方文明范式的整体危机》一文，发表于《国外理论动态》杂志2012年第1期。

13年过去了，华龄出版社编辑建议我重新修订本书。内容由原来的九章扩充至目前的十八章。改动主要是下编"道术一贯"部分，除保留2010年版的第八章"中国学术与西方学术的分野"一章外，加入了过去十几年自己研究中华文化内圣外王一以贯之知识体系的新成果——以此形式，向长期支持我的诸多友人汇报。

思想方面，原版中还有太多佛学的影响，修订版则将佛教与中国文化内圣外王的体系区别开来，并将佛学部分剔除。这种学术探索的艰辛，不经历者是难以体会到的——因为经过两千年的佛化过程，中国原生文明体系已经变得模糊不清。中国文化也从汉代的"表彰六经""独尊经学"变成了儒、释、道三分天下。

在对中国文化的研究中，我有幸看到一种真理所独具的真、善、美。说它真，是因为中华文化历经五千年时间考验，历久弥新，今天仍有其重大的时代价值；说它善，是因为中华文化以普遍的人伦之善，道德为基础，没有走上现代西方文化去道德化的歧路；说它美，是因为它源于西周王官学，大一统的社会造就了大一统的知识体系，这是一种内在修养与外在事功相集成的知识体系，与西方宗教道德、社会治理的分立迥异。

多年以来，我们夜以继日，努力将这一伟大的知识体系传达给世界。因为我们知道，这颗智慧宝珠不仅将复兴中国，亦将改变整个世界！

翟玉忠

2023年11月10日于北京奥森寓所

---

[1] 钱穆：《中国文化史导论》（修订本），商务印书馆，1996，第123页。

原版序言

清算中国知识界的新蒙昧主义

河清

有幸先睹玉忠先生的《中国拯救世界》书稿，不禁眼前一亮：中国尚有如此以经世济民的实用精神、探求中国文化瑰宝的学者，可谓国之幸矣！

玉忠先生首先提出一个人们熟知、却从来没有得到过细致研讨的问题：为什么中华文明能够与自然相和谐、绵延五千年而不衰？他从政治、经济、生活方式等多角度，将其归结于中华文化的精髓——内圣外王之道。这种内圣外王之道，不仅仅是一种文化意义上的概念，而是一种制度，一种模式，一种道路，其中蕴含着解决当代问题的根本方法。

玉忠先生的大作，可以让我们重新审视中国人独特的政治制度、伟大的知识体系和理性的生活方式，让我们深刻反思中国知识界自绝于中国文化、屈膝跪拜西方文化的历史悲剧。百年来，中国文化人已习惯，一切皆"西是而中非"，"西长而中短"。文化自卑，病入膏肓。这种"新蒙昧主义"笼罩百年中国知识界！

过去中国知识界有一个流传甚广的三段式：近代中国尝试器物现代化失败了（洋务运动），制度现代化也失败了（戊戌变法），只有根本从"文化心理结构"上去实行"文化现代化"，才能真正实现现代化。在当时中国文化人心目中，西方正代表了人类的"现代文化"，中国则还处于尚未启蒙的"前现代"。西方的今日，必然是中国的未来。因此，走向西方，就是走向未来、走向现代，此即所谓80年代的"文化启蒙"。自己深度蒙昧，还自命要给别人启蒙。荒谬可笑，不亦甚乎？

斗转星移，尽管今日中国知识界相当一部分人依然没有走出这种"80年代"思维模式，但已经有人数可观的知识界人士，开始在不同程度、不同方面，对这种"西化热"进行反省。当初的中国人是多么浪漫，飘离自己脚下的大地，对蔚蓝色西方充满天真的梦想。这可以理解，因为当时人们都是从书本上去想象憧憬西方之今日——中国之未来。而如今，每年国人出国数以千万计，西方社会不再像当年那样神秘。尤其几乎被奉为"西方"化身的美国，日益露出其强横霸权的面目，时不时地给那些心醉神迷西方的热昏脑袋，泼去大盆大盆的冰水。

历史和现实迫使中国人更理性地看待西方，更理性地看待自己。

中国文化，本是一个早熟的文化。智慧，丰厚，中庸，圆融，灿烂，并历久不绝。中国的历史，大体上可以说是一部相当文明的历史，而文明严重断裂和版图长期分裂的欧洲，却是一部充满战争杀戮的历史。美国学者亨廷顿有言：整部欧洲历史"战争是常态，和平是非常态"。

事实是，西方自古罗马毁于蛮族入侵，之后长期处于黑暗之中。文明断绝，暗无天日。古代典籍除了流落拜占庭帝国一部分，靠阿拉伯世界的大规模翻译才得以留存。后来的欧洲人主要是通过阿拉伯译本才了解古希腊的哲学和科学知识。就是说，西方"人本主义文明"，到阿拉伯文化那里拐了一个大弯才得以延续。这一点本是常识，只是今天西方主流学界羞于多提。

在长达一千多年的所谓"中世纪"，西方强盗横行，民不聊生，瘟疫蔓延。那一轮又一轮的十字军"东征"，可以说是打着宗教旗号、一次次西方的"倭寇"到东方来烧杀抢掠，到处屠城。当时，农民们只好依附有城堡保护的贵族领主当农奴。绝望之下，宗教兴盛。所以当时欧洲人到处都拼命垒石块，建造向上天飞升的哥特式教堂。当时的拜占庭和阿拉伯世界远比西方更文明。

西方文明史，其实被中断了一千年！直到500多年前，也就是中国明朝中叶，西方人才从拜占庭人和阿拉伯人那里，惊奇地了解到自己的"远祖"原来很"以人为本"。于是乎才发起一个"古代重生"（Renaissance），就是所谓的"文艺复兴"运动。实际上这是一场"复古"运动，或借"复古"来要求"以人为本"。正因为西方人长期受教权和君权的压迫，中世纪封建制下的农民是一种真正的农奴或奴隶制，被压太甚的西方人才奋起呼号要"人权"要"自由"。通常情况是，哪里呐喊呼求什么，正是那里太缺这东西。

可以说，西方开始"文明"的历史不过500年，就这500年历史，依然充满了残暴杀戮。当年鲁迅不熟悉西方历史，不然，他看完这部西方历史后也会怒道：只读出"吃人"二字！

西方国家向全世界扩张的殖民史，本是一部血腥掠夺史。西、葡、法、英殖民美洲大陆，屠杀了大量印第安人！几乎把北美土著印第安人赶尽杀绝。西方殖民者从非洲贩卖黑奴，造成数以亿计的非洲黑人死亡，并大规模毁灭了非洲和美洲的土著文化。后来晚到的美国，也没干什么好事，驱杀印第安人，蚕食墨西哥，侵占菲律宾，今日又打伊拉克占阿富汗。无怪乎，美国麻省理工大学教授乔姆斯基直言"美国以战争作外交政策"。乔姆斯基历数从西历1846年至2004年的160年，美国46次出兵干涉别国或直接交战，平均4年干一仗！可以说，西方历史是"武化"横行的历史，中国才是"文化"的历史。西方的历史和文化，远非如中国"知识分子"们想象的那样完美，那样"文明"。

事实上，不同文化各有其特性，各有其利弊长短。一种完美的文化或历史是不存在的，过去不存在，将来恐怕也不会存在。中国的文化历史毫无疑问有很多问题，正如西方的文化历史也有很多弊端。但问题和弊端不能遮盖中西文化的智慧成就。正因如此，人类文化才显得丰富多样，缤纷多彩。所以，我最推崇的西方当代学者是倡扬"文化多样性"的法国文化人类学家列维－施特劳斯（C. Levi-Strauss）和倡扬"文化个性"（cultural identity）的美国学者亨廷顿。

五四运动以来，中国人自揭疮疤，自虐自贱，已经够了！中国文化人自绝于文化传统之惨烈，人类文化史上绝无仅有。人必自侮而后人侮之！一个在文化上自侮的民族，是永远没有希望的，更遑论"复兴"！中国人再也不应该无知地轻贱自己文化，膜拜别人的文化。如果当代国人还不能反思百年中国的文化自卑和文化自虐，反省百年中国在文化精神上丧魂落魄西向而跪的"新蒙昧主义"，那将是我们的失责和罪过。

今天，我们必须发起一场真正意义的新启蒙运动，清算中国知识界的"新蒙昧主义"，让国人看到中国文化的正面价值，研究中国文化的个性和特殊性，理性揭示中西文化的差异性，比较其利弊，恢复中国人的文化自信心。魂兮归来，重返中国。

在此意义上，玉忠先生本书的出版，可谓是吹响这场新启蒙运动的历史号角！

作者系浙江大学人文学院教授

目　录

中篇 外王之学

下篇　道术一贯

中华文明——21 世纪拯救世界的新文明范式

与西方经济学将生态系统排斥于经济生活之外不同（西方学者在定义"经济学"这个概念时所指的"稀缺资源"，主要指能够生产用来分配的商品的资源），华夏礼义文明最显著特点就是从政治、经济、价值观、生活方式等角度维系有限自然资源与无穷人类欲望间的平衡。在生态危机越来越严重的今天，人类要想实现人与自然的和谐、可持续发展，只有走上华夏礼义文明的康庄大道。

大自然不断地向人类敲起生态危机的警钟。

2009 年末，警钟再度响起。世界气象组织在瑞士日内瓦发表的《2008年温室气体公报》指出：2008 年大气中的大多数温室气体浓度继续增加，可长期留存的温室气体，包括二氧化碳、甲烷和氧化亚氮的浓度创下工业革命以来的新纪录；2008 年二氧化碳在地球大气中的浓度为 385.2 ppm（1 ppm 为百万分之一），与 2007 年相比增加 2.0 ppm。而在工业革命前，二氧化碳在大气中的浓度大约一直保持在 280 ppm。

世界著名生态研究组织"环球足迹网络"（Global Footprint Network）还以图表的形式告诫人类目前的生产生活方式导致的灾难性结果（如图导 –1）。该组织指出，今天人类消耗资源和二氧化碳排放量的速度，比大自然能再制造资源及再吸收二氧化碳的时间快 44%。这意味有近一个半地球提供资源，才能满足人类每年的需要。按照这样的污染和消耗速度，2025 年左右要有两个地球才足够提供人类所资源。如果人类都以美国人的生活方式消耗能量，则需要五个地球的资源。"环球足迹网络"不断告诉世人的简单事实是：地球只有一个！人类不能涸泽而渔！

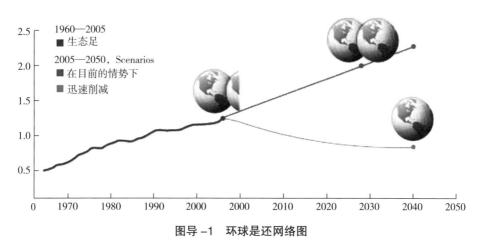

图导 –1　环球是还网络图

生态足，即人口所消耗的资源及排放的二氧化碳，需要多少土地和海洋才能满足和吸收。来源：http://www.footprintnetwork.org/en/index.php/GFN/page/world_footprint/

总之，以西方文明为蓝本的现代生产、生活方式遭到了越来越多有识之士的怀疑，人们开始主动探索一条不同于西方的经济发展道路和生活方式。相关的民间组织应运而生，比如反经济全球化运动（Anti-globalization Movement）、志愿简单生活运动（Voluntary Simplicity Movement）、乐活（LOHAS, Lifestyles Of Health And Sustainability，可持续的健康生活方式）、公平贸易运动（Fair Trade Movement）、有机农业运动（Organic Agriculture Movements）、社区支持农业（Community Supported Agriculture，CSA）等。

与笔者合作过的留美学者文佳筠博士（Dr. Dale Wen）一度就职于美国顶尖商业公司，待遇优厚。但她选择了去总部位于旧金山的非营利智囊组织全球化国际论坛工作，致力于环保运动。2009年初，她在《不可能的美国梦》一文中指出了地球有限的资源与消费主义催生的人类无限欲望之间的矛盾。她说："如果中国人以美国人的生活为富裕的标准，而美国人又以比尔·盖茨的生活为富裕的标准，那有限的地球，绝对不可能承担我们被消费主义调动起来的无限欲望。所以，志愿简单生活运动还有另一句著名的口号：'简单生活，让其他人能够生活'（Live simply, so others can simply live）。"

文佳筠博士也清醒地意识到，要最终解决有限资源与无限人欲间的矛盾，需要人类文明范式的革命——仅改变生活方式是远远不够的，还需要政治经济制度的根本性变革。她接着写道："个人的选择和行动固然重要，但它的影响力根本不能和制度、规划比拟。比如，美国的许多城市是为小汽车设计的，而不是为人设计的，没有小汽车简直寸步难行。这为人们选择环保的出行方式带来了巨大的限制和困难，很显然，这类问题必须要靠政府和制度来解决，单靠个人选择是不够的。"①

我们为民间环保主义者摩顶放踵、以利天下的精神所感动，也为他们忽视人类历史上可持续发展了五千年的中国而遗憾。西方现代工业文明诞生不到五百年已经处于不可持续的发展困境，我们为何不能放眼东方，学习已经绵延不绝发展了五千年的华夏文明呢？！

---

① 文佳筠：《不可能的美国梦》。网址：http://www.wyzxsx.com/Article/Class4/200902/69719.html，访问日期：2009年12月2日。

一、维齐非齐：形式上的不平等才能实现实质上的平等

1. 何为"华夏"

是什么原因使华夏文明生生不息、持续发展了五千年呢？在此我们首先要回答：何谓"华夏"？

《左传·定公十年》载孔子的话说："裔不谋夏，夷不乱华"，《春秋左传·正义》解释说："中国有礼仪之大，故称夏；有服章之美，谓之华。"由此我们知道，华夏的本意乃衣冠华美的礼仪大国，故《春秋公羊传·隐公七年》何休注："中国者，礼义之国也。"而衣冠制度是这一文明的最显著标志。

华美的衣冠不仅是经济发达的象征，更意味着先进的政治经济制度。

据说华夏人文始祖黄帝是衣冠制度的发明者。《汉书·律历志》云："黄帝始垂衣裳，有轩、冕之服，故天下号曰轩辕氏。"《世本》云："黄帝作旃冕①。"

《周易·系辞下》认为黄帝开始取《乾》《坤》上下之象而制作衣裳。上面说："黄帝尧舜垂衣裳而天下治，盖取诸《乾》《坤》。"《周易》的作者何以能将衣冠制度的建立与天下大治联系起来呢？因为衣冠制度的成熟意味着社会纵向分层（等级）的实现、社会系统的复杂化。故《白虎通·衣裳》云："圣人所以制衣服何？以为缔绤蔽形，表德劝善，别尊卑也。"《尚书·尧典》云："敷奏以言，明试以功，车服以庸。"这句话的意思是说，舜帝让诸侯报告政务，然后考察他们的政绩，赏赐车马衣物作为酬劳。

现代考古学也认为：社会分层、阶层或阶级的出现是社会复杂化和进步的标志。黄帝建立衣冠制度，标志着中国国家体制的发轫！它使衣饰脱离了原始的保暖意义，具有了更多的社会属性。历史上似乎所有文明都曾经历这样的阶段——德国艺术史家格罗塞（Ernst Grosse，1862—1927）在其名著《艺

---

① 旃冕，一种纯色丝帛制作的冕冠。

术的起源》中写道："在较高的文明阶段里，身体装饰已经没有它那原始的意义。但另外尽了一个范围较广也较重要的职务：那就是担任区分各种不同的地位和阶级。在原始民族间，没有区分地位和阶级的服装，因为他们根本就没有地位阶级之别的。"[1]

也就是说，在人类文明早期，衣冠等级同时也是社会分层及社会组织制度的外在形式，这种形式上的不平等是人类文明发展的必然结果，它与专制极权没有必然的联系。

与其他民族不同的是，在中国，从西周到清代，衣冠制度几乎始终与社会分层紧密地联系在一起，有限经济资源的分配也基本是按与衣冠相联系的社会层次分配的。晋国随武子所谓："君子小人，物有服章，贵有常尊，贱有等威，礼不逆矣。"（《左传·宣公十二年》）

2. 礼义是中华文化的核心

历史学家章权才说："礼是'礼义'和'礼仪'的统一体。"[2] 我们这里所说的礼有着更为深广的内涵，不单指历经春秋战国礼乐崩坏之后儒家提倡的礼乐服饰制度，而是对西周整个文明形态的总称。

从西周开始，中华文化走向成熟。所以钱穆先生说礼是中华文化的核心，不能用西方与一个地区语言风俗相关的文化概念套用中国文化，以"礼"为核心的中国文化本身就是普世的、世界性的。

1983 年 7 月，钱穆向来台北拜访他的美国学者邓尔麟（Jerry Dennerline）这样解释说：

中国文化是由中国士人在许多世纪中培养起来的，而中国的士人是相当具有世界性的。与欧洲的文人不同的是，中国士人不管来自何方都有一个共同的文化。在西方人看来，文化与区域相连，各地的风俗和语言就标志着各种文化。但对中国人来说，文化是宇宙性的。所谓乡俗、

---

[1] 格罗塞：《艺术的起源》，商务印书馆，1996，第 81 页。

[2] 章权才：《礼的起源和本质》，《学术月刊》1963 年第 8 期。

风情和方言只代表某一地区。要理解这一区别必须理解"礼"这个概念。在西方语言中没有"礼"的同义词。它是整个中国人世界里一切习俗行为的准则，标志着中国的特殊性。正因为西语中没有"礼"这个概念，西方只是用风俗之差异来区分文化，似乎文化只是其影响所及地区各种风俗习惯的总和。如果你要了解中国各地方的风俗，你就会发现各地的差异很大。即使在无锡县，荡口的风俗也与我在战后任教的荣乡不同。国家的这一端与那一端的差别就更大了。然而，无论在哪儿，"礼"是一样的。"礼"是一个家庭的准则，管理着生死婚嫁等一切家务和外事。同样，"礼"也是一个政府的准则，统辖着一切内务和外交，比如政府与人民之间的关系、征兵、签订和约和继承权位等。要理解中国文化非如此不可，因为中国文化不同于风俗习惯。[1]

在先哲看来，道德仁义、刑罚诉讼、各种政治伦理关系、军事、祭祀都要用礼来节制，礼指导着社会生活的方方面面，是整个世界、天下秩序的基础。礼甚至成为人区别于动物界的标志。《礼记·冠义第四十三》开宗明义地指出："凡人之所以为人者，礼义也。"《礼记·曲礼上第一》对此则详加阐释，上面说：

> 道德仁义，非礼不成，教训正俗，非礼不备。分争辨讼，非礼不决。君臣上下父子兄弟，非礼不定。宦学事师，非礼不亲。班朝治军，莅官行法，非礼威严不行。祷祠祭祀，供给鬼神，非礼不诚不庄。是以君子恭敬撙节（撙节，约束、抑制——笔者注）退让以明礼。鹦鹉能言，不离飞鸟。猩猩能言，不离禽兽。今人而无礼，虽能言，不亦禽兽之心乎……是故圣人作，为礼以教人，使人以有礼，知自别于禽兽。

《礼记·乐记第十九》认为礼、乐、刑、政不过是治道的不同形式，都包括在礼制之中。上面说，用礼仪来指导人们的志向，用音乐来调和人们的性

---

[1] 邓尔麟:《钱穆与七房桥世界》，蓝桦译，社会科学文献出版社，1998，第8页。

情，用政令来统一人们的行动，用刑罚来处置人们的奸邪。礼、乐、刑、政，其根本的的是一致的，都用来统一百姓的思想，走上治国正道，实现国家的安定兴旺。"故礼以道其志，乐以和其声，政以一其行，刑以防其奸。礼乐刑政，其极一也，所以同民心而出治道也。"

将政治、法律、道德，甚至宗教因素统一起来是早期文明的基本特征之一，只不过中国人为它取了一个名子：礼。梅因在《古代法》中考察古代法典时就注意到："这些东方的和西方的法典的遗迹，也都明显地证明不管它们的主要性质是如何的不同，它们中间都混杂着宗教的、民事的以及仅仅是道德的各种命令；而这是和我们从其他来源所知道的古代思想完全一致的。至于把法律从道德中分离出来，把宗教从法律中分离出来，则非常明显是属于智力发展的较后阶段的事。"①

政治、法律、经济等方面从西周礼制中分离出来的过程被称为"礼崩乐坏"，它使礼失去了其重要的政治经济内容，只保留了道德教化的意义，这种礼制一直延续到清朝灭亡。比如以敬长尊贤为礼义的乡饮酒礼，1843年（与英国签订《虎门条约》那一年），清政府才决定将各地乡饮酒礼的费用拨充军饷，并下令废止。

北宋史臣注意到三代以后政治、法律、经济（约略相当于下文所说"簿书、狱讼、兵食"）分化的现实——治道不再统归于活生生的礼乐生活，礼乐制度本身也成了礼仪虚名；《新唐书》将责任推给了秦朝，认为是"百代皆行秦政治"阻碍了三代礼制的复兴。事实上这种社会功能的分化是一种进步，是文明发展的一般规律，尽管政治与教化分裂的问题直到21世纪的今天也没能很好地解决。《新唐书·卷十一·礼乐一》开篇论述说：

> 由三代而上，治出于一，而礼乐达于天下；由三代而下，治出于二，而礼乐为虚名。古者，宫室车舆以为居，衣裳冕弁以为服，尊爵俎豆以为器，金石丝竹以为乐，以适郊庙，以临朝廷，以事神而治民。其岁时聚会以为朝觐、聘问，欢欣交接以为射乡、食飨，合众兴事以为师

---

① 〔德〕梅因：《古代法》，商务印书馆，1996，第9-10页。

田、学校，下至里闾田亩，吉凶哀乐，凡民之事，莫不一出于礼……及三代已亡，遭秦变古，后之有天下者，自天子百官名号位序、国家制度、宫车服器一切用秦，其间虽有欲治之主，思所改作，不能超然远复三代之上，而牵其时俗，稍即以损益，大抵安于苟简而已。其朝夕从事，则以簿书、狱讼、兵食为急，曰："此为政也，所以治民。"至于三代礼乐，具其名物而藏于有司，时出而用之郊庙、朝廷，曰："此为礼也，所以教民。"此所谓治出于二，而礼乐为虚名。

3. 齐民，实现人与人之间的平等

编户齐民是历代治国的基础。

所谓编户，是政府按户登记人口，并将之编辑成档案；齐民，指广大民众政治经济权利与义务的平等。《汉书·食货志下》颜师古注引三国学者如淳："齐，等也。无有贵贱，谓之齐民，若今言平民矣。"

西周礼制注重社会纵向的分层，即社会结构上的差序、不平等，认为社会只有承认形式上的不平等才能实现实质上的平等。这与西方传统上关注人与人本质上平等迥异。直到今天，诸多西方哲学家对于本质平等假设、自由竞争所造成的实质不平等仍熟视无睹。

世上万物都是不平等的（不齐），需要社会整体调节才能实现平等（齐）。如果硬性地假设"平等"，结果将是灾难性的。中国先哲特别强调这一点。孟子说："夫物之不齐，物之情也。"（《孟子·滕文公上》）

《管子·国蓄第七十三》是中国古典经济理论的核心文献，它从经济角度论述了经济不平等的必然性：相同的财产，智者善于收罗。往往是智者可以攫取十倍的高利，而愚者连本儿都捞不回来。如果君主不能及时调节，民间财产就会出现百倍的差距。人太富了，利禄就驱使不动；太穷了，刑罚就威慑不住。法令不能贯彻，万民之所以不能治理是由于社会上贫富不均的缘故。"分财若一，智者能收。智者有什倍人之功，愚者有不赓本之事。然而人君不能调，故民有相百倍之生也。夫民富则不可以禄使也，贫则不可以罚威也。法令之不行，万民之不治，贫富之不齐也。"

反映到国家起源的的问题上，先贤同英国哲学家霍布斯（Thomas Hobbes，1588—1679）一样认为人类曾经历一种"自然状态"，为了自保，人们相互野蛮竞争，那是"一切人反对一切人的战争"状态。但在如何摆脱"自然状态"这一关键点上，东方哲人认为是比一般人出众的智者贤人禁暴安民，带领大家走出了野蛮状态，《管子·君臣下》开篇谈到国家起源时说，古时没有上下等级之分，也没有夫妻配偶的婚姻，人们像野兽一样群居，以强力互相争夺，于是智者诈骗愚者，强者欺凌弱者，老、幼、孤、独不得其所。因此，智者依靠众人力量出来禁止强暴，强暴的人们就被制止了。由于替人民兴利除害，并规正人民的德性，人民便把智者当作导师。所以道术和德行是从贤人那里产生的。道术和德行的义理开始形成在人民心里，人民就归于正道了。辨别了名物，分清了是非，赏罚便开始实行。上下有了秩序，民生有了根本，国家都城便建立了起来。"古者未有君臣上下之别，未有夫妇妃匹之合，兽处群居，以力相征。于是智者诈愚，强者凌弱，老幼孤独不得其所。故智者假众力以禁强虐，而暴人止。为民兴利除害，正民之德，而民师之。是故道术德行，出于贤人。其从义理兆形于民心，则民反道矣。名物处，适非分，则赏罚行矣。上下设，民生体，而国都立矣。"

而如霍布斯那样的西方哲人声称，人们通过相互契约把自己的部分权利交给一个人，或者由一些人所组成的议会，最初的公共权力——国家才建立了起来。

历史地看，对国家起源的认识决定了东西方政治的走向：中国哲人强调圣人的作用、人与人之间（在社会中）的差序；西方哲人强调人与人之间（在契约中的）平等地位。

为何会造成这种现象呢？笔者认为这与宗教、东西方思维方式的差异有关。因为按照《旧约》，上帝之下世间人人都是平等的；吾淳教授详尽比较了古代中国与古希腊思维形态后得了结论："与古代希腊的思维相比较，古代中国的思维又表现出关注现象的面貌，也即表现出具体性风格。这并不是说古代中国人不考虑一般的、抽象的问题，而只是说古代中国人并不脱离具体现象来考虑一般抽象问题，这与古代希腊人那种热衷于对纯粹抽象本质的思考是有区别的。"①

可见，重视事物外在的现象，是诸子百家对礼制社会等级分层共识的重要文化背景。我们将典型的论述摘录如下：

夫礼者所以定亲疏，决嫌疑，别同异，明是非也。(《礼记·曲礼上第一》)

故人道莫不有辨。辨莫大于分，分莫大于礼。(《荀子·非相第五》)

礼者，所以貌情也，群义之文章也，君臣父子之交也，贵贱贤不肖之所以别也。(《韩非子·解老第二十》)

上、下有义，贵、贱有分，长、幼有等，贫、富有度。凡此八者，礼之经也。故上下无义则乱，贵贱无分则争，长幼无等则倍，贫富无度则失。上下乱，贵贱争，长幼倍，贫富失，而国不乱者，未之尝闻也(《管子·五辅第十》)

礼者，继天地、体阴阳，而慎主客、序尊卑、贵贱、大小之位，而差外内、远近、新故之级者也。(《春秋繁露·奉本第三十四》)

夫礼者所以别尊卑，异贵贱。(《淮南子·齐俗训》)

在社会生活中，先贤将社会纵向分为劳心的君子、劳力的小人两大类。君子泛指治国的士大夫阶层，又可粗略地分为君与臣；横向将社会分为士、农、工、商四民，并用四民分业理论，士"不与民争业"，在政治权力与资本权力之间建立起牢固的防火墙，有效阻止了资本与权力合谋垄断国家政权，陷入当代资本主义社会的泥潭。(如图导–2)。

先秦礼家认为燕礼的功用就是表明君臣大义。燕饮之中席位的尊卑，献酒有先后，看馔有多少，这些都是用来区别社会等级秩序的，是社会纵向分层的标尺。燕礼中君臣恭敬地互相行礼，同样具有深厚的政治内涵，目的是为了表示君臣间互相依存的和谐互系关系，所谓"和宁，礼之用也"。

_____

① 吾淳:《中国思维形态》，上海人民出版社，1998，第373页。

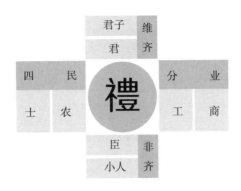

图导 -2 中国传统社会的纵向横向分层图

《礼记·燕义第四十七》记载，国君举杯向宾客劝酒、并向臣下赐爵劝饮，宾客及臣下都走到堂下，向国君伏地拜谢。国君让小臣请他们回到堂上，他们就再拜叩头完成礼节，这是表明臣下的礼数。国君起来答拜，因为行礼不能不答拜，这是表明君上的礼数。臣下竭尽全力为国立功，国君必定以爵位、俸禄回报他们，所以臣下竭力为国立功，国家、君主就得安宁。行礼不能不答拜，是说君上不能白白地让臣下效力。君上必须明了正确的原则引导民众，民众服从领导就会成就功业，然后国家从中收入中抽取十分之一的税，因此君上国库充足而民众生活也不匮乏。上下和乐亲密，互相没有怨恨。和谐安宁是礼制运用的结果。这是君臣上下的大义。所以说：燕礼是用来表明君臣大义的。"举旅于宾，及君所赐爵，皆降再拜稽首，升成拜，明臣礼也。君答拜之，礼无不答，明君上之礼也。臣下竭力尽能以立功于国，君必报之以爵禄，故臣下皆务竭力尽能以立功，是以国安而君宁。礼无不答，言上之不虚取于下也。上必明正道以道民，民道之而有功，然后取其什一，故上用足而下不匮也，是以上下和亲而不相怨也。和宁，礼之用也，此君臣上下之大义也。故曰：'燕礼者，所以明君臣之义也。'"

君臣之间是相互依存的关系，君子与小人之间也是相互依存关系。先哲看来，君子与小人之间不是压迫与被压迫的对立关系，而是与劳动分工相似的对等关系，只不过这种社会分化是纵向的。《国语》《左传》中已有相关论述，《国语·鲁语上》载曹刿言曰："君子务治，小人务力。"

后来孟子将之总结为："劳心者治人，劳力者治于人。治于人者食人，治

人者食于人，天下之通义也。"（《孟子·滕文公上》）

到了近代，"劳心者治人，劳力者治于人"成了诸多学者证明中国传统社会不平等的口头禅。事实上，正是由于纵向上的这种社会分层，才实现了社会和谐和社会公正，中国古典政治理论中称之为"维齐非齐"。

4. 西方文明范式成为人类可持续发展的巨大障碍

中华礼义注重自然资源与人类欲望之间的张力。先贤认为，自然资源约束是硬性的，社会纵向分层是必须的。

以下是《荀子》一书中有关有限自然资源与无限人类欲望间复杂关系的论述。荀子由天道推演到人事，认为资源与人欲间的紧张关系是文明（礼制）产生的基础。《荀子·王制第九》中说，名分职位相同就谁也不能统率谁，势位权力相同就谁也不能统一谁，大家地位相同就谁也不能管理谁。自从有天地就有了上和下的差别；英明的帝王一登上王位，治理国家就有了一定的等级制度。两个同样高贵的人不能互相管辖，两个同样卑贱的人不能互相役使，这合乎自然之理。如果人们的权势地位相等，而爱好与厌恶又相同，那么由于财物不能满足需要，就一定会发生争夺；发生争夺就会混乱，混乱社会就陷于困境了。古圣王痛恨这种混乱，所以制定了礼义来分别他们，使人们有贫穷与富裕、高贵与卑贱的差别，使自己能够凭借这些来全面统治他们，这是统治天下的根本原则。《尚书》上说："要整齐划一，在于不整齐划一。"说的就是这个道理。"分均则不偏，势齐则不壹，众齐则不使。有天有地而上下有差，明王始立而处国有制。夫两贵之不能相事，两贱之不能相使，是天数也。势位齐，而欲恶同，物不能澹（澹：通"赡"，满足——笔者注），则必争；争则必乱，乱则穷矣。先王恶其乱也，故制礼义以分之，使有贫、富、贵、贱之等，足以相兼临者，是养天下之本也。《书》曰：'维齐非齐。'此之谓也。"

维齐非齐是由有限自然资源与无限私欲间的固有矛盾决定的。《荀子·礼论第十九》认为，是礼制使资源与人欲之间作到了"相持而长"的动态平衡：

礼起于何也？曰：人生而有欲；欲而不得，则不能无求；求而无度量分界，则不能不争；争则乱，乱则穷。先王恶其乱也，故制礼义以分之，以养人之欲、给人之求，使欲必不穷乎物，物必不屈于欲，两者相持而长，是礼之所起也。（大意：礼如何产生？回答说：人生来就有欲望；如果想要什么而不能得到，就不能没有追求；若一味追求而没有个标准限度，就不能不发生争夺；一发生争夺就会有祸乱，一有祸乱就会陷入困境。古圣王厌恶那祸乱，所以制定了礼义来确定人们的名分，以此来调养人们的欲望、满足人们的要求，使人们的欲望决不会由于物资的原因而不得满足，物资决不会因为人们的欲望而枯竭，使物资和欲望两者在互相制约中增长。这就是礼的起源。）

西汉大儒董仲舒在《春秋繁露·卷八·度制第二十七》中将礼节称为度制，认为"贵贱有等，衣服有制，朝廷有位，乡党有序"这些礼义是为了和谐社会，使民不争。用礼制整齐百姓，治理天下是由资源与人欲的对立关系决定的，如果让人们放纵极欲，结果只能是贫困和混乱。

这里我们找到了平衡资源与人欲矛盾的钥匙——礼！

受西方学术思维定式的影响，中国有学者在研究礼制时看到礼会由此实现等级和谐，但同时又认为它与现代平等原则完全不同，"不是普遍的正义"。刘丰在《先秦礼学思想与社会的整合》一书的结尾部分这样写道："中国古代则把社会的不平等作为理论分析的前提，因此，协调社会冲突最好的办法就是等级有序的礼，它既可以满足不同等级的不同需求，又可以维系社会和谐稳定，所以，理想的社会秩序应该是等级和谐。我们明确了这种区别以后，那么，认为礼也是一种公平和平等原则，便是将现代社会价值与古代社会价值相混淆，这是一种历史的误会。"[①]

那么中国人要如何实现"普遍正义"呢？答案当然是作小学生，补课，老实向西方学习，这是过去一百年来中国知识分子不断开出的"灵丹妙药"。用刘丰的话说就是："……彻底否定等级思想，把人的自由、平等、独立注入

---

① 刘丰：《先秦礼学思想与社会的整合》，中国人民大学出版社，2003，第304页。

其中，这样，无论对于个人，还是对于社会，才能真正实现正义。这也是由古典社会向现代社会转变的必经环节。"[1]

刘丰先生没有看到，注重差序并不意味着否定平等。中国的礼制和印度的种姓制度不同，它的流动性极强（特别是在"布衣弛骛"的战国、秦汉），这种流动性极强的制度在理论上最平等，给了人们实质平等的机会。

如图导–3所示。我们假设一个社会分为三个等级，最高等级可以获得三个单位的资源（在秦汉主导社会的二十等级爵制中，主要包括政治资源和经济资源），中间等级可获得两个单位的资源，最低等级可获得一个单位的资源。在甲、乙、丙三人充分流动的条件下，最后他们都有获得六个资源的机会，实现了完全平等。

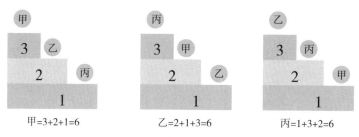

图导–3　维齐非齐示意图

的确，现代西方主流平等观与中国维齐非齐的平等观不同，它假设人人具有平等的"内在属性"——无论这种有违现实经验的抽象属性来自宗教还是哲学。西方哲人也曾发现人类社会存在等级秩序和不平等的特点，但文明偏见阻碍了这种思想的进一步发展。系统论的创立者，美籍奥地利人生物学家L.V.贝塔朗菲（L.Von. Bertalanffy，1901—1972）对社会的层次性充满警觉，在《一般系统理论——基础、发展和应用》（《General System Theory, Foundations, Development, Applications》）一书中，贝塔朗菲一方面他注意到："无论是生命有机体还是社会，组织概念的特征类似于整体、生长、分化、层次、支配、控制、竞争等概念。这些概念在传统物理学中是没有的。

---

① 刘丰：《先秦礼学思想与社会的整合》，中国人民大学出版社，2003，第305页。

而系统理论则完全可以处理这些课题。"[①]另一方面，他又极力强调个人自由的意义："人不仅仅是政治动物，他首先是个体，这是高于一切的。人性的真正价值不等于生物实体的价值、有机体功能的价值或者动物群落的价值，而是由个人思想发生的价值。人类社会不是蚂蚁或白蚁群落，被遗传本能所支配，受超级整体规律的控制。人类社会是以个体的成就为基础的；如果个体成为社会机器上的一个齿轮，社会就要毁灭。我认为组织理论所给出的最高格言只能是：不要给任何派别的独裁者以指使他们能科学地利用'铁的规律'去更有效地征服人类，而要警告他们，极权主义的组织怪兽要是吞没了个体就必定自判死刑。"[②]我们不是对极权主义有任何同情，我们只是想说：一龙生九子，九子各不同，我们无法否定社会组织中的个体差异性。个体与社会组织间存在更为复杂的关系，这是西方传统的个人自由观念无法涵盖的。

美国哲学家罗尔斯（John Bordley Rawls，1921—2002年）承认天赋和社会出身不同会使社会经济生活中存在不平等，并提出了"差别原则"。但他和贝塔朗菲殊途同归，将西方传统的自由平等原则作为自己正义论的第一原则，将差别原则置于最末的地位。罗尔斯认为，自由和机会、收入和财富以及自尊的各种基础都应该平等地加以分配，除非对其中一些或所有这些基本善的不平等分配会有利于最少受惠者——除了哲学思辨本身，我们实在看不到罗尔斯差别原则有多少现实意义。

西方文明的抽象"平等"如何具体实现呢？主要靠政治竞争或市场竞争，结果是社会内部的极度不平等，资源与人欲呈现持续的紧张状态。为了满足个人不断膨胀的欲望，西方文明就在自由平等的旗帜下去掠夺其他民族和大自然，过去一百年来导致了无数的野蛮战争和环境灾难——发展到21世纪，随着科学技术的进步，人类战争能力以及征服自然能力的增强，西方文明范式已成为人类可持续发展和持久和平的巨大障碍。

---

① 贝塔朗菲：《一般系统理论：基础、发展和应用》，清华大学出版社，1987，第43页。

② 贝塔朗菲：《一般系统理论：基础、发展和应用》，清华大学出版社，1987，第48-49页。

二、四民分业：一种复杂的劳动分工理论

1. 根治资本主义痼疾的"四民分业"理论

亚当·斯密（1723—1790）考察制针业，提出劳动分工理论很久以前，中国先贤就发展了完善的社会分工理论——"四民分业"。它通过节制资本、"不与民争利业"制度，在资本与权力之间建立起防火墙，有效防止了资本权力化和权力资本化，是根治当代资本主义痼疾——资本权力过度泛滥的大药！

"四民分业"理论诞生于农业时代，表面上比18世纪西欧工场手工业时代企业内部分工理论粗糙，实质上它不仅提高了生产率，也维系了社会整体平衡，是一种高度发达的政治经济学，有着西方经济学迄今为止尚未达到的理论水准。

反映周人治国基本理念的《逸周书》书屡屡提及四民分业思想，强调分业定居，通过专业化提高经济效率。《逸周书·程典》中有："士大夫不杂于工商。商不厚、工不巧、农不力，不可力治。士之子不知义，不可以长幼。工不族居，不足以给官；族不乡别，不可以入惠。"

《逸周书》的上述思想为《管子》所继承，至战国至秦汉时期，"四民分业"理论已经相当成熟。

战国时许行主张"贤者与民并耕而食，饔飧（yōng sūn，意思是做饭——笔者注）而治"，就是说贤者应与民众一起种出庄稼来吃，做出饭来才处理政务。孟子对此严厉驳斥，并提出了"劳心者治人，劳力者治于人"的论断。尽管他指的是社会的纵向分层，实际也是一种社会劳动分工，孟子还用三代圣王为例说明"大人"与"小人"分工的重要性。他说，在尧帝的时候，天下不安，洪水四处泛滥，草木胡乱地生长，鸟兽成群地繁殖，庄稼没有收获，禽兽危害民众，飞鸟走兽的踪迹横七竖八地布满中原国土。尧对此独自忧虑，选拔舜来进行治理。舜派益掌管焚火，益在山野沼泽点起烈火进

行焚烧，鸟兽奔逃藏匿。接着，由禹疏浚九河，治理济水、漯水、引注入海；开掘汝水、汉水，疏通淮水、泗水，导注入江，这样一来，民众才得以在中原大地上生息。那时，禹一连八年在外边奔走，三次经过自己的家门都不进去，纵使要亲自耕种，可能吗？后稷教民耕种收获，种殖谷物，谷物成熟了才能养育民众。人有行事准则，吃饱、穿暖、住得安逸却没有教养，就和禽兽差不多了。圣人对此感到忧虑，派契担任司徒，以人与人的伦常关系来教诲民众，父子之间要亲密无间，君臣之间要正义忠诚，夫妇之间要内外有别，长幼之间要尊卑有序，朋友之间要遵守信用。放勋说："督促他们，纠正他们，帮助他们，让他们各尽所能，再提升他们的道德。"圣人为民众思虑，哪还有闲暇耕种啊！《孟子·滕文公上》："当尧之时，天下犹未平，洪水横流，泛滥于天下，草木畅茂，禽兽繁殖，五谷不登，禽兽逼人，兽蹄鸟迹之道交于中国。尧独忧之，举舜而敷治焉。舜使益掌火，益烈山泽而焚之，禽兽逃匿。禹疏九河，瀹（瀹，yuè，疏导——笔者注）济漯而注诸海，决汝汉，排淮泗而注之江，然后中国可得而食也。当是时也，禹八年于外，三过其门而不入，虽欲耕，得乎？后稷教民稼穑，树艺五谷；五谷熟而民人育。人之有道也。饱食、暖衣、逸居而无教，则近于禽兽。圣人有忧之，使契为司徒，教以人伦，父子有亲，君臣有义，夫妇有别，长幼有叙，朋友有信。放勋曰：'劳之来之，匡之直之，辅之翼之，使自得之，又从而振德之。'圣人之忧民如此，而暇耕乎！"

公元前 590 年，鲁成公即位后欲整军经武，作丘甲。寓兵于农，让丘（古代行政单位，"四邑为丘"）民作甲。《春秋谷梁传》认为该政策与劳动分工理论不符，不合礼制。上面说："古者有四民，有士民，有商民，有农民，有工民。夫甲，非人人之所能为也。丘作甲，非正也。"（《春秋谷梁传·成公元年》）

有了劳动分工，必然会产生不同职业间的利益冲突。在平衡四民关系方面，先贤积累了宝贵的经验。为了让读者对这种复杂的制衡关系一目了然，我们作了下图（导 D-4）。需要说明的是，现实中的制衡关系比图 0-4 所示复杂得多——比如有时国家法定利率以制约商人等。

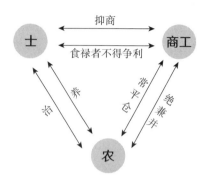

图导 -4　四民分业示意图

2. 四民间复杂的制衡关系

如图导 -4 所示，我们将工、商放在一起，把本业农以及士单列了出来，这样做的目的只是为讨论问题简洁方便。

农、工商与士的关系也就是孟子说的"大人"与"小人"、"劳心者"与"劳力者"的关系。反映到劳动分工上，就是士大夫进行政治治理、小人进行物质财富的生产与交换。《孟子·滕文公上》说："无君子莫治野人，无野人莫养君子。"

"劳心者""劳力者"阴阳互系，相辅相承，双方有对等的、不可转换的权利和义务。先哲形象地称之为水与舟的关系——水有义务载舟，也有权力覆舟。这里水代指百姓，舟代指统治者。

西周居住在都城之内的平民——国人具有特殊的政治地位，《尚书·洪范》讲商周治国的基本原则，其中就有，当国家的疑难时，要"谋及乃心，谋及卿士，谋及庶人，谋及卜筮"。

《左传》中记述的大量史实表明，春秋时国人干预政治的方式很多，如决定国君的废立、过问外交和战等等。《周礼·秋官·小司寇》掌管"询万民三政"，即"掌外朝之政，以致万民而询焉：一曰询国危，二曰询国迁，三曰询立君"，看来绝非虚构。

如果君主专制，为所欲为，不能安养百姓，百姓就有驱逐国君的权利。公元前 559 年，暴虐无道的卫献公被国人所驱逐，晋悼公认为卫人太过分，他的大臣师旷则认为，是卫献公没有尽到治民之责，又专权自恃才导致这样的后果。他说：也许是他们国君实在太过分了……上天爱护百姓无微不至，难道会让一个人在百姓头上任意妄为，以放纵他的邪恶而失去天地的本性？一定不会这样的。《左传·襄公十四年》："或者其君实甚……天之爱民甚矣。岂其使一人肆于民上，以从其淫，而弃天地之性？必不然矣。"

另外，中国古典政治经济理论特别强调节制资本，防止商人阶层垄断国家政权。这使中国长期存在一个代表人民整体利益的强大中央政府，没有陷入当代资本主义的泥潭之中。因为正是商人阶层独大导致社会失衡，才使资本主义国家陷入政治信任危机和经济金融危机，贫富鸿沟加剧，社会严重分裂。

节制资本不是消灭资本和资本家阶层，也不是专门针对商人的政策。比如为了防止政治权力转化为经济利益，中国历代都强调"食禄者不得争利"。

节制资本是为了制衡商人阶层。工业时代以前，农业是最主要、最根本的财富来源，抑商重农是中国持续数千年的国策，是节制资本的一个重要方面。先哲看来，四民间并不具有完全均等的地位。商人阶层更容易垄断经济，进而导致政治、社会结构整体失衡。太史公在《史记·货殖列传》中清楚地说明了这个道理：凡是编户齐民的百姓，对于财富比自己多出十倍的人就会低声下气，多出百倍的就会惧怕人家，多出千倍的就会被人役使，多出万倍的就会为人奴仆，这是常理。要从由贫致富，务农不如做工，做工不如经商。"凡编户之民，富相什则卑下之，伯则畏惮之，千则役，万则仆，物之理也。夫用贫求富，农不如工，工不如商。"

这里，太史公还应加上一句话：商不如政！战国时代卫国巨商，后来成为秦相的吕不韦和今天的美国商人一样懂得投资政治的巨大利益。《战国策·秦策五》记载：濮阳商人吕不韦到邯郸做买卖，见到秦国入赵为质的公子异人，回家便问父亲："农耕获利几何？"其父亲回答说："十倍吧。"他又问："珠宝买卖赢利几倍？"答道："一百倍吧。"他又问："如果拥立一位君主呢？"他父亲说："这可多得无法计算了。"吕不韦说："如今即便我艰苦工作，仍然不能衣食无忧，而拥君立国则可泽被后世。我决定去做这事。""濮阳人吕不韦贾于邯郸，见秦质子异人，归而谓其父曰：'耕田之利几倍？'曰：'十倍。''珠玉之赢几倍？'曰：'百倍。''立国家之主赢几倍？'曰：'无数。'曰：'今力田疾作，不得暖衣余食；今建国立君，泽可以遗世。愿往事之。'"

于是，秦始皇的父亲异人成了吕不韦作长线投资的"政治奇货"。

商人的逐利特点决定着，他们一有机会就进行政治投击，资本权力化，以取得比市场竞争大得多的暴利。现代政治学的研究证实，美国近一半政策是由美国少数富人推动的。美国普林斯顿大学政治学教授吉伦斯（Martin Gilens）和西北大学的佩奇（Benjamin Page）教授对 1981 年到 2002 年美国国会通过的 1 779 个重要法案进行分析后发现，利益团体和受雇于企业的国会游说者是塑造法案的关键，而民众所发挥的作用微乎其微。[1]

基于上述认识，即使重视商业的《管子》也强调本事——农业的重要性，反对奢侈品的生产和流通，防止暴利的出现；《商君书·外内第二十二》提出以提高粮食价格和税收为杠杆调节农民与商人的利益，这种思想更具有现代意义。作者认为，农民最为辛苦，而获利最少，赶不上商业和手工业者。如果能使商人和手工业者不那么多，而国家想要不富都是不可能的。所以，想发展农业来富国，国内的粮价必贵，而不从事农业生产的赋敛必须增多，贸易税必须加重。"故农之用力最苦，而赢利少，不如商贾、技巧之人。苟能令商贾、技巧之人无繁，则欲国之无富，不可得也。故曰：欲农富其国者，境内之食必贵，而不农之征必多，市利之租必重。"

针对统治者士阶层的"食禄者不得争利"，在阻止权力资本化的同时，也有效地维护了市场良好的竞争秩序。陈焕章在其名著《孔门理财学——孔子及其学派的经济思想》一书中，专辟一章（第二十八章：食禄者不得争利）讨论这一主题。他认为，这一原则会"提高统治阶级的道德水准，削除他们在经济领域的有利地位和强大竞争力，给所有平民以充分机会——这些是该原则所求的目标。这是一个社会改革的伟大方案，其趋势

---

① 李钧：《良药还是毒酒？ 西方式民主的当代反思》，网址：http://www.cass.net.cn/xueshuchengguo/makesizhuyixuebu/201601/t20160112_2823277.html，访问日期：2023 年 10 月 31 日。

是走向经济平等。"[1]

3. 通过国家储备调节市场

图0-4中，商/工与农之间的制衡关系我们只标示出了"常平仓"和"绝兼并"。事实上常平仓只是制衡机制的重要一项，它通过国家储备调节市场，这种机制和绝兼并的目的相统一，都是用国家参与市场的方式防止资本投机，同时保护生产者和消费者。

"民以食为天"，自古至今，粮食都在经济生活中具有特殊的战略地位。先民早就懂得积谷防饥的重要性。在河北武安磁山文化遗址（距今8 000多年），考古学家挖出了189个"粮仓"，能储存粟5万千克以上，在当时的生产条件下，令人惊叹。甲骨文中有派官员巡察仓廪的记载，说明商代已经有了较健全的粮食储备制度。《周礼》记载，西周不同层级的行政机构均设有储备仓库，其中包括粮食储备。具体执掌储备的官员叫遗人，他的职能是：掌管王国的委积（指粮食等财物储备），用来向民施以恩惠；乡里的委积，用以救济乡民中饥饿困乏的人；门关的委积，用以抚养为国牺牲者的家属；郊里的委积，用以供给出入王都的宾客；野鄙的委积，用以供应往来的旅客；县都的委积，用以防备灾荒。

今天，我们所说的粮食储备调控市场制度，一般认为源起于魏文侯相李悝在魏国实行的"平籴（dí，意为买进粮食）法"。这一制度是政府运用市场规律来调控粮食供应，稳定粮价。"平籴法"把好的年成分为上、中、下三等，坏年成也分为上、中、下三等，根据年成好坏，国家收购或卖出相应数量的粮食。如上等歉收年卖出上等丰收年收购的粮食，用以平衡市场的粮食需求。平籴的结果是，"虽遇饥馑、水旱，籴不贵而民不散，取有余以补不足也。行之魏国，国以富强"。

平籴法限制了不法商人对粮食的投机活动，有效地防止了农民破产和贫民流亡，维持了国家正常的经济秩序。

---

[1] 陈焕章：《孔门理财学：孔子及其学派的经济思想》，翟玉忠译，中央编译出版社，2009，第333页。

秦汉以后，粮食储备和调剂制度相当繁杂，大体不出两类：一是国家兴办的常平仓，调控市场平抑物价、为民理财。二是民间兴办的义仓，由于多建立于最基层里社，也称"社仓"，主要用于具有慈善性质的粮食救济。

汉宣帝五凤四年（公元前54年）大司农丞耿寿昌建议，在边郡设置常平仓。常平仓制度就是为稳定粮食价格、制衡农业阶层和商业阶层而设计的。简单说，常平仓有如蓄水池，丰年，为了避免谷贱伤农，将市场上多余的粮食高于市场价格储备起来。农业歉收，市场上粮食供应紧张粮价提高时，再以平价卖出去。平常年份，则进行正常的以旧换新。

后世常平仓废置不常——名义上差不多历代都有。唐代白居易曾评价："盖管氏之轻重，李悝之平籴，耿寿昌之常平者，可谓不涸之仓，不竭之府也。"

陈焕章博士指出，尽管常平仓不符合西方的自由经济理论，现实中它却是"一个十分有益而且可行的方案，它利民而不损害国家。当价格过低时，尽管政府购买比市价高，这对政府来说不意味着浪费。当价格过高，尽管政府卖出比市价低，也不意味着政府损失。即使是政府亏本，社会收益也大大高于公共财政的损失。"[1]

陈焕章博士总结了常平仓制度的四点必要性：

A. 农民眼光短浅，不能照顾好自己的利益。

B. 农民无法单独保护自己的利益，即使他们不短视。

C. 谷物是人的生活必需品，它的价格对整个社会有巨大的影响。如果商人们通过囤积居奇控制其价格，消费者会大大吃亏。

D. 最后也是最重要的一点。因为农业受制于大自然，收成不遵循供求规律。荒年可能与大量需求同时存在，丰收也可能连年出现。

陈焕章博士没有意识到：常平仓是中国古典经济学中最典型的市场调节方式——它不是市场经济的特例，而是代表着中国古典经济学家对市场经济的根本看法，即市场常常不会自动实现均衡，国家损有余、补不足，参与市

---

[1] 陈焕章：《孔门理财学：孔子及其学派的经济思想》，翟玉忠译，中央编译出版社，2009，第349页。

场行为是必须的。

遗憾的是，当代西方主流经济学模仿牛顿物理学，建立起了市场均衡概念，认为市场会自主实现均衡，价格偏离不过是随机偶发的现象；政府干预容易犯错误，市场本身则不易犯错误，所以要实行自由放任的经济政策。问题在于，市场本身有自我强化的趋势，会远离平衡，这种现象在商品、金融市场上随处可见。投资家乔治·索罗斯（George Soros）敏锐地指出，正是上述原因导致了2008年金融危机的爆发。他指出："所有的人类建构（human constructs）都有缺陷。金融市场并不必然走向均衡，如果只靠市场机制，它们就会走向狂热或是绝望的极端。"①

中国古典经济学主张代表社会整体的政府作为一种中性力量监管调节市场、损有余、补不足，以实现市场的动态均衡。《大戴礼记·主言第三十九》以极其精练的语言写道："毕弋田猎之得，不以盈宫室也；征敛于百姓，非以充府库也；慢怛（慢怛，màn dá，意思是心胸广大，忧民之忧——笔者注）以补不足，礼节以损有余。"君主打猎所得的禽兽，不是用来充满宫室的，从人民那时征得的财物，不是用来充满公家的府库的，这些都是用来造福人民的。君主忧国忧民，用财物赈济不足；君主以礼节制，减损有余。

西汉武帝时，桑弘羊实行盐铁专卖，平准均输政策取得了史家公认的成功。公元前81年，桑弘羊在西汉政府召开的盐铁会议上公开为自己辩护说，国家发出法令要把盐、铁官营，不仅仅是为了得到些利润收入，也是为了促进农业，限制私人工商业，分化割据势力，禁止放纵奢侈，杜绝相互兼并的道路。《盐铁论·复古第六》："令意总一盐、铁，非独为利入也，将以建本抑末，离朋党，禁淫侈，绝并兼之路也。"

《管子》轻重十六篇是中国古典经济学的精髓所在，其中所载均平社会各阶层的理论、政策极详，感兴趣的朋友可以参阅。

---

① 乔治·索罗斯：《索罗斯带你走出金融危机》，刘丽娜、綦相译，机械工业出版社，2009，第99页。

三、礼义文明：21世纪拯救世界的新文明范式

1. 社会与自然的平衡机制

西周礼制将均平原则融入了社会生活的各个方面。比如祭祀分肉，贵贱都只取一份，尊贵者只不过取当时认为尊贵的"贵骨"部分罢了，这样作的目的就是为社会公平——那是良治的基础。《礼记·祭统第二十五》解释说："贵者取贵骨，贱者取贱骨。贵者不重，贱者不虚，示均也。惠均则政行，政行则事成，事成则功立。功之所以立者，不可不知也。"

先哲对社会不同阶层间平衡的关注使中国长时期内没有陷入一个阶层垄断国家政权的局面，也没有出现巨大的社会分化现象。这是中国古典政治经济学的先进性所在，也是中华文明可持续发展的内在机理。

中华文明五千年生生不息的原因，除了上述社会内部和谐机制之外，还有社会与自然的平衡机制。在经济上主要是靠自然原则和储备原则实现的（如图导-5所示）。需要指出的是，中华文明与自然平衡不仅表现在经济层面，还表现在中国人的价值观、生活方式，政治制度等多维层次上。

图导-5　人与自然的平衡

在拙著《道法中国》一书中，笔者曾将中国古典经济理论的自然原则概括为：按照自然生产的周期进行生产，顺时取物；维护生态持续的生产能力，

蓄足功用；节制消费和资本，用之有节。[①]与此类似的观点我们都能在《礼记·王制第五》和《礼记·月令第六》中找到——中国古典经济理论的自然原则当发端于西周礼制。

按照《礼记》，对自然资源的保护大致包括三个方面，即对生物的保护、对森林的保护和对矿产的保护。比如狩猎的礼，其核心就是对生态资源的可持续利用。《礼记·王制第五》谈到田猎时应遵循的法则时说：打猎不依礼仪，随意捕杀就是作践天地所生之物。天子打猎不可一网打尽，诸侯打猎不可成群捕杀。天子射杀野兽之后，要放下指挥用的大旗，诸侯要放下小旗。天子诸侯停止捕杀而大夫接着打猎，捕杀之后就下令协助捕猎的佐车停止，佐车停止后，百姓才可以打猎。正月之后，掌管山泽、苑囿、田猎的官吏在沼泽河流中放入拦水捕鱼的工具；九月之后，可以张设罗网捕鸟；九月草木凋零飘落之后，可以田猎；八月之后，可以进入山林，昆虫还未蛰伏在草里，不可以焚草肥田。在打猎时，不可捕杀幼兽，不攫取鸟卵，不杀怀胎的母兽，不杀刚出生的鸟兽，不斩尽杀绝。“田不以礼，曰暴天物。天子不合围，诸侯不掩群。天子杀则下大绥，诸侯杀则下小绥，大夫杀则止佐车。佐车止，则百姓田猎。獭祭鱼，然后虞人入泽梁。豺祭兽，然后田猎，鸠化为鹰，然后设罻罗。草木零落，然后入山林，昆虫未蛰，不可以火田。不麛，不卵，不杀胎，不殀夭，不覆巢。”

西汉贾谊在其《新书·卷第六·礼》中，将自然原则更简洁地概括为：取之有时，用之有节，则物蕃多。其中也涉及保护自然资源的具体措施，与《礼记·王制》所载相类。

《大戴礼记·易本命第八十一》要求王者的行为符合自然之道，否则不仅祥瑞之兆不会到来，反而会带来巨大的灾难。文中说：“故帝王好坏巢破卵，则凤凰不翔焉；好竭水搏鱼，则蛟龙不出焉；好刳胎杀夭，则麒麟不来焉；好填溪塞谷，则神龟不出焉。故王者动必以道，静必以理；动不以道，静不以理，则自夭而不寿，訞孽（即“妖孽”——笔者注）数起，神灵不见，风雨不时，暴风水旱并兴，人民夭死，五谷不滋，六畜不蕃息。”

---

① 翟玉忠：《道法中国：二十一世纪中华文明的复兴》，中央编译出版社，2008，第169-174页。

自然原则是中国古典政治思想的核心原则之一，《礼记·月令》及秦汉律中有关时令的法律则是自然原则的具体化。西汉元始五年（公元5年）颁布的《四时月令诏条》，1992年在甘肃敦煌悬泉置出土，从中我们能看到两千多年前中国自然保护法规的形态。

孟春月令说："毋杀胎。"诏条解释："谓禽兽六畜怀妊有胎者也，尽十二月常禁。"

孟春月令说："毋夭蜚鸟。"诏条解释："谓夭蜚鸟不得使长大也，尽十二月常禁。"

孟春月令说："毋杀孩虫。"诏条解释："谓幼少之虫，不为人害者也，尽九月。"

孟春月令说："禁止伐木。"诏条解释："谓大小之木皆不得伐也，尽八月。草木零落，乃得伐其当伐者。"

仲春月令说："毋竭川泽，毋漉（lù——使干枯）陂池。"诏条解释："四寸（9.24厘米）乃得以取鱼，尽十一月常禁。"

仲春月令说："毋作大事，以防农事。"诏条解释："谓兴兵征伐，以防农事者也，尽夏。"

东汉蔡邕在《明堂月令论》称："《戴礼·夏小正传》曰阴阳生物之后，王事次之，则夏之《月令》也。"如果我们将夏代传下来的古书、保存在《大戴礼记》中的《夏小正》看作最早的"月令"的话，则中华生态文明之源远矣！

2. 制定预算"量入以为出"

储备原则同自然原则是联系在一起的，因为只有通过基本商品的储备，才能最有效抹平因自然原因造成的市场波动，维系人与自然的平衡。储备原则亦源于西周礼制，《逸周书》和《周礼》中多有记载。西汉贾谊称礼为"养民之道也"。其中基本商品——在农业时代特别是粮食的储备变得极为重要。

贾谊《新书·卷第六·礼》认为国家若没有九年的储备，叫作不足；若没有六年的储备，叫作紧急；若没有三年的储备，国家就不成其为国家了。百姓耕种三年一定能剩吃一年的粮食，耕种九年一定能剩够三年吃的粮食；这样连续三十年，就有了十年的积蓄。即使有大旱和水涝之灾，百姓也不会挨饿。然后天子才可以备置佳肴美味来享用，每天都饮宴奏乐。诸侯按时享用美味佳肴，敲击所悬之钟鼓使之高兴。所以礼是君主自我遵守的规章，蓄养百姓的措施。"国无九年之蓄，谓之不足；无六年之蓄，谓之急；无三年之蓄，国非其国也。民三年耕，必余一年之食，九年而余三年之食，三十岁相通，而有十年之积。虽有凶旱水溢，民无饥馑。然后天子备味而食，日举以乐。诸侯食珍不失，钟鼓之县可使乐也……故礼者，自行之义，养民之道也。"

《礼记·王制》也有近乎相同的论述，所不同的是，《王制》作者特别规定主持政务的冢宰以三十年的平均收入来编制年度的预算，"量入以为出"。中国古典经济理论反对不负责任的财政赤字和纵欲的消费主义，这是它与当代西方主流经济观点明显的不同之处。文中说，冢宰编制下一年度国家经费预算，必定在年终进行。因为要等五谷入库之后才能编制预算。编制预算，要考虑国土的大小，年成的丰歉，用三十年收入的平均数作为依据，根据收入的多少来决定如何开支。祭祀的费用，占每年收入的十分之一，遇到父母之丧，虽然在服丧期间的三年内不祭宗庙，但天地社稷之神却照祭不误，因为天地社稷之神比父母还要尊贵。丧事的开支，用三年收入的平均数的十分之一。丧事和祭祀的开支，超过了预算叫作"暴"，决算有余叫作"浩"。"冢宰制国用，必于岁之杪，五谷皆入，然后制国用。用地小大，视年之丰耗。以三十年之通，制国用，量入以为出，祭用数之仂。丧，三年不祭，唯祭天地社稷为越绋而行事。丧用三年之仂，丧祭，用不足曰暴，有余曰浩。"

要知道，为刺激经济不断增加的财政赤字和为刺激市场不断膨胀的消费欲望，最终还是要从大自然获取资源，以满足人类不断增长的需求。这种涸泽而渔，不可持续的经济模式会加剧人与自然的紧张关系，结果只能是生态灾难！这是西式现代化的病灶之所在，人类文明不得不改弦更张！

综上所述，对内实现百姓均平，对外实现人与自然的和谐，是中华文明可持续发展的文明基因，这些思想皆可上溯到三千多年前的西周礼制。今天，古老的周礼早已经分化为中国的政治、经济、价值观和生活方式，融入到了中华文明的血脉之中。

中国，这个万年前发源于东亚大陆上的生态文明，至今仍奔流不息。笔者相信：中华文明范式必然会冲破以无限欲望掠夺有限自然资源为基础的西式现代文明，迈向一个可持续发展的新世界！

内圣之学

　　文明的发展不能仅是物质的进步，必须平衡以精神的进步。与西方消费主义不断激发人类欲望、纵情物欲相反，中华礼义文明主张节制人类欲望，少私寡欲，以达到人类无限欲望与有限自然资源之间的动态平衡。

　　因为资源的有限性，欲望越强，人类幸福之路越窄，人的幸福感越容易减少；节制欲望，相对于有限的资源，等于拓宽了人类幸福之路，人的幸福感也就越容易增加。故《老子》云："故知足不辱，知止不殆，可以长久！"（四十四章）"祸莫大于不知足，咎莫大于欲得，故知足之足，常足矣！"（四十六章）隋代大儒王通也说："廉者常乐无求，贪者常忧不足。"（《文中子中说·王道篇》）

　　面对全球性的诸多危机，坚持当代西方主流社会放纵欲望的生活方式还是遵循因人情节人欲的华夏礼义之道，建立起基于道德修养的文明范式，这是人类必须做出的生死抉择！

第一章　礼——21 世纪生活方式革命

1. 人类必须做出的生死抉择

1920 年，带着第一次世界大战给欧洲人带来的巨大心灵创伤，英国哲学家伯特兰·罗素（Bertrand Russell，1872—1970）来中国讲学。两年后，在其《中国问题》一书中，罗素苦口婆心地告诫中国人在学习西方先进科学技术的同时，保持自己的人生观和生活方式，千成不要陷入盎格鲁－萨克逊文化以功利主义为前提的"伪道德"。罗素告诫欧洲人，必须学习中国人的生活方式。他写道："中国人摸索出的生活方式已沿袭数千年。若能够被全世界采纳，地球上肯定会比现在有更多的欢乐样和。然而，欧洲人的人生观却推崇竞争、开发、永无平静、永不知足以及破坏。导向破坏的效率最终只能带来毁灭，而我们的文明正在走向这一结局。若不借鉴一向被我们轻视的东方智慧，我们的文明就没有指望了。"[①]

整个 20 世纪的历史表明，西方人并没有听从自己智者的劝告，他们还要将物欲主义与享乐主义的人生观以及建立在这种人生观之上的生活方式推向全世界，哪怕这种人生观会带来更多的掠夺、战争与灾难！因为西方人已经习惯于将自己称为"文明"，将别的文明称为"野蛮"，不过，今天有了更文雅、却更误导世人的称谓"传统"或"前现代"。

西方世界的这种文明偏见根深蒂固！

250 年前，东方巨龙中国陷入了漫长的思想和社会暗夜之中。伏尔泰，这位欧洲启蒙运动的勇猛旗手写下了如下的文字：

> "在非难这个大帝国的政府为无神论者的同时，我们又轻率地说他们
> 崇拜偶像。这种指责是自相矛盾的。对中国礼仪的极大误会，产生于我

---

① 罗素：《中国问题》，秦悦译，学林出版社，1999，第 7—8 页。

们以我们的习俗为标准来评判他们的习俗。我们要把我们偏执的门户之见带到世界各地。跪拜在他们国家只不过是个普通的敬礼，而在我们看来，就是一种顶礼膜拜行为。我们误把桌子当祭台，我们就是这样地评论一切的。我们在适当时候将会看到，我们的分裂和争吵，怎样导致了我们的传教士被赶出中国的。"[1]

在 1756 年才完成的《风俗论》中，伏尔泰这样评论中国与罗马教廷之间已经尘埃落定的礼仪之争。当时的情况是，教宗强调中国信徒不可祭祖祭孔，清廷则严禁西方传教士进入中国。伏尔泰为中国人辩护的理由很简单，就是西方人误读了中国的礼仪。从来没有到过中国的伏尔泰似乎不了解，传教士们书籍和信件描述的"礼"已经不是孔子"因人情、节人欲"的礼，而是宋明理学家"存天理、灭人欲"的礼，这种礼窒息了国人的精神近千年，至今中国社会还没有从这种精神的创伤中彻底解脱出来。最多，我们只是在没有上帝信仰的西方"现代"精神阴影中，不断以反思的形式舔吸民族灵魂的伤口，不知何去何从？最近一百多年来，知识分子则习惯于极其强烈的自我否定和近乎疯狂的精神自虐倾向，连伏尔泰那样对中国传统的冷静和公正心态都不具备！

直到越来越多的西方人走出教堂黑色的大门，并在传统宗教之外小心翼翼地开拓精神世界的时候，我们才突然意识到：古老的中国早就存在着这样一种世俗生活形态，她曾经哺育了这个文明五千年，使国人长期健康幸福地生活在理性阳光之下，那是延续中华文明的根。

这种以礼为中心的生活形态强调节制欲望，而不像现代西方主流社会意识形态一样主张纵欲（有时是禁欲），强调人与人之间、人与自然之间的和谐发展，反对人与人、人与自然之间的对立和竞争。礼是一种人本、自然的生活方式——它以齐死生、等去留的大道为旨归，以内静外敬为基础礼仪规范，以因人情、节人欲为基本礼义原则。

生活方式的不同直接影响了东西方文明范式的不同。（如图 1-1）

---

[1]　伏尔泰:《风俗论》，梁守锵等译，商务印书馆，1996，第 221 页。

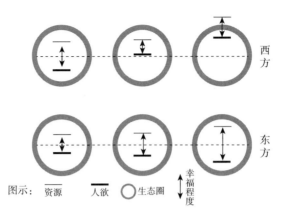

图示：￣资源 ￣人欲 ◯生态圈 幸福程度↕

图 1-1　东西方文明范式比较示意图

从图 1-1 我们看到，与西方消费主义不断激发人类欲望、纵情自恣相反，中华礼义文明主张节制人类欲望，少私寡欲，以达到人类无限欲望与有限自然资源之间的动态平衡。

因为资源的有限性，欲望越强，人类幸福之路越窄，人的幸福感越容易减少；节制欲望，相对于有限的资源，等于拓宽了人类幸福之路，人的幸福感也就越容易增加。故《老子》云："故知足不辱，知止不殆，可以长久！"（四十四章）"祸莫大于不知足，咎莫大于欲得，故知足之足，常足矣！"（四十六章）隋代大儒王通也说："廉者常乐无求，贪者常忧不足。"（《文中子中说·王道篇》）

面对全球性的生态危机，坚持当代西方主流社会放纵欲望的生活方式，还是遵循因人情节人欲的华夏礼义之道，这是人类必须做出的生死抉择！

2. 入道之门：内敬外静

纵观古今中外世界上丰富多彩的精神生活，我们发现，只有中华民族摆脱了人类文明幼儿时期宗教神话的影响，建立了一种人文理性的精神生活。

李硕博士在谈及孔子推己及人、"能近取譬"的社会规范制定原则时说："这种思想方法看起来太简单，但它还真是中国古代文明的独家特色。因为其他的人类古文明多是宗教文明，人和人相处的原则都要靠'神的戒律'来确定。比如，人不能偷东西，在基督教的《旧约》里面，这是上帝发布的戒律；

在伊斯兰教中，是先知穆罕默德传达的真主的戒律；佛教里面，是佛祖释迦牟尼颁布的……但按照孔子的思路就是：你不希望别人偷你的东西，那你就别去偷别人的东西。其他的各种道德戒律，或者说法律原则，都是这么推导的。国家的政权运作，或者贵族对封地百姓的管理，都应该贯彻这套道德和法律原则。在没有'神'这个立法者的前提下，孔子提供了非常简单而高明的社会规范来源。"[①]

西方基督教认为，是神创造了人及万物，人只是神的仆人，神命令人"管理海里的鱼、空中的鸟、地上的牲畜和地上所爬的一切昆虫"（《旧约全书·创世纪》）。这里，人因信神得救，神是万事万物的立法者。而在中国人的世界观中，不是神，人才是宇宙万有中最为尊贵者，他与天地相并列，称为三才。天地万物的立法者是圣贤君子，人人皆可成圣贤。东汉许慎《说文解字》直接将人定义为"天地之性最贵者也"。《礼记·礼运篇》称人为"天地之心"，认为人代表天地的德行，阴阳二气的交合，形体与精气的结晶，五行之气的精华。"人者，其天地之德，阴阳之交，鬼神之会，五行之秀气也。"

圣人君子是天地的立法者和管理者。《荀子·王制》指出，天地生养君子，君子用礼义治理天地。君子，是调理天地的，万物的总管，人民的父母。没有君子，那么天地就不能治理，礼义就没有头绪，上没有君主师长的尊严，下没有父子之间的伦理道德，这叫混乱之极。"故天地生君子，君子理天地。君子者，天地之参也，万物之总也，民之父母也。无君子，则天地不理，礼义无统，上无君师，下无父子，夫是之谓至乱。"

圣人君子如何为天地万物立法呢？就是格物、道法自然，要人们按万事万物的客观规律办事。《礼记·礼运》孔子的解释更为详细：圣人制定法则，一定要以天地为根本，以阴阳为开端，以四时为行事的关键，以日月星辰为度数，以月之圆缺为区分，以鬼神的帮手，以五行为运行的主体，将礼义作为耕地的农具，将人情作为耕地。"故圣人作则，必以天地为本，以阴阳为端，以四时为柄，以日星为纪，月以为量，鬼神以为徒，五行以为质，礼义

①　李硕：《孔子大历史》，上海人民出版社，2019，第109–110页。

以为器，人情以为田。"

中西不同的宇宙观念，导致二者的人生观念，生活方式迥异。西方基督教和同样诞生于印欧文化的佛教都认为，这个世界是恶的、苦的，生活的目是脱离这个尘世，走向涅槃和天堂，那是一种光明、智慧、安乐的境界。

尽管中国人同世界许多古老民族一样相信灵魂不灭，鬼神是日常生活的一部分，但他们更专注于世俗人伦礼义，由日常的善行开始，通过修身、齐家、治国、平天下、化万物，超越个人小我，合于宇宙大我，达到智慧安乐，超越生死的境界。《礼记·中庸》论礼的至诚之道，及与天地并立为三才的圣贤境界说，只有天下至诚的圣人能充分发挥他的本性；能充分发挥他的本性，就能充分发挥众人的本性；能充分发挥众人的本性，就能充分发挥万物的本性；能充分发挥万物的本性，就可以帮助天地养育生命；能帮助天地养育万物生命，就可以与天、地并列为三了。"唯天下至诚，为能尽其性；能尽其性，则能尽人之性；能尽人之性，则能尽物之性；能尽物之性，则可以赞天地之化育；可以赞天地之化育，则可以与天地参矣。"

为说明东西方人生观念的不同，如图 1-2。

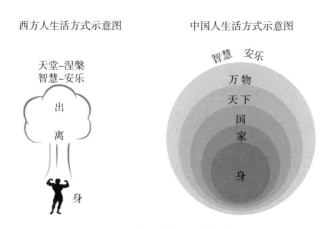

图 1-2　东西方人生观念示意图

相较于西方基督教文明，中华文明如此"异类"，以至于几个世纪以来海内外的学者们多难以说清：中国人整体上相信无神论还是有神论？中国社会有宗教还是没有宗教？中国人到底有没有健康完备、足以安身立命的精神生活？

回答上述问题，需要摆脱其中蕴含的西方话语体系。与西方文明强调主体和客体，神性与人性、此岸与彼岸不同，中国人的世界观中没有上帝创世的传说，也没有原罪观念。他们的世界观是一元的，宇宙自生自创，永恒变化，没有太多神秘主义色彩。世界不在上帝喜怒无常的掌握之中，有其自然展现的规律。个人依靠修养德行，安定心志，修齐治平，化育万类，将自己融入整个宇宙的展开——"道"之中，并通过敬天、敬地、敬祖宗、敬父母、敬他人、敬众生，在现实生活中以"礼"的形式实践道。《管子》的作者坚信，一个人只有履道而行，才会幸福地生活，所谓"小取焉则小得福，大取焉则大得福"（《管子·白心第三十八》）。

两千多年前，诸子百家就对道的真谛孜孜以求，道家作为中华原生文明的主体、王官学的直接继承者走在了这一精神远征的前列。与西方典型的思辨哲学不同，中国古典哲学的重要概念"道"是内在悟入的，这是一种陈来教授所说的"体验的形上学"。[1]

《老子·第一章》就指出，道与名、有与无的互补关系。道不是外在于作为主体的人，她与人是同体的，二者在有无的变化中展现，成为无穷变化的门户所在。在中国人的思想体系中，没有给上帝留下过多的空间。《老子》说：可以用语言说出来的"道"，就不是永恒的"道"；可以用言词说出来，不是永恒的"名"，"无"是天地的本始，"有"是万物的根。从"无"中去观察"道"的奥妙，经常从"有"中去认识"道"的端倪。"无"和"有"两者，来源相同却具有不同的名称。它们都可以说是很幽深的，极远极深，是一切变化的总门。"道可道，非常道；名可名，非常名。无，名天地之始，有，名万物之母。故常无，欲以观其妙；常有，欲以观其徼。此两者，同出而异名，同谓之玄。玄之又玄，众妙之门。"

紧接着，《老子》论述了诸多偶对体的互补关系，他们相反相因，相生相克，落脚点在于人当"处无为之事，行不言之教"，"生而弗有，为而弗恃"。后来，中国思想家将上述偶对体的互补性质延伸到生与死的辩证关系，齐死生，等去留，意识到万物方生方死，方死方生的自在本质时，以道为基

---

[1] 陈来：《有无之境：王阳明哲学的精神》，人民出版社，1991，第413页。

础的生活大厦便真正矗立了起来，它形成了中国人数千年笑傲生死的逍遥气派——没有天堂虚幻的完美，没有上帝惩罚的恐怖，她的人生舞台上是无垠的天地，她的生命尺度是无限的永恒，因为正道是超越时间和空间的。中国人的这种豁达气魄一直持续到魏晋一代，潜流更远！

明人，《菜根谭》的作者洪应明有一名联云："宠辱不惊，看庭前花开花落；去留无意，望天空云卷云舒"今人赵朴初先生亦曾说过："生亦欣然，死亦无憾。花落还开，水流不断。我今何有，谁欤安息。明月清风，不劳牵挂。"

据《孔子家语》，孔子将人生的终始看作道化生的自在过程，生是阴阳变化的起点，死是阴阳变化的终点，并指出事物的本质便是有始有终的，从中我们看不出任何一点对死亡的恐惧和迷信色彩。《孔子家语·本命解第二十六》孔子答鲁哀公："分于道，谓之命，形于一，谓之性，化于阴阳，象形而发谓之生，化穷数尽谓之死。故命者，性之始也，死者，生之终也，有始则必有终矣。"

《庄子·德充符第五》引用老子的话说："胡不直使彼以死生为一条，以可不可为一贯者"，但庄子应是最早将老子辩证哲学引向生死观的人。《庄子·内篇·齐物论第二》完整阐述了包括生死在内的万物齐一思想。可悲的是，有的中国学者在总结庄子"齐物论"时，一方面说它是从无到有的本体论，另一方面又说它是涉及主体与客体关系的认识论；一方面说它倾向主观唯心主义，另一方面又说它也有某些唯物主义因素；一方面说它陷入了不可知论的泥潭，另一方面又说它具有丰富的辩证法内容。一百多年来，将先哲思想贴上"传统"的标签，运送到称为"现代"大学的屠宰场，将它们打成思想碎片后再装入西学哲学的模子，这样生产的思维产品最多不过是不伦不类的杂种。至于庄子到底想阐述什么，则不是这些"文化屠夫"所关心的。

《齐物论》强烈关注生死这类终极信仰，从彼此、生死、是非的角度论述虚心待物，因顺自然，生命与天地齐同的哲理。文中说："彼出于是，是亦因彼。彼是方生之说也。虽然，方生方死，方死方生；方可方不可，方不可方可；因是因非，因非因是。是以圣人不由而照之于天，亦因是也。是亦彼也，彼亦是也。彼亦一是非，此亦一是非，果且有彼是乎哉？果且无彼是乎哉？彼是莫得其偶，谓之道枢。"这段话大意是说，彼方出于此方，此方也依存于彼方。彼此相互并存。虽然如此，生中有死的因素而向死转化，死中有生的因素而向生转化，肯定中有否定因素而向否定转化，否定中有肯定因素而向肯定转化；由是而得非，由非而得是，因此，圣人不经由是非之途而只是如实地反映自然，因循自然。此也是彼，彼也是此。彼有一个是非，此也有一个是非，果真有彼此之分吗，果真无彼此之分吗？彼此都没有它的对立面，这就是物通为一的规律。

　　《淮南子》继承了老庄的生死观。主张不为物所累，"轻天下""细万物""齐死生""同变化"。《淮南子》甚至不主张中国传统的健身方法导引之术，认为真正懂得大道的人与时变化，自然而然，不需要刻意追求这些。《淮南子·精神训》上说，树木死后，其绿色的颜色也随之消失。能让树木生存下来的哪里是树木本身？这就像使人形体充实的不是形体本身一样。因此，产生生命的东西是不死的，而它所产生的生命则会死去；化育万物的东西是不变的，而它所化育的万物则会变化。所以，看轻天下，你的精神就不会劳累；看小万物，你的心神就不会惑乱；将生死看得相同，那你就会无所畏惧；将变化看成没变化，那你的眼睛就不会昏花。"夫木之死也，青青去之也，夫使木生者岂木也，犹充形者之非形也。故生生者未尝死也，其所生则死矣；化物者未尝化也，其所化则化矣。轻天下，则神无累矣；细万物，则心不惑矣；齐死生，则志不慑矣；同变化，则明不眩矣。"

　　生生不息的大道是不死的，人能从事于道业，身心合于道，当然也就是无所谓的死亡；接下来《淮南子》列举了尧轻天下，禹细万物，壶子齐生死，子求同变化的例子。

　　显然，《淮南子·精神训》所言的"未尝死"的"生生者"，"未尝化"的"化物者"，类似佛家所说的"不生不灭，不垢不净，不增不减"的佛性。所以要真正参透生死，光从事理上明白是不够的，还是切切实实地去践行。否则，在纷繁的万丈红尘中会迷失于欲海，很难真正达到齐生死，等去留的逍遥境界。

　　（1）内静与外敬相表里

　　如何能合于道，齐死生呢？先哲认为道不远人，不迷惑于外物，内心虚静就是体道。

虚，不是什么都不想，什么都不做，也不是有个虚空的境界在，而是按照事物的客观规律，没有偏见自然而然的行事。《韩非子·解老》解释说："夫故以无为、无思为虚者，其意常不忘虚，是制于为虚也。虚者，谓其意无所制也。今制于为虚，是不虚也。"静，不是不动，而是依照自己在社会生活中的本分、职责行事。《韩非子·喻老》一言以蔽之："不离位曰静。"

在社会中虚心谦下、尊重天地，因顺万物变化是正确行事的基础。要通过礼乐教化，做到内静外敬，回归天地自然的大道。

虚静体道是先秦哲人的主导思想，儒家也提倡这一点，早期的儒家并没有像西汉司马迁时代的儒家一样，将自己与道家直接对立起来。《韩非子》中就对孔子多溢美之词。《大学》开篇就说："大学之道，在明明德，在亲民，在止于至善。知止而后有定，定而后能静，静而后能安，安而后能虑，虑而后能得。物有本末，事有终始。知所先后，则近道矣。"《礼记·乐记第十九》也说："人生而静，天之性也。"

《老子》不仅将"静"作为一种个人修养，还将之提升到了治国、外交层面。《老子》的核心思想就是虚静守雌的治身理国之道。《老子·三十七章》认为，人在生活中有各种贪欲萌生，所以就必须坚守道的原则，让自私的贪欲不起，心情复归于平静。老子认为，如果执政者能作到这一点，天下将得到治理，会实现"无为而无不为"。文章说："道常无为而无不为。侯王若能守之，万物将自化。化而欲作，吾将镇之以无名之朴。镇之以无名之朴，夫将不欲。不欲以静，天下将自正。"《老子·四十五章》还有："静胜躁，寒胜热。清静为天下正。"

与西方文明传统的身心二元论不同，中国先哲从不强调灵魂与肉体的区分。他们认为身与形互生互根，互相影响，互相补充。脱离肉体的灵魂概念，通过禁欲、苦修、甚至鞭打折磨实现灵魂完美，在先贤看来是不可思议的——我们必须承认中国人传统精神生活是以一种更为理性、文明的方式进行的。

《老子·第三章》从理论上概括了通过虚民之心志，强民之筋骨，实现社会无为而治的道理。老子的方法是推崇法治而不推崇人治，不贪爱虚华无用之物。上面说，治理天下不可根据君主个人的判断标准来选拔官员，这样人们就不会有功名利禄的纷争，不显耀那些能诱发人贪欲的东西，使人民的心性不被搅乱。所以，圣人治理天下，要使人民内心虚静，同时填饱人民的肚子，削弱人民的物欲，增强人民的体魄，使人民没有巧诈之智、没有自私贪欲。"不尚贤，使民不争；不贵难得之货，使民不为盗；不见可欲，使民心不乱。是以圣人之治，虚其心，实其腹，弱其志，强其骨。常使民无知无欲。"

后世许多注者将老子的"不尚贤"简单地理解为不推崇贤能，将"常使民无知无欲"简理解为使人民没有知识、没有欲望的"愚民主义"，这种显然是错误的。因为先哲从不简单地否定欲望，而尊重贤能更是先秦诸子的基本主张。如果推崇将老子"不尚贤"的思想同韩非子的"上法而不上贤"的思想进行比较研究，推崇就会发现《老子》思想的真谛。

《韩非子·忠孝》反对德治尚贤，主张以法量功。认为贤臣应能够彰明法律、治理一方并拥戴君主，如果君主一味尊重贤臣而失去法制，所谓贤者就会成为动乱之源。韩非子以前的田氏夺齐，韩非子以后的王莽篡汉，大体皆如此。上面说，所谓明君，应是能够控制臣子的人；所谓贤臣，应是能够彰明法律、治好社会并拥戴君主的人……臣子服事君主，儿子服事父亲，妻子服事丈夫，这三种秩序理顺以后，天下就能得到治理；如果违背了这三种秩序，天下就会混乱。这是天下的正常法则，就是明君、贤臣也不能变更。既然这样，即使君主不够贤明，臣子也不敢侵犯。现在尊尚贤人、任用智者没有一定之规，是悖逆之道，一般人却总认为治国之道。正因如此，在齐国田氏得以夺取吕氏政权，在宋国戴氏得以夺取子氏政权。这些人都是有才能又有智慧的人，哪里是既愚蠢又不贤的人呢？由此看来，废弃常道去尊尚贤人就会发生混乱，舍弃法制而任用智者就会产生危险。所以说：要尊尚法制而不能尊尚贤人。"夫所谓明君者，能畜其臣者也；所谓贤臣者，能明法辟、治官职以戴其君者也……臣之所闻曰：'臣事君，子事父，妻事夫。三者顺则天下治，三者逆则天下乱，此天下之常道也。'明王贤臣而弗易也，则人主虽不肖，臣不敢侵也。今夫上贤任智无常，逆道也，而天下常以为治。是故田氏夺吕氏于齐，戴氏夺子氏于宋。此皆贤且智也，岂愚且不肖乎？是废常上贤则乱，舍法任智则危。故曰：上法而不上贤。"

今之学者在研究中国古典学术时，常常于百家中究其一家，又于一家中攻其一端，造成"百家争鸣"的假象。事实是中华文明一以贯之，不能通百家为一家，就会只见树木不见森林。涂脂抹粉，上三尺讲台，坐而论道，以歪曲先哲为能——称之曰"心得"，"心得"了《论语》、又"心得"《庄子》，不亦悲乎！

论及内静以得道，《管子·内业第四十九》不像《老子·十六章》那样只是说"至虚极，守静笃。万物并作，吾以观复"。粗读起来，让人不得要领；《管子》认为充塞万物的道是生死成败之根，道不像日常事物，它没有固定的停留场所，碰到善心就安居下来。心静而气不乱，就可以留住道……道的本性，讨厌声音语言，只有修心静意，才能得道。道口不能言传，目不能察看，耳朵也听不到的，它是用来修养内心和端正形貌的。"凡道无所，善心安爱。心静气理，道乃可止……彼道之情，恶音与声，修心静音（当为"意"——笔者注），道乃可得。道也者，口之所不能言也，目之所不能视也，耳之所不能听也，所以修心而正形也。"

止于日常之善，不为外物迷惑，积小善以成就天道之德行，这是中国人的安身立命的基本路线。所以《大学》讲"止于至善"，"知止而后有定……"怎奈宋以后儒家颠倒本末，以"止于至善"为末，"明德"为本，谬种流传，误人至今——大道之不明久矣，悲夫！

《黄帝四经·道法》说："应化之道，平衡而止。"中国文化不仅注重社会结构的整体动态平衡，同时重视个人身心的整体动态平衡。

后者之平衡要求我们内静外敬，遵守因人情节人欲的礼义之道——节制自己的贪欲，敬守礼制。《管子·内业第四十九》说：生命依赖身心的平和中正。生命有所失一定是因为喜怒忧患。可以说，制止忿怒什么都比不上诗歌，消除忧闷什么都比不上音乐，节制享乐什么都比不上守礼，遵守礼仪什么都比不上保持敬慎，保持敬慎什么都比不上虚静。内心虚静，外表敬慎，就能使平正的本性复归，使性命大定。"凡人之生也，必以平正。所以失之，必以喜怒忧患。是故止怒莫若诗，去忧莫若乐，节乐莫若礼，守礼莫若敬，守敬莫若静。内静外敬，能反其性，性将大定。"

前面我们讲了许多"内静"方面的心性修持，什么是"外敬"呢？简单说就是在行事过程中保持敬和爱。《礼记·曲礼第一》开篇便说:"《曲礼》曰,毋不敬,俨若思,安定辞,安民哉。"

在孔子的礼治思想体系中,从治国到事亲,再到祭祀,敬都占据着重要的地位。其中《论语》这方面论述很多。

《论语·学而篇第一》谈到治理千乘之国的方法时,第一点就是"敬事"。文中说:"子曰:"道千乘之国,敬事而言,节用而爱人,使民以时。"

孔子在谈到人类的孝与动物的"养"的区别时,指出"敬"是区别二者的关键所在。《论语·为政篇第二》:"子游问孝,子曰:'今之孝者,是谓能养。至于犬马,皆能有养,不敬,何以别乎?'"

《论语·八佾篇第三》中,孔子将行礼时不敬当作不能忍受的事情。上面说:"子曰:'居上不宽,为礼不敬,临丧不哀,吾何以观之哉?'"

《论语·公冶长篇第五》载孔子评价古代贤人时也用"敬"称其德行,他评价郑国大夫子产说:"其行己也恭,其事上也敬,其养民也惠,其使民也义"。

《论语·雍也篇第六》中,孔子在回答樊迟怎样才算是智这个问题时,说专心致力于提倡老百姓应该遵从的道德,尊敬鬼神但要远离它,就可以说是智了。"樊迟问知,子曰:'务民之义,敬鬼神而远之,可谓知矣。'"

《论语》论述敬的地方还很多,此处不再赘述。《孔子家语·大婚解第四》更明确地指出:"治礼敬为大。"文中引用孔子的话:"古之政爱人为大,所以治爱人,礼为大。所以治礼,敬为大。"《孝经·广要道章第十二》也讲"礼者,敬而已矣",文章说:"安上治民,莫善于礼。礼者,敬而已矣。故敬其父,则子悦。敬其兄,则弟悦。敬其君,则臣悦。敬一人,而千万人悦。所敬者寡,而悦者众,此之谓要道也。"

与敬相联系的是孔子主张的忠恕之道,"己所不欲,勿施于人"是礼敬他人的重要原则。

《论语·里仁篇第四》记载了曾子对孔子思想的概括:"夫子之道,忠恕而已矣。"在《论语·卫灵公篇第十五》中,孔子也用恕总括自己的思想:子贡问曰:"有一言而可以终身行之者乎?"子曰:"其恕乎!己所不欲,勿施于人。"

《论语·颜渊篇第十二》中孔子在回答什么是仁时也说："出门如见大宾，使民如承大祭。己所不欲，勿施于人。在邦无怨，在家无怨。"

《论语》中论恕显得分散，商鞅的老师尸佼所著《尸子》中专辟一章论述，标题即为《恕》。尸子认为，所谓"恕"就是以自身的情况来考虑他人，自己不想做的事，不要强加于他人；厌恶他人做的，那么自己也不别做；希望他人做的，那就要求自己也去做，这就是"恕"。"恕者，以身为度者也。己所不欲，毋加诸人。恶诸人，则去诸己；欲诸人，则求诸己。此恕也。"

其实"忠"是"恕"的另一面。忠，指尽我之心，忠人之事，尽力为人谋。用《论语·雍也篇第六》的话说："己欲立而立人，己欲达而达人。"忠恕之道，让我们超越人我、内外，成就内圣外王的不二大道。

有人将《圣经·马太福音》中的黄金法则"你希望别人怎么对待你，你就怎么对待别人"等同于中国传统的忠恕之道，这是不对的。因为"己所不欲，勿施于人"远远超过了一条宗教道德原则，它是处理与其他人、其他民族、其他国家、其他信仰体系关系的准则，这种博大的胸怀使得数千年里中国没有西方那样残酷的异教迫害和野蛮的宗教战争——在全球化的今天，这一能够超越不同信仰的准则变得更为重要了。

（2）道家的幸福之路——"上礼"

"爱欲静之，遇乱正之，勿引勿推，福将自归"，《管子》认为静因之道是幸福生活的来源。1973年底长沙马王堆汉墓出土的《黄帝四经·雌雄节》中对此有更详尽的论述。谷斌、张慧姝、郑开在注"雌雄之节"一语时说："节，符节。在古代作为凭信的符节乃由双方分执，其上有榫口，可相合以为验证。榫头为雄，榫眼为雌。雄节为右为上，可以主动有所作为；雌节为左为下，处于被动地位，待与雄节相合而听命焉。"[1]

《黄帝四经·雌雄节》首先定义了什么是"雄节"和"雌节"，认为守雌即使一时有所损失，也会得到善报，而"守雄节"必然导致灾难。守雌的过

---

① 谷斌、张慧姝、郑开：《黄帝四经注译 道德经注译》，中国社会科学出版社，2004，第60页。

程是一个不断积累德行的过程，一个人不断地戒备自己而不背离"雌节"，大福必然会来。作者还将"雄节"直接称为"凶节"，即必然导致灾害的符节，将"雌节"直接为"吉节，即必然导致福禄的符节，观察一个人是"守雄节"还是"守雌节"就知道这个人的"祸福之乡（向）"了。"宪傲骄倨，是谓雄节，□□恭俭，是谓雌节。夫雄节者，涅之徒也。雌节者，兼之徒也。夫雄节以得，乃不为福，雌节以亡，必得将有赏……凡人好用雄节，是谓妨生。大人则毁，小人则亡。以守不宁，作事不成，以求不得，以战不克，厥身不寿，子孙不殖。是谓凶节，是谓散德。凡人好用雌节，是谓承禄。富者则昌，贫者则谷。以守则宁，以作事则成。以求则得，以战则克……故德积者昌，殃积者亡。观其所积，乃知祸福之向。"

《老子》论述祸福相倚，圣人守雌持中之道，与《黄帝四经·雌雄节》所言同理，不过《老子》更强调人生的变化无常，圣人要以"道"自守，保持行为正确适中，作到方正但不中伤人，锐利但不至于把人刺伤，直率却不至于放肆，荣光但不至于炫耀。《老子·五十八章》："祸兮，福之所倚；福兮，祸之所伏。孰知其极？其无正也。正复为奇，善复为妖。人之迷，其日固久！是以圣人方而不割，廉而不刿，直而不肆，光而不耀。"

司马迁在《史记·老子韩非列传》中称："世之学老子者则绌儒学，儒学亦绌老子。'道不同不相为谋'，岂谓是邪？"长期以来，诸多学者便相信儒、道自古就存在严重对立。这在西汉儒家欲垄断学术的时代可能是正确的，不过先秦远远不是这样。比如老子就不像一般注者认为的那样反对礼，孔子也不反对老子的清静守雌思想。受鲁国国君资助前往洛阳考察周礼时，孔子最想见"通礼乐之原"的老子（《孔子家语·观周》）。孔子不仅对后稷宗庙阶前道家思想浓厚的铭文大为赞同，在向老子问礼后，他对老子更是赞赏有加，尽管诸多古籍都一致记述说，当时老子对孔子进行友善的批判；儒家重要经典干脆将老子作为礼学权威。在《礼记·曾子问第七》和《孔丛子·记义第三》中，孔子言礼，遇到复杂问题每每引述老子的观点，说自己"闻诸老聃"云云。

宋以来，《孔子家语》就被认为是伪书，怀疑为三国时王肃伪造。直到1973年河北定县八角廊西汉墓和1977年安徽阜阳双古堆西汉墓出土与《孔子家语》内容相近的竹简，人们才发现"今本《家语》的原型，王肃所称得自孔猛，当为可信。"[1] 在上海博物馆藏战国楚竹书中，有一篇被定名为《民之父母》的文献，与《家语》中的《论礼》大体相同。这更增加了《孔子家语》的文献价值，有学者认为它比《论语》更为重要。

《孔子家语·观周》记载孔子入周史事。当时孔子不仅拜会了老子，还参观了明堂，太庙。在后稷之庙右边台阶前有一个铜铸的人像，这个像的背上刻着一则充满道家守雌之道的《金人铭》，孔子认为其"实而中，情而信"，让弟子记住。《金人铭》世传金人为姜太公所作，清严可均在《全上古三代文》中说："此铭旧无撰人名，据《太公阴谋》《太公金匮》，知即黄帝六铭之一。"《孔子家语·观周》收录的《金人铭》全文如下：

> "古之慎言人也，戒之哉！无多言，多言多败。无多事，多事多患。安乐必戒，无所行悔。勿谓何伤，其祸将长。勿谓何害，其祸将大。勿谓不闻，神将伺人。焰焰不灭，炎炎若何。涓涓不壅，终为江河。绵绵不绝，或成网罗。青青不伐，将寻斧柯。诚能慎之，福之根也。曰是何伤，祸之门也。强梁者不得其死，好胜者必遇其敌。盗憎主人，民怨其上，君子知天下之不可上也，故下之；知众人之不可先也，故后之。温恭慎德，使人慕之。执雌持下，人莫踰之。人皆趋彼，我独守此。人皆惑之，我独不徙。内藏我智，不示人技。我虽尊高，人弗我害。谁能于此？江海虽左，长于百川，以其卑也。天道无亲，而能下人。戒之哉！"

从《金人铭》所在的位置，可知它是周人高度尊崇的治身理国训诫，因此与《老子》文句几乎相同也就不为怪了。作为"周守藏室之史"，老子肯定对其耳熟能详。这则《金人铭》语句（左）与《老子》语句（右）惊人的对应关系如下：

> 无多言，多言多败——多言数穷，不如守中

---

① 李学勤：《竹简〈家语〉与汉魏孔氏家学》，《孔子研究》1987 年第 2 期。

强梁者不得其死，好胜者必遇其敌——强梁者不得其死，吾将以为教父

君子知天下之不可上也，故下之；知众人之不可先也，故后之——是以圣人欲上人，必以言下之；欲下人，必以身后之

执雌持下，人莫踰之——知其雄，守其雌

江海虽左，长于百川，以其卑也——江海所以能为百谷王，以其善下之，故能为百谷王

天道无亲，而能下人——天道无亲，常与善人

请注意，西周一直到秦、汉初，中国人以道家为主体的治身理国思想并没有实质性变化。

从 1975 年湖北云梦睡虎地秦墓出土的秦代流行官箴《为吏之道》上面，我们仍能看到"刚能柔，仁能忍，强良不得"这样的语句。强良是"强梁"的异文，马王堆帛书本《老子》"强梁"也作"强良"。睡虎地秦墓墓主人喜是大秦帝国的基层官吏，他恭奉西周政治训条，甚至将之带入了坟墓——中华治身之道远矣！

诸子百家皆源于西周礼制之下的官方知识体系——王官学，何来反对礼？

孔子"援仁入礼"，为天下秩序的重建，西周礼乐文明的复兴奔走呼号。对于孔子的理想和努力，老子认为脱离了"内静"大道，只会留下"外敬"的礼仪空壳，这是先秦以至汉代儒、道"礼仪"之争的关键点。道家不反对礼，只是更多地强调礼的内在精神——内静外敬，特别是内静之道！

黄老道家经典《管子·心术上第三十六》将道、德、礼、义并称，认为虚无无形叫作道，化育万物叫作德，摆正君臣父子这类人伦关系叫作义，尊卑揖让、贵贱有别以及亲疏之间的规矩叫作礼，繁简、大小的事务都使之遵守统一规范，并规定杀戮禁诛等事叫作法。"虚无无形谓之道，化育万物谓之德，君臣父子人间之事谓之义，登降揖让、贵贱有等、亲疏之体谓之礼，简物、小未一道。杀僇禁诛谓之法。"

《管子·心术上第三十六》注此段经文时将"宇宙大道——人间之理（礼者，谓有理也）——德（道依理施用）"有机地统一了起来，认为道与德之间

本无明显的界线，说"理"是谓道所以施用之意，从而牢固地将礼建立在了道的哲学基础上。礼者谓有理也，是得道成德的行为原则。后世将讲究礼节常常称为有道德，但"道——礼——德"有复杂哲学意义却少有人注意了。

道是华夏哲学的主体思想，儒者崇道，从孔子观周问礼于老子这事能清楚地看出来。司马迁写《史记》时两处记录了中国历史上这次重要的哲人之会。第一处是在《老子韩非列传》中，老子批评年轻的孔子心骄而志淫，劝其虚静自守。而孔子则对老子赞赏有加，并将之比喻成人间的"龙"。老子注意到周礼所依附的西周政治体制已消逝于历史尘埃之中，成为朽骨，这比诸多当代儒学研究者的理解还要深刻。司马迁记述说："孔子适周，将问礼于老子。老子曰：'子所言者，其人与骨皆已朽矣，独其言在耳。且君子得其时则驾，不得其时则蓬累而行。吾闻之，良贾深藏若虚，君子盛德，容貌若愚。去子之骄气与多欲，态色与淫志，是皆无益于子之身。吾所以告子，若是而已。'"

临别前，老子告诉孔子不要"深察博辩"。《史记·孔子世家》载："辞去，而老子送之曰：'吾闻富贵者送人以财，仁人者送人以言。吾不能富贵，窃仁人之号，送子以言，曰：聪明深察而近于死者，好议人者也；博辩广大危其身者，发人之恶者也。为人子者毋以有己，为人臣者毋以有己。'"

老子逝去两千多年后，1993年，当我们看到郭店战国楚简最早的《老子》版本时，发现它竟说："绝智弃辩，民利百倍。绝巧弃利，盗贼无有。绝伪弃虑，民复稚子。"[①]而今本《老子·十九章》写作："绝圣弃智，民利百倍；仁弃义，民复孝慈；绝巧弃利，盗贼无有。"郭店《老子》中的那句话不是《史记》中老子对孔子的谆谆教导吗？跨越千年的历史，我们真有一种时空倒流的感觉。

认识儒家与道家两位大师思想交流的历史，有助我们理解《老子》一书"礼"的真义。过去诸多注家看到《老子·三十八章》有"夫礼者，忠信之薄也，而乱之首乎"，就认为老子是从根本上反对礼的，这是错误的。

最早注《老子》的韩非在《韩非子·解老第二十》对此解释说：礼是情

---

① 尹振环：《楚简老子辩析》，中华书局，2001，第173页。

感的描绘，文采是本质的修饰。君子追求真情而舍弃描绘，喜欢本质而厌恶修饰。依靠描绘来阐明情感的，这种情感就是恶的；依靠修饰来阐明本质的，这种本质就是坏的。和氏璧，不用五彩修饰；隋侯珠，不用金银修饰。它们的本质极美，别的东西不足以修饰它们，事物等待修饰然后流行的，它的本质不美。因此父子之间的礼纯朴自然而不拘形式，所以说，礼是淡薄的。一切事物不能同时旺盛，阴阳就是这样；事理总是正反相互排斥的，威和德就是这样；实情深厚的外貌就淡薄，父子之间的礼就是这样。由此看来，礼节繁琐是内心真实感情衰竭的表现。既是这样，那么行礼正是为了沟通人们朴实的心意。一般人的行礼，别人回礼就轻快欢乐，不回礼就责怪怨恨，现在行礼的人本想沟通人们朴实的心意，但却给众人提供了指责自己的借口，能不发生争执吗？有争执就乱，所以《老子》说，礼是忠、信淡薄的表现，是产生混乱的开端。"礼为情貌者也，文为质饰者也。夫君子取情而去貌，好质而恶饰。夫恃貌而论情者，其情恶也；须饰而论质者，其质衰也。何以论之？和氏之璧，不饰以五采；隋侯之珠，不饰以银黄。其质至美，物不足以饰之。夫物之待饰而后行者，其质不美也。是以父子之间，其礼朴而不明，故曰：'理薄也。'凡物不并盛，阴阳是也；理相夺予，威德是也；实厚者貌薄，父子之礼是也。由是观之，礼繁者，实心衰也。然则为礼者，事通人之朴心者也。众人之为礼也，人应则轻欢，不应则责怨。今为礼者事通人之朴心而资之以相责之分，能毋争乎？有争则乱，故曰：'夫礼者，忠信之薄也，而乱之首乎。'"

老子不反对礼，老子主张的是一种"上礼"，建立在道家内静外敬基础之上、至真至诚的礼。同是《老子·三十八章》，《韩非子·解老第二十》注"上礼为之而莫之应，则攘臂而仍之"说，人受外界事物的影响而有所行为，并不懂得这种行为就是他自身的礼。一般人行礼，是用来尊重别人的，所以有时认真，有时马虎。君子的行礼，是为他自身的需要；为了自身，所以专心一意对待它而使之成为上礼；上礼专心一意而一般人却三心二意，所以两方不能相应；两方面不能相应，所以《老子》说：上礼实行了却没有人响应。一般人虽是三心二意，圣人仍然内心保持恭敬，一举一动都遵守礼，毫不懈怠。所以《老子》说圣人竭尽全力继续行礼。"凡人之为外物动也，不知其为身之礼也。众人之为礼也，以尊他人也，故时劝时衰。君子之为礼，以为其身；以为其身，故神之为上礼；上礼神而众人贰，故不能相应；不能相应，故曰：'上礼为之而莫之应。' 众人虽贰，圣人之复恭敬尽手足之礼也不衰。故曰：'攘臂而仍之。'"

道家的至诚观念，在儒家那里得到了充分发挥。笔者曾如此评价儒家心法的核心著作："《大学》《性自命出》《中庸》《五行》的内在理路是一致的，皆由人道而达及天道，重诚，即日用伦常中的真实无妄之功……所不同的是，《中庸》明言诚，《大学》暗言诚，《性自命出》以情言诚，《五行》则即心即诚！"[1]

春秋时代，礼制逐步丧失去其维系政治秩序功能后，人们开始担心礼形式化的危险。据《左传·昭公五年》，公元前 537 年，保存周礼最多的鲁国国君鲁昭公访问晋国，各种仪典上进退周旋皆合礼数，但是女叔齐却批评昭公不懂得礼。他的理由很简单，礼之仪文皆属末节，礼义才是根本。礼的意义在于选贤与能，政令畅通，建立正常的政治秩序，鲁昭公虽善礼数却不能做到这一点，所以女叔齐以为其不知礼。

历史没能阻止礼的形式化。由汉至唐，礼定乐成，以致太平成为儒生们坚定不移的目标；唐玄宗时代《开元礼》制成后不是太平盛世而是安史之乱，礼治的失败强迫儒生们重新考虑内在的心性问题，但他们没有能够彻底回归"内静外敬"之道，反而走上了"存天理、灭人欲"的道德保守主义——在某种意义上说，后世儒家自身埋葬了上千年来他们摩顶放踵，孜孜以求的礼！

3. 礼：因人情节人欲

不仅如伏尔泰所说，西方人对中国的礼产生了误会，今天国人自己也对礼产生了极大的误解。这是因为礼的内涵在不同历史阶段有很大不同，周公的礼显然不同于秦汉的礼，秦汉的礼也不同于程朱理学的礼。

西周是一个建立在血缘世袭基础上的宗法社会，礼法不分。《淮南子·齐俗训》批判儒家脱离道体，单靠礼义治国不会治理好社会的同时，指出礼义

---

① 翟玉忠：《性命之学：儒门心法新四书阐微》，中央编译出版社，2014，第 119 页。

实际上就是上古先王制定的法律习俗；古代的君王能持守道，因此能作到有令即行，有禁即止。上面说，靠礼义来制约人的行为，又怎么能从根本上治理好社会？世界上有很多所谓的明事理者，实际上大多是离开这一"道德"根本的，说什么"礼义足以治天下"，这种人是不可以和他谈治国方略的。所谓礼义，实际上是五帝三王制定的法典和习俗，各适合于他们的时代。"礼义节行，又何以穷至治之本哉！世之明事者，多离道德之本，曰礼义足以治天下，此未可与言术也，所谓礼义者，五帝三王之法籍风俗，一世之迹也。"

从《春秋》《周礼》和《逸周书》中我们还能看到西周以前礼法合一的特点。反映西周政治理念的典籍《逸周书》开篇论述了礼法制度的重要意义。作者认为，人生下来就有好恶之情，而人又不能节制自己的好恶，不能节制好恶就不会谦让，会用武力互相侵夺，导致社会秩序大乱，社会解体。所以为了百姓和睦相处，就必须建立礼仪制度。《逸周书·度训解第一》上说，以力相争就会用武力强取，用武力强取就会失去谦让，失去谦让，就丢掉了礼制。丢掉礼制，即使得到喜爱的东西，民众会快乐吗？如果不快乐，就是他厌恶的了。大凡做人，不能节制自己的好恶，就不能安守本分。不守分就会争夺，争夺必然打斗，相互打斗又怎么能抚养老人和幼儿，怎么能救助病痛、疾苦、死亡、丧葬，怎么能相互帮助呢？英明的君王因此而区分等级来阻断庶民的好恶之心，教会民众安守本分。表彰那些努力使壮年人有事做、老年人有供养、幼年人能成长的人，让壮年、老年、幼年人相互能报答，民众因此而能彼此互相帮助。凭力气争斗，除非人多不能制止；人多，除非和谐不能聚集；和谐，除非中正不能实现；中正，除非礼仪不能达到。"力争则力政，力政则无让，无让则无礼，无礼，虽得所好，民乐乎？若不乐乃所恶也。凡民不忍好恶，不能分次，不次则夺，夺则战，战则何以养老幼，何以救痛疾葬丧，何以胥役也。明王是以极等以断好恶，教民次分扬举力竞。任壮养老长幼有报，民是以胥役也。夫力竞，非众不克，众非和不众，和非中不立，中非礼不慎。"

《逸周书·度训解第一》尽管文词简约，却指出了礼义的基本特性，一是礼要因人情而立，二是礼的目的是节人欲，这是宋明以前基本的礼义原则。各家各派，《管子》《荀子》《淮南子》《史记》在论述这一问题上总体一致。

《淮南子·齐俗训》直接指出礼是"因人情而为之节文"，并以葬礼为例，说明儒者坚持守三年之丧是勉强人们去作难以作到的事，结果只能是虚伪。而墨家守丧又进入一个过短的极端，作者认为服丧三个月才适合。

司马迁写《史记·礼书》时，曾到主管礼仪的大行礼官处考察，他注意到夏、商、周三代礼的共同特征是因人情而制。《史记·礼书》开篇说："洋洋美德乎！宰制万物，役使群众，岂人力也哉？余至大行礼官，观三代损益，乃知缘人情而制礼，依人性而作仪，其所由来尚矣。"

在西周，礼的建立是为节民心，等贵贱，通过社会分层，实现基本政治秩序。而《史记·乐书》更注重礼的伦理功用，与礼并列的是乐（犹今天的一切艺术形式，非单指音乐）、刑、政。这说明秦汉时礼的资源配置功能正在减弱，社会伦理作用正在加强，西周之礼与秦汉以后礼的不同点正在于此。《史记·乐书》写道："礼节民心，乐和民声，政以行之，刑以防之。礼、乐、刑、政四达而不悖，则王道备矣。"

进一步说，秦汉的礼继承了西周的礼义，而西周礼制的基础——宗法封建制度解体了。后世儒者所作的，除了保留伦理原则，就是改订历法，变换服装颜色等礼仪形式的改进。他们不可能恢复井田制、封土建诸侯等西周政治制度了。

（1）西周礼制——一个高度法制化的社会

礼是西周政治制度和生活规范的总和。其主要功能之一是在宗法等级的封建政治架构内发挥资源配置功能，这也是周游列国兜售自己学说的孔夫子梦想恢复的礼。公元前513年，晋国赵鞅等"铸刑鼎"，将法律向大众公布，孔子对此提出了强烈地批评，其主要担心是这样作会打破西周以礼为基础的社会分层体制。当时以皇权为中心"一断于法"的社会功勋体系正在各国普遍酝酿之中，太多有才能的布衣成为卿相，西周宗法制度的崩坏已成必然之势。《左传·昭公二十九年》载孔子言："晋其亡乎，失其度矣！夫晋国将守唐叔之所受法度，以经纬其民，卿大夫以序守之，民是以能尊其贵，贵是以能守其业。贵贱不愆，所谓度也。文公是以作执秩之官，为被庐之法，以为盟主。今弃是度也，而为刑鼎，民在鼎矣，何以尊贵？贵何业之守？贵贱无序，何以为国。"

西周政制即礼制。《周礼》是对西周政制的追述，由于当时礼法合一，以至现代史学家杨向奎和顾颉刚将之确定为法家作品。从《周礼》中我们看到：不单是春官专门掌礼。其他如掌管军政、教育的官都重礼及礼义。比如治官之首大宰的职责就包括：祭祀五帝，掌管告诫百官不要失礼，以及准备祭祀用品并把祭祀场所打扫干净。祭祀前的第十天，率众官占卜祭祀的日期，接着就斋戒。到祭祀的前夕携同众官视察祭器是否洗涤干净。《周礼·天官冢宰第一·大宰》："祀五帝，则掌百官之誓戒，与其具修。前期十日，帅执事而卜日。遂戒，及执事，视涤濯……"

学者们普遍认为，建立在西周血缘等级基础上的礼治社会是封建专制的典型，没有任何现代法治的因素。

事实远不是这样，西周是一个高度法制化的社会，法律正义在当时的宗法体制下得到了完整的体现。西周礼制中的法治因子后来流变为法家，成为中国古典政治经济理论或明或暗的主流。在这方面，清代乾隆皇帝（1711–1799）超越诸多史家，注意到开法家先河的管子政治经济思想即本于周礼，是西周政制的因革损益。在其史评《评鉴阐要》中，乾隆写道："管仲制国，大概本于周礼。盖限于时势，不得不然。至山高、乘马、准轻重而权谷币，儒者谓其渐开申、商之学，似矣。然富国强兵、霸佐之才所就，固宜如是而已。"[①]

西周礼制社会与现代西方法治社会不同，它仍保存着以法生德，以德固法的形式。在社会道德水准陆沉的当今中国社会，这值得我们高度关注——在西周社会生活中，每条道德准则后面都有强大的法律支撑，同时用教育手段巩固礼法的实施。《周礼》地官系统中的大司徒职责中教育是重要的一个方面，同时强调以法为教。

《周礼·地官司徒第二·大司徒》条："以乡八刑纠万民：一曰不孝之刑，二曰不睦之刑，三曰不姻之刑，四曰不弟之刑，五曰不任之刑，六曰不恤之刑，七曰造言之刑，八曰乱民之刑。以五礼防万民之伪而教之中，以六乐防

---

① 爱新觉罗·弘历：《乾隆御批通鉴》，中华书局，2008，第28页。

万民之情而教之和。凡万民之不服教而有狱讼者，与有地治者听而断之，其附于刑者，归于士。"这段话是说，用实行于乡中的八种刑罚纠察万民：一是针对不孝的刑罚，二是针对不和睦九族的刑罚，三是针对不亲爱姻戚的刑罚，四是针对不友爱兄弟的刑罚，五是针对不信任朋友的刑罚，六是针对不救济贫困的刑罚，七是针对制造谣言的刑罚，八是针对暴乱之民的刑罚；用五礼防止万民的诈伪而教他们中正，用六乐防止万民的情欲而教他们平和。凡万民不服从教化而有争讼的，就与地方官一同听取而加以评断，触犯刑律的，就交给司法官审理。

孔子之后，儒家将法教与德教区别开来，过度强调德教，以德治国，贬低法教、以法治国的地位。相对于西周政治，这是巨大的倒退。与后世儒生不同，先秦儒家尽管贬低以法为教，但却注重身教，这比当今中国社会浪费无数社会资源，流于形式的言教（口号式宣传）要好得多。

《论语·阳货篇第十七》孔子对礼乐的形式主义充满担心，感叹道："礼云礼云，玉帛云乎哉？乐云乐云，钟鼓云乎哉？"相对于言教，孔子似乎更注重身教。《礼记·礼器第十》引孔子语："诵诗三百，不足以一献！"

总体说来，中国的政治体制是从表面不平等到实质平等，而西方政治体制是从表面平等到实质不平等。中国人注重社会系统的层次性，希望突破这种层次性寻求社会平等。西方的政策体制是将社会原子化，力求在人的原子化"假设"基础上实现平等。现代系统论告诉我们，社会作为复杂巨系统是有等级层次性的，不是"个人原子"叠加的结果。

中国为政之道与西方迥异，导致他们对社会正义的理解十分不同。先贤将尊卑贵贱遵循固有的原则而不被违反称为"正义"，董仲舒说："贵贱如其伦，义之正也。"（《春秋繁露·精华第五》）而西方人则可能将之理解为"最大的不正义"。这里不是在为西周的宗法制度辩护，我们只是想说，西周礼制在宗法制度下达到了社会正义。所以当孔子时代，宗法及其相伴随的礼乐制度崩坏之后，西周的礼制无法维持下去，一个法家治国的辉煌时代来临了——超越血缘和裙带（西方党派政治的基础仍是裙带关系），根据一个人社会贡献的大小，以功勋为基础的爵制重构了整个社会，那是一个除皇族之外人人平等、"布衣驰骛"的新时代！

对西周礼治非正义性的一个最普遍指责是"刑不上大夫，礼不下庶人"，所以当时没有任何法制公正可言。事实上，西周社会尽管存在与血缘相联系的政治特权，但"刑是上大夫的"，礼是因为没有足够的社会资源将之推广到普通百姓中去。

试想，一个国家的统治阶层没有严格的法制，这个国家怎能治理？所以《礼记》强调国君的族人犯罪，国君绝对不能干涉司法部门公正的执行法令，以此来表明公族（诸侯或君王的同族）犯法与庶民同罪。所不同的是：公族的人要在隐僻的地方（不是在市场）行刑，目的是不使国人联想到国君残杀自己的兄弟。犯死罪的族人被行刑后，国君不为他戴孝，并在异姓之庙哭他，因为他有辱祖宗，但还是为他穿素服，不听音乐，以示亲情犹在。与普通百姓犯法唯一不同的是公族犯罪不用宫刑，目的是不绝其后，但肯定会代之以严重的惩罚。

《礼记·文王世子第八》上说："公族之罪，虽亲不以犯有司，正术也，所以体百姓也。刑于隐者，不与国人虑兄弟也。弗吊，弗为服，哭于异姓之庙，为忝祖远之也。素服居外，不听乐，私丧之也，骨肉之亲无绝也。公族无宫刑，不翦其类也。"

唐以前，很少有人天真地认为周朝大夫犯法不受惩罚，只是到了近代，为了证明中国的落后，一部分西化的知识分子才如此望文生义，自欺欺人。东汉郑玄《礼记·曲礼上》注云，"礼不下庶人，为其遽於事，且不能备物；刑不上大夫。不与贤者犯法，其犯法则在八议轻重，不在刑书。"就是说普通百姓整日为生活而奔波操劳，难于严格遵守国家所制定的礼仪。贤者犯法不按刑书定罪，而是通过八议轻重来处罚。唐代孔颖达《礼记·正义》疏中，引经据典，对郑注进行了翔实地解释。总之，大夫犯罪都要受到相应的处罚。

冉有曾向孔子请教过"刑不上大夫，礼不下庶人"这个问题，孔子解释说，社会对士大夫有着更高的道德要求，所以将犯有不廉罪而被罢免放逐的，不称为不廉洁而被罢免放逐，而称之为"簋不饬"，将淫乱罪称为"帷幕不修"，蒙蔽主上不忠称为"臣节未著"等；对于犯有一般罪行的，士大夫要主动到君王那里请罪，对于犯大罪的，要下跪自杀，不要等到君王派人拘捕处死。《孔子家语·五刑解第三十》载：

冉有问于孔子曰："先王制法，使刑不上于大夫，礼不下于庶人。然则大夫犯罪，不可以加刑；庶人之行事，不可以治于礼乎？"孔子曰："不然。凡治君子，以礼御其心，所以属之以廉耻之节也。故古之大夫，其有坐不廉污秽而退放之者，不谓之不廉污秽而退放，则曰'簠不饰'。有坐淫乱男女无别者，不谓之淫乱男女无别，则曰'帷幕不修'也。有坐罔上不忠者，不谓之罔上不忠，则曰'臣节未著'。有坐罢软不胜任者，不谓之罢软不胜任，则曰'下官不职'。有坐干国之纪者，不谓之干国之纪，则曰'行事不请'。此五者，大夫既自定有罪名矣，而犹不忍斥然正以呼之也。既而为之讳，所以愧耻之。是故大夫之罪，其在五刑之域者，闻而谴发，则白冠厘缨，盘水加剑，造乎阙而自请罪，君不使有司执缚牵掣而加之也。其有大罪者，闻命则北面再拜，跪而自裁，君不使人引而刑杀，曰：'子大夫自取之耳，吾遇子有礼矣。'以刑不上大夫，而大夫亦不失其罪者，教使然也。所谓礼不下庶人者，以庶人遽其事而不能充礼，故不责之以备礼也。"

在《周礼》"甸师""掌囚""掌戮"这些官员的职责中我们看到，与王同族的人和有爵位的人在等待判决时也只戴足械"桎"，行刑也不像一般囚犯那样在市场上公开施刑，而是到郊野之地、较为隐僻的甸师官府去行刑——这也可以作为西周"刑上大夫"的一个例证。

（2）"存天理，灭人欲"窒息了中华礼义文明

隋唐时期，儒家受到佛道两家的冲击，已经到了岌岌可危的地步。李唐王朝重佛、宗道的政策加剧了儒学衰微——特别是在唐高宗李治于公元649年即位以后。《旧唐书·儒学传》载："高宗嗣位，政教渐衰，薄于儒术，尤重文吏。于是醇浓日去，华竞日彰，犹火销膏而莫知觉也。及则天称制，以权道临下，不吝官爵，取悦当时。其国子祭酒，多授诸王及驸马都尉。"

连国子祭酒（太学校长）这一重要职位都不再由儒学大师担任，可见当时儒学的境地。安史之乱后，宦官鱼朝恩兼判国子监，这位不学无术的家伙竟登台为百官讲解儒经。唐高宗时身为礼部尚书的许敬宗为支持武则天当皇

后，要废掉王皇后，他给出的理由竟然是：农夫多收了十斗粮还想换个老婆，何况天子乎！在唐代，儒学常常成为廉价的政治遮羞布。

在儒学式微的情势下，对儒学本身的反思也在进行，宋明理学家们用明排佛学、暗窃佛学、援佛入儒等方法重树立起新儒学大旗。不幸的是，宋明理学对心性的重视并没有使自己回到道家"内静外敬"的礼仪规范，反而从佛教那里不恰当地承袭了"灭人欲"的禁欲理论。

古圣先贤长期反对人被外物同化，物欲横流，认为这样会灭绝天理而穷尽人欲。《礼乐·乐记》中就有："人化物也者，灭天理而穷人欲者也。于是有悖逆诈伪之心，有淫佚作乱之事。"反对"灭天理而穷人欲"并不是赞同"存天理而灭人欲"，它只是在强调"因人情，节人欲"——从"因人情，节人欲"到"存天理，灭人欲"——这是中华礼义文明衰落的重要标志。

可能很早就有人主张灭人欲，因为《荀子》对灭欲和寡欲的思想进行过激烈地批判。他说凡是谈论治国之道而依靠去掉人们的欲望的，是没有办法来引导人们的欲望而被已有欲望困住的人。凡是谈论治国之道而依靠减少人们的欲望的，是没有办法来节制人们的欲望而被人们过多的欲望困住的人。《荀子·正名第二十二》云："凡语治而待去欲者，无以道欲而困于有欲者也。凡语治而待寡欲者，无以节欲而困于多欲者也。"

荀子认为性情是人类的本性，不可能去除，但却可以节制，所谓"欲虽不可去，求可节也"。《荀子·正名第二十二》论证说，本性是天然造就的；情感是本性的实质；欲望是情感对外界事物的反应。想要东西而去追求它，这是情感必不能免的现象；认为可行而去实行它，这是智慧必定会作出的打算。所以即使是卑贱的看门人，欲望也不可能去掉，因为这是人性本具的。即使是高贵的天子，欲望也不可能全部满足。欲望虽然不可能全部满足，却可以接近于全部满足；欲望虽然不可能去掉，但对满足欲望的追求却可以节制。所以正确的处理方法是，进则可以接近于满足自己的欲望，退则可以节制自己的追求。这才是最好的选择。"性者，天之就也；情者，性之质也；欲者，情之应也。以所欲为可得而求之，情之所必不免也；以为可而道之，知所必出也。故虽为守门，欲不可去，性之具也。虽为天子，欲不可尽。欲虽不可尽，可以近尽也；欲虽不可去，求可节也……道者，进则近尽，退则节求，天下莫之若也。"

后世儒家违反人性，一直受到海内外广泛地批判。"贬日崇华"的日本大儒获生徂徕（1666—1728）指出："人欲者，人之所必有而不可去者也。程、朱乃言'人欲净尽，天理流行'，岂不妄哉！"实际上理学的"灭人欲"是扭曲，而不是"存"了天理或自然之道，因为人欲是自然的一部分。

我国台湾作家柏杨在《中国人史纲》中，曾经以作家特有的笔触描画宋明理学家的本来面目："理学家认为人生应该严肃，而且要非常非常的严肃，除了日夜努力，训练自己成为圣人外，不许可有其他意念。游戏和幽默都被视为罪恶，比基督教清教徒和佛教苦行僧还要严厉。这可以用一个例子说明，第七任皇帝赵煦登极那年（一〇八五），只有十岁，正是贪玩的孩子，有一天上课时，偶尔折了一枝柳条来玩，程颐立刻正色阻止说：'春天时节，万物生长，不应该随便攀摘，那会伤害天地和气。'赵煦把那枝柳条悻悻扔掉，气得发抖。对一个十岁顽童，就作如此压制，无怪引起苏轼一派的反感，认为他斫丧人性。连最顽固的司马光都叹息说：'使皇帝不愿意跟儒家接近的，正是程颐这种人。'"①

柏杨先生将12、13世纪宋明理学兴起后称为中华文明的"大黑暗时代"。当诸子百家都成了异端，当无数的贞节牌坊在中华大地上树起的时候，曾经以复兴礼乐为己任的儒家窒息了中华礼义文明。

直到今天，国人还没有能够恢复中华礼仪文明昔日的光荣，世人还不知什么是内静外敬，"因人情，节人欲"的礼义之道。曾几何时，有人无知地将孔子的"克己复礼"与宋明理学的"存天理，灭人欲"等同起来。孔子肯定人性自然，事实上他所谓的"克己复礼"与现代人推崇的克己奉公含义相近，尽管二者的社会背景完全不同。

4.21 世纪人类生活方式革命

1517年10月31日，当德国维腾堡大学神学教授马丁·路德（Martin Luther，1483—1546）将自己起草的《关于赎罪券效能的辩论》（即九十五条论纲）张贴

---

① 柏杨：《中国人史纲》，同心出版社，2005，第320页。

在城堡教堂的大门上时，他自己也没想到，新时代的大门正在开启。

对西方文明来说，那是一个怎样崭新的时代啊！

那是一个人发现了现世与自我的时代！西方人重新开始直面上帝，有组织的宗教不再是精神生活的唯一面向，每一个人都可以同上帝直接对话，宗教的精神垄断永远成了历史，人从教堂的阴影中回到了灿烂的阳光之下。可以设想，如果没有路德开启的宗教改革运动，就不会有西方近年来不断发展的非宗教性生活运动。

当西方人开始在宗教和修道院外广阔的世界寻找新生活的时侯，东西方文明交融的桥梁便被牢牢焊接在一起，今天已有太许多人踏上了寻求生命真理的长征。

1998年，美国大卫·艾尔金斯教授（David Elkins）出版了《超越宗教：在传统宗教之外构建个人精神生活》（《Beyond Religion: A Personal Program for Building a Spiritual Life Outside the Walls of Traditional Religion》），大卫·艾尔金斯曾是一位虔诚的基督徒，在宗教信仰破灭后，几乎失去生活的勇气，但最后他还是重新找回了自己。

难能可贵的是，大卫·艾尔金斯并没有刻意贬低宗教，他认为数千年来宗教为人们提供了一条通向超验世界的路径，它在今后许多年里还将继续发挥这一功能。作者反对的只是传统宗教对西方精神生活的垄断。他指出："精神性是每一种文化和每一个时代都有的人类现象，它并不是任何宗教团体所独有的。所以，尽管本书并不反对宗教，但它反对狭隘的宗教形式，即在神圣者周围筑起高墙，并宣称自己独占了精神性。"[①] 不过他也注意到，诸如基督教的禁欲主义倾向，《圣经》中有关占有和征服土地的训谕，确实给西方文明造成了持久的损害。作者总结自己20多年的生命感悟，提出了传统信仰之外追求精神生活的八条路径，即：

阴性特质——"阿尼玛"的途径

---

① 大卫·艾尔金斯：《超越宗教：在传统宗教之外构建个人精神生活》，上海人民出版社，2007，第6页。

艺术——缪斯的途径

肉体——情爱、性与感性的途径

心理学——心理咨询和治疗的途径

神话学——故事、仪式和象征符号的途径

自然——大地和天堂的途径

关系——友谊、家庭和社群的途径

灵魂的黑夜——生存磨难的途径

　　阿尼玛（anima）在荣格心理学派中指男性精神中所带有的女性基质。作为专业心理咨询师，大卫·艾尔金斯写道："在我们自己的文化体系中，人们倾向于强调阳性特质，进而忽略、甚至背离阴性特质。在社会层面上，此种背离使得阳性偏见盛行一时，也使得那种男权社会结构长期得以维持。在个人层面上，那些忽略自身人格中阴性特质的人，往往会与自己的灵魂相互隔绝，自身精神性的成长之路也会遇到阻碍。"① 作者在这一章的开头引用了《老子》的"知其雄，守其雌"。不难看出，大卫·艾尔金斯并不完全了解老子思想，也不知道什么是"静因之道"，他更不知道东方一个民族在宗教围墙外，以"内静外敬"为礼仪规范，以"因人情，节人欲"为礼义原则已经快乐地生活了数千年。

　　此时此刻，在人类物质生活高度发达、陷入精神沙漠不能自拔的今天，我们听到了中华礼义文明复兴的钟声！那钟声跨越不同的种族，不同的信仰，以她经数千载历史沉积的厚重与包容，与世界上曾经培育了无数人灵魂的宗教一起，在一个愈发世俗化的时代完全有可能承担起建设人类新文明的使命！

　　让现代版的宗教狂热——文明冲突成为历史吧！我们期待着迈向礼义文明的 21 世纪人类生活方式革命。不再有野蛮的宗教和种族战争，不再有敌对的基督教与异教徒的区别，那里有的是文明的可持续发展和持久和平！

　　我们期待着……

---

　　① 大卫·艾尔金斯：《超越宗教：在传统宗教之外构建个人精神生活》，上海人民出版社，2007，第 117 页。

第二章　礼之用，和为贵

上一章我们主要从"内静外敬""因人情节人欲"两个角度阐述了礼的内涵。本章，我们将讨论礼制精神的重要社会意义——和——它为21世纪人类可持续发展和持久和平提供了宝贵的思想资源。

在先贤看来，礼是社会基本秩序的保证，实现社会均平的关键要由礼来节制。《论语·学而篇第一》引孔子弟子有若的话说："礼之用，和为贵。先王之道，斯为美。"

两千多年来，和的观念深深影响了中国人，甚至被带入现代奥林匹克运动会。在2008年8月8日北京奥运会开幕式上，一个震撼人心的场面是：一个巨大的"活字印刷"版中间出现了三个硕大的"和"字。

此前，奥运火炬在北京的传递路线也呈"和"字。可以说，北京奥运会在努力向世界传递中华民族核心理念"和"。但在解释何为"和"时，竟然将之解释为"和平"和"和谐"之意，真有点风马牛不相及。

"和"是阴阳辩证思维的具体体现，是中国古典伦理及政治经济思想的核心组成部分。在西方传统的二元对立思维中没有"和"的意识。北京奥运会开幕式上用小学生造句的方法将之解释为"和平""和谐"，这样不仅达不到传递中华人文精神的效果，还会混淆全世界的视听。

那么"和"的真义是什么呢？

简单说，"和"就是（阴阳）偶对体的异质均衡共存。举例说吧，当西方人第一次走进中国佛教寺院的时候，他们常常为自己看到的景象感到大惑不解：佛家寺院中怎么会供着中国本土宗教道教的太上老君？记得一位来京看奥运比赛的美国大学生曾带着这样的疑问问我——要知道，在美国，基督教教徒和伊斯兰教徒在同一屋顶下礼拜祈祷是不可思议的，难怪西方传教士几个世纪以来就不断责怪中国人"逢庙就烧香"。

这就是中国几千年来没有宗教战争的精神基因——和！

再如，当20世纪初西方政党制度引入时人们发现：中国没有真正的"政党"，因为一个人有时同时入此党和彼党，中国传统政治中不可能出现截然对立的西式党派，直到21世纪，共产党领导的多党合作和政治协商制度仍是中国的一项基本政治制度。这种现象令一些全盘西化的中国知识分子和美国政客愤怒不已，声称中国不是民主国家，不自由！

在西方思维模式中，A与非A的共存和互相转化违背基本的逻辑定律，但在中国人的逻辑中，自由与非自由，民主国家和非民主国家的稳定共存才是常态，这叫——和！

今天，美国想凭借强大的经济、军事实力称霸世界，这几乎是美国政治家的共识，美其名曰"世界领袖"。但美国缺乏基本的文化素质和思想资源在经济上衣养天下，在政治上一平宇内。他们只知道敌对双方均势下产生的脆弱"和平"，却不知不同文化、社会制度整体上的"和"。

西方传统政治经济中的资源掠夺和战略均势不会产生"真正的世界和平"和"真正的世界和谐"，只有中国人那种宏大的整体观以及建基于此政治经济范式才会产生"真正的世界和平"和"真正的世界和谐"，具有这种思想资源的民族才能成为世界榜样，这也要靠——和！

1. 和，中国人生命、社会的最高境界

"和"在中国文化中具有特殊的地位。我们熟悉的大同社会，这里的"同"即和的意思。《礼记·正义》郑玄注"是谓大同"，"同犹和也、平也。"

最早从哲学上完整论述"和"思想当是《老子·四十二章》，其中精当地地阐明了"和"的内涵，上面说：

道生一,一生二,二生三,三生万物。万物负阴而抱阳,冲气以为和。

《老子·五十五章》将"和"看成是生命的最高境界，一如返璞归真的婴儿。达到至和状态，就是明白了宇宙运行的大"道"。如果违背"和"的原则，贪欲过度则会带来灾难性结果。文中说，德行深厚的人好比初生的婴儿。毒虫不去刺伤他，猛兽不去伤害他，凶鸟不去搏击他。他筋骨柔弱，拳头却握得很牢固。他还不懂得男女交合，但生殖器却常常勃起，这是精气充足的

缘故。他整天号哭，声音却不会沙哑，这是他身体达到最高合和状态的缘故。认识到和的道理叫"常"，认识到常叫作"明"。纵欲贪生叫作灾殃，欲望支配精气叫作逞强。"含德之厚，比于赤子。毒虫不螫，猛兽不据，攫鸟不搏。骨弱筋柔而握固。未知牝牡之合而全作，精之至也。终日号而不嗄（嗄，shà，嗓音嘶哑——笔者注），和之至也。知和曰常，知常曰明，益生曰祥，心使气曰强。"

哲学上"和"具有阴阳平衡的意义。《淮南子·氾论训》除了详尽地解释"和"的内涵，还指出"和"代表着宇宙最高的价值，"天地之气，莫大于和"；反映到政治领域，认为行政不可走向极端。作者举了两个例子说明这一点，一是齐简公过于懦弱亡国，二是郑国子阳过于刚猛被杀。上面说："天地之气，莫大于和。和者阴阳调，日夜分而生物，春分而生，秋分而成，生之与成，必得和之精。故圣人之道，宽而栗，严而温，柔而直，猛而仁。太刚则折，太柔则卷，圣人正在刚柔之间，乃得道之本。积阴则沉，积阳则飞，阴阳相接，乃能成和。"

郑国子产临死前要子大叔以严治国，孔子听到这件事后认为子产懂得宽猛相济，为政以和的道理。孔子还引用《诗经》来阐释自己的观点，说那样的政治是"和之至"。孔子的治政主张和《淮南子·氾论训》的作者是一致的。《左传·昭公二十年》记载，子产病了，他对子大叔说："我死以后，您必定执政。有德行的人才能用宽大政策使百姓服从，其次就莫如严厉。火势猛烈，百姓看着害怕，所以很少有人死于火。水性懦弱，百姓轻视并玩弄它，很多人就死在水中。所以宽大不容易。"子产病了几个月就死去了。子大叔执政，不忍心严厉，奉行宽大政策。结果郑国盗贼很多，聚集在芦苇塘里抢劫。大叔很后悔，说："我早点听从子产他老人家的话，就不至于到这一步。"于是发兵攻打那些盗贼，全部杀死了他们，盗贼于是稍稍收敛了一些。孔子说："好啊！政事宽大百姓就怠慢，怠慢就用严厉来纠正。严厉百姓就受到伤害，伤害就实施宽大。用宽大调节严厉，用严厉调节宽大，因此政事调和。《诗》说，'百姓已很辛劳，差不多可以稍稍安康。赐恩给中原各国，用以安定四方'，这是实施宽大。'不要放纵随声附和的人，以约束不良之人。应当制止侵夺残暴的人，他们从来不怕法度'，这是用严厉来纠正。'安抚边远，柔服近邦，用来安定我国王’，这是用和平来安定国家。又说，‘不争强不急躁，不刚猛不柔弱。施政平和宽裕，各种福禄都聚集’，这是和谐的顶点。"

> 郑子产有疾。谓子大叔曰："我死，子必为政。唯有德者能以宽服民，其次莫如猛。夫火烈，民望而畏之，故鲜死焉。水懦弱，民狎而玩之，则多死焉。故宽难。"疾数月而卒。大叔为政，不忍猛而宽。郑国多盗，取人于萑苻之泽。大叔悔之，曰："吾早从夫子，不及此。"兴徒兵以攻萑苻之盗，尽杀之，盗少止。仲尼曰："善哉！政宽则民慢，慢则纠之以猛。猛则民残，残则施之以宽。宽以济猛；猛以济宽，政是以和。诗曰：‘民亦劳止，汔可小康，惠此中国，以绥四方。’施之以宽也。‘毋从诡随，以谨无良，式遏寇虐，惨不畏明。’纠之以猛也。‘柔远能迩，以定我王。’平之以和也。又曰：‘不竞不絿，不刚不柔，布政优优，百禄是道。’和之至也！"

东汉荀悦（148—209）在《申鉴·杂言上》将"和"的概念细化，提出"和羹""和声""和言""和行"，"和"的思想被延伸到从养生到治国的各个方面。荀悦警告说，没有不同意见会有亡国的危险。文中说："君子食和羹以平其气。听和声以平其志。纳和言以平其政。履和行以平其德。夫酸咸甘苦不同，嘉味以济谓之和羹。宫商角徵不同，嘉音以章谓之和声。臧否损益不同，中正以训谓之和言。趋舍动静不同，雅度以平谓之和行。"

荀悦生活的东汉末年，当时出现了一股强烈的社会批判思潮。可以说，荀悦阐述"和"的思想是对中华原生文明的呼唤。因为早在西周时期"和"的思想就融入到了中华人文精神之中——特别是在政治生活领域。

2. 和，一个社会健康发展的前提

中国古典政治既不同于西方的"自由民主"，也不同于西方的"君主专制"，它主张整个社会的"和"，天下为公，建中立极，选贤与能，百姓均平。先贤认为只有不同质的"和"才能使社会健康发展，如果只有简单的"同"，会导致国家灭亡。

老子是周王室的史官，其思想代表着王官学的精华。老子并没有"发明""和"的思想，因为"和"的思想在西周、甚至更早就已存在。《尚书·尧典》开篇就高度赞扬尧能"协和万邦"，这与当代美国式的"世界领袖"不同，也不是西方传统战略中的均势状态，而是在一个强大中央之下不同族群和平共处。

据说《逸周书》是孔子删《尚书》之余，但《左传》引今《逸周书》之文还直接称"书"。由于《逸周书》在儒家编订的《五经》之外，所以长期以来被世人忽视。事实上唐代史学家刘知几在《史通》中仍认为《逸周书》有些篇章是历代帝王的正史，"斯百王之正书，《五经》之别录者也"。（《史通·六家第一》）

中国古典政治理论反对社会分化为对立的阶级，以及一个阶级垄断公共权力。《逸周书》主张用制度处理不同社会不同阶层的关系，"建中立极"，确立标准，损有余补不足，使社会逐步实现"和"。《逸周书·度训解第一》云："天生民而制其度。度小大以正，权轻重以极，明本末以立中。立中以补损，补损以知足。序爵以明等极，极以正民。正中外以成命，正上下以顺政。政以内成。化行自迩，弥兴自远。远迩备极，终也慎微。补在分微，分微在明。明王是以敬微而顺分，分次以知和。"这段话的意思是说，天地自然演化出万民，圣王依循天道制定法度，民众遵守法度，法度指导民众，如此则社会井然有序，民众生生不息。考量各种因素对全局作用的大小做出正确判断，以权衡其影响力的轻重，清楚事物的本末主次确定解决问题的适合方案，这样便可以补不足而损有余。国家治理若能损有余补不足，民众就可以知足常乐。排列官爵的高低，以表明尊卑贵贱的等级。有了这些准则，便可端正百姓的行为。治理好朝廷内外以成就王命，管理好公卿庶民以畅通政令。政令在朝廷制定，贯彻从近处开始，近处治理好了政教自然会传布到远方。朝野远近都做到完善周到，在于君主慎待细微的事端。是否及时察觉细微的征兆，这取决于是否拥有明察的能力。因此，圣明的君王敬慎于细微先兆，履行好自身的职分。人人履行自身的职分，大家就会和睦相处。

《逸周书·文传解第二十五》是周文王临终前为太子发（周武王）讲述的治国之道，其中重要的一点就是"和德"，让百姓各安其业。这里的社会分层是农、工、商社会横向的分层，不是上面《逸周书·度训解第一》中的纵向分层，二者都主张不同阶层的均平——"和"。他说：鱼类都生养在水里，鸟兽都归入山林。孤寡困苦的人，要靠它们为生。山林能够成材，工匠得以制成器物。百业均其利益，商贾流通货物，百工不失掉职业，农夫不失掉农时，这叫作和德。"是鱼鳖归其泉，鸟归其林，孤寡辛苦，咸赖其生。以遂其材，工匠以为其器，百物以平其利，商贾以通其货。工不失其务，农不失其时，是谓和德。"

进入春秋战国时代，"和之至"在先哲心目中变成一种理想政治状态。与老子一样，周太史史伯亦强调"和"的思想，并第一次对"和"与"同"作了区分。在他看来，"和"是不同事物的有机结合，"同"是相同事物的机械结合，这两种方式会导致相反的结果，即"和实生物""同则不继"。在史伯看来，只有"和"才能实现政治稳定，社会安宁，"同"只是导致腐败和社会黑暗。《国语·郑语》记载了公元前771年"犬戎之乱"中被杀的周宣王弟郑桓公姬友与史伯的一段对话，当时郑桓公入周为司徒，看到周王朝的衰败，向太史史伯提出了"周朝将会衰败吗？"这一严肃问题，史伯回答说：差不多一定要衰败了。《尚书·泰誓》上说："老百姓所向往的，上天必定会遵从。"现在周幽王抛弃光明正大、有德行的人，喜欢挑拨是非、奸邪阴险的人，讨厌贤明正直的人，亲近愚顽鄙陋的人。排斥与自己意见不一致的正确主张，采纳与自己相同的错误说法。其实和合才能生成万物，同一就不能发展。把不同的东西加以协调平衡叫做和合，所以能丰富发展而使万物归于统一；如果把相同的东西相加，用尽了就完了。"殆于必弊者也。《泰誓》曰：'民之所欲，天必从之。'今王弃高明昭显，而好谗慝暗昧；恶角犀（角犀，额角入发处隆起，有如伏犀。古人以为显贵贤明之相。亦借指贤明者——笔者注）丰盈，而近顽童穷固。去和而取同。夫和实生物，同则不继。以他平他谓之和，故能丰长而物归之；若以同裨（裨，bì，补益，补助——笔者注）同，尽乃弃矣。"

与孔子同时代的晏子认为，"和"是不同事物之间的互补，互补机制的特点是"济其不及，以泄其过"。晏子以中国古典哲学的阴阳范畴来论述为政之道，十分精辟。晏子的论述与上面《逸周书·度训解第一》中的论述有异曲同工之妙。

《左传·昭公二十年》记载了这样一则故事，齐景公打猎回来，只有梁丘据追随其后，景公认为只有梁丘据与自己"和"，晏子反对，认为梁丘据这种人随声附和，只不过和齐景公相同而已，哪里说得上和，他以作汤为例：用水、火、醋、酱、盐、梅来烹调鱼和肉，用柴禾烧煮，厨工加以调和，使味道适中，味道太淡就增加调料，味道太浓就加水冲淡。君子喝汤，内心平静。君臣之间也是这样。国君所认为可行而其中有不行的，臣下指出它的不行的而使可行的部分更加完备。国君所认为不可行而其中有行的，臣下指出它可行的部分而去掉它的不可行，因此政事平和而不违背礼，百姓没有争心。现在梁丘据不是这样。国君认为行的，他也认为行。国君认为不行的，他也认为不行。如同用清水去调剂清水，谁能吃它呢？如同琴瑟老弹一个音调，谁去听它呢？不应"同"的道理就是这样。"水火醯醢盐梅以烹鱼肉，燀之以薪。宰夫和之，齐之以味，济其不及，以泄其过。君子食之，以平其心。君臣亦然。君所谓可而有否焉，臣献其否以成其可。君所谓否而有可焉，臣献其可以去其否。是以政平而不干，民无争心……今据不然。君所谓可，据亦曰可。君所谓否，据亦曰否。若以水济水，谁能食之？若琴瑟之专壹，谁能听之？同之不可也如是。"

先哲认为，以法治国，"臣事事，而君无事，君逸乐，而臣任劳"就能达到无为而治，是"和之至"。《慎子·君人》篇论证说，君主治理国家，如果舍弃法制而实行人治，那么诛杀、奖赏、任用、罢免都会由君主喜好来决定。这样受到的奖赏即使恰当，受赏的人欲望是没有穷尽的；受到惩罚即使也得当，但受罚者都期望无限地减轻罪行。君主如果舍弃法制而以私心来裁定赏罚的轻重，就会造成相同的功劳而受到不同的奖赏，相同的罪过却受到不同的惩罚，这样怨恨就产生了。因此，分马用抽签的办法，分田用抓阄的办法，并不是说抽签、抓阄比人高明多少，是因为这样做可以去除私心杂念，堵塞怨恨。所以说，君主治理国家要用法治，而不要仅凭个人的主观意愿去做。一切事情都依着法制来决断，君主依法治理国家，每个人都根据自己的所作所为受到相应的奖赏和处罚，而不把幻想寄托在君主私好上，人们就不会产生怨恨，上下就会和谐相处。"君人者，舍法而以身治，则诛赏予夺，从君心出矣。然则受赏者虽当，望多无穷；受罚者虽当，望轻无已。君舍法，而以心裁轻重，则同功殊赏，同罪殊罚矣，怨之所由生也。是以分马者之用策，分田者之用钩，非以钩策为过于人智也。所以去私塞怨也。故曰：大君任法而弗躬，则事断于法矣。法之所加，各以其分，蒙其赏罚而无望于君也，是以怨不生而上下和矣。"

上述以法治国、上下和谐的观点是中国古典政治理论的基本主张。经典常把最高首脑（君）、行政人员（臣）、民众比作人体，那是一个不可分割的有机体，这与现代系统论认为社会不是个人加和形成的简单机械，而是一个内部分层的复杂巨系统相似。

我们千万不要误以为中华民本思想是西方民主的"萌芽"，因为民主的多数决机制只有在原子论和机械论盛行的西方世界才会流行。民主的一个基本假定是：通过投票公民自由意志的加和会实现社会福利的最大化——系统论告诉我们，社会整体不是个体的线性叠加，整体大于部分之和。在此意义上，民主思想的哲学基础很难站住脚，它更不具有普世性特点。

中国古典政治理论家认为民众容易受情绪的影响，进而脱离理性轨道。诚如法国社会心理学家古斯塔夫·勒庞（Gustave Le Bon，1841—1931）在《乌合之众：大众心理学》一书指出的，并被20世纪的历史所反复证明的那样，在大众的群聚之中，随着集会人数的剧增，人群的平均智力也在不断下降。在一场群众运动中，人群的智力特别是思考能力、逻辑推理能力和分析能力直线下降，反而是激情的演讲、精巧的暗示、耸人听闻的流言，强有力但却缺乏逻辑分析的语言能够占据上风——这与运动参与者的素质无关。

《尹文子》认为只有法度礼乐才能节制民众的上述特性，《尹文子·大道上》说：圣王知道人民的情绪容易改变。所以制作乐来加以调和，制作礼来加以节制。使在下位的人不得行其私，所以只有礼乐能够大行于天下。礼乐大行，那么个人私欲就逐渐被废止。个人私欲被废止，无论遇到贤明的君主或愚笨的君主都一样。如果遇到贤明的君主国家就得到治理．遇到愚笨的君主国家就混乱，治乱的根本就取决于君主的贤能与愚笨，而不取决于礼乐制度了。"圣王知人情之易动，故作乐以和之，制礼以节之。在下者不得用其私，故礼乐独行；礼乐独行，则私欲寝废；私欲寝废，则遭贤之与遭愚均矣。

若使遭贤则治，遭愚则乱，是治乱系于贤愚，不系于礼乐。"

《吕氏春秋·先识览第四·乐成》明确反对多数代表真理的观点，认为对于民意，不可不加以认真研究。如果民众反对就停止，这是很危险的，历史上许多人都是力排众议成就大功的。上面说："诚能决善，众虽喧哗，而弗为变。功之难立也，其必由讻讻（讻讻，议论纷纭的样子——笔者注）邪！国之残亡，亦犹此也。"

中国古典政治理论还根据人情易动的特点，要求最高首脑作民众的道德典范，以达到移风易俗的效果，西方政治则根据这一特点，用资本力量操纵大众媒体，进而控制民众，这是极度危险的，我们不能盲目学习。中国古典政治理论中的"共治"本质上是众人参与的政治，与西方公众以投票形式参与的民主政治不同。在秦汉，参政者是指为社会作贡献的人，当时按一个人为社会贡献的大小分配公共权力和经济资源，就是《商君书·农战篇》提出的"不官无爵"，将因功获得的爵位作为取官的唯一途径。《尹文子·大道上》论述"共治"思想时说：自己做善事使人不能跟从，这叫独善；自己做事精巧让人不能跟着学，这叫独巧。这两者都没有穷尽善与巧的道理。自己行善也能使众人跟着行善，自己做事精巧也能让众人做到精巧，这才是善中之善、巧中之巧。所以圣人治理国家的可贵之处，不在圣人能独自治理国家，而在圣人能与众人共同治理国家。"为善使人不能得从，此独善也；为巧使人不能得从，此独巧也。未尽善巧之理，为善，与众行之；为巧，与众能之，此善之善者，巧之巧者也。所贵圣人之治，不贵其独治，贵其能与众共治。"

当代非对抗性的参与制民主是中国古典政治"共治"思想的延续。我们学习西方，忽视自己的历史文化背景，一时不如人，就盲目引入西方政治，这样弄不好会导致整个社会结构的崩溃——当今世界流行的所谓"民主"不民主、所谓"法治"不法治，所谓"自由"不自由，其弊甚大，智者不可不识！

3."和为贵"，不是"同为贵"

孔子及其弟子将"和"的思想伦理化了，"和"也因此成为中华礼义文明的核心概念。孔子就指出："君子和而不同，小人同而不和。"（语出《论语·子路篇第十三》）

孔子弟子有若进一步提出了"礼之用，和为贵"的思想。值得指出的是，先秦儒家"和为贵"在后世蜕化为唯唯诺诺的"同为贵"，所有不同意见都成了异端。不幸的是，"同为贵"的思想至今还被许多国人遵奉不违，它与孔子讲的"和而不同"南辕北辙！

除了将"和"解释为"和平"和"和谐"，这次北京夏季奥运会还将"和"诠释为"和为贵"，但在现代许多国人的潜意识里，"和为贵"不过是"同为贵"翻版。

北京夏季奥运会上，中国体育健儿们拿了一块又一块金牌，令人振奋！"东亚病夫"的耻辱已经远去了，但我们的人文学术仍然是病态的——我们不相信北京夏季奥运会的组织者不想把"和"的真义告诉全世界，但除了西方的思维方式和话语体系，他们已经不知该向世界说什么了——对"和"的误读为中国人文学术的体制性危机敲响了警钟！中国人文社会概念体系的再定义，思维方式和话语体系的再确立，中国本土学术范式的重建已经迫在眉睫！

我们可以猜想，如果这次北京夏季奥运会开幕试将"道"字展现在"活字印刷"的中间，奥运会的组织者们不会只将之解释为"规律"，或者"真理"或"正义"什么的吧！因为"道"的概念比西方文明的正义更具有普世价值。香港中文大学哲学系教授刘笑敢强调"道法自然"的超越宗教意义：

"道法自然"的名句说明道家的终极关切与其他所有宗教、哲学之追求的不同。道法自然以自然的和谐、自然的秩序为最高价值或中心价值，这就超越了其他各种思想体系中的最高原则。各种价值目标，如道德、仁义、平等、自由、人权、正义、神圣等，在不同的思想理论或文化体系中都有最高的意义。这些价值都可以在特定条件下发挥维持社会和谐的积极作用，但是，这些最高价值又可能成为引起冲突、制造冲突、激化冲突的旗帜和口号。不同种族、地域、国家有不同的神圣原则，各方就可能在神圣的旗号下发起毫无神圣意义的战争。任何正确、正义、神圣的口号都可能成为引起冲突和战争的借口。即使是真诚地推行某种正义原则，即使开始并没有制造冲突的动机，但因为有可能将自己所崇奉的原则置于至高无上的地位而无条件地推行，并强制全社会甚至全人类接受，这就必然造成大规模的冲突甚至是战争。老子之人文自然的原则将人类社会的自然的和谐与自然的秩序放在最高地位，这就杜绝了无条件推行某种最高原则或神圣价值而造成社会动荡的借口。而人文自然的原则本身将社会的自然和谐当作最高价值，因而它本身无法成为制造冲突的口号。所以，老子的人文自然的概念作为最高价值，就和其他各种价值有重要不同，是最有利于保障社会和谐的价值标准。这种以人类社会和谐、甚至宇宙和谐为目标的价值观念体现了老子哲学对人类整体的责任感，而不是对某一群体和某一文化的责任感。这种超越性和中立性可以通向最高的包容性和整体性。[1]

此时此刻，巴以冲突在美国的支持下已经超越了人类文明的底线，连医院、伤病和救护车队都成了空袭的对象。当地时间 2023 年 11 月 3 日，在已经同相关国际组织协调好的情况下，以色列仍然空袭了加沙一医院附近的一辆救护车，造成 15 人丧生、60 人受伤。

西方世界在正义与自由的旗帜下，一次又一次将人类推向野蛮屠杀的战场，失去宇宙大道的正义和自由作为一种价值观，是多么苍白无力啊！21 世纪美国对伊拉克的战争不就是在正义与自由的旗帜下进行吗？是我们对人类文明的普遍价值反思的时候了，是我们关注中国古典政治学所论述的战争原则——武德的时刻了！

何谓武德？公元前 597 年春，楚庄王以中原的郑国附晋叛楚为罪名，亲率大军伐郑，就此拉开了晋楚邲之战的序幕。在这场大战中，楚军利用晋军内部分歧，指挥无力等弱点，大败晋军。战争胜利后，楚国大夫潘党劝楚庄王把晋国军人的尸体堆积起来，筑成一座"骨髅台"（"京观"），作为胜利纪念物留给子孙后代，并借以炫耀武力威慑诸侯。楚庄王不同意这种做法，他认为战争的目的是制止战争，要遵循七种道德，即：禁止强暴、消灭战争、保持强大、巩固功业、安定百姓、和合大众、增长财富。《左传·宣公十二年》记楚庄王言曰："夫武：禁暴、戢兵、保大、定功、安民、和众、丰财者

① 刘笑敢：《道教》，上海古籍出版社，2008，第 125-126 页。

也。故使子孙无忘其章。今我使二国暴骨，暴矣；观兵以威诸侯，兵不戢矣。暴而不戢，安能保大？犹有晋在，焉得定功？所违民欲犹多，民何安焉？无德而强争诸侯，何以和众？利人之几，而安人之乱，以为己荣，何以丰财？武有七德，我无一焉，何以示子孙？"

但愿西方所有人文学者和政治家都能够理解楚庄王的话——我们有必要将军事行动建立在道德的基础之上，这才叫文明！只有在那时，人类的持久和平才有可能最终实现，才能真正实现"和众"。

无论是"和"还是"道"，国人理解这些中华文明的核心理念可能还有漫长的路走。回顾过去一百年中国所走过的道路，你会发现一条清晰的逻辑：师法英美、师法德意、师法苏俄、再到师法英美……现在又有人主张学习俄罗斯了——说到底，就是不断地学习西方文明，谁强大就学习谁。城头变幻大王旗，老师不断变化。于是乎，学到今天，国人也不能确定自己的在世界文明国家中的位置以及自己的方向！甚至连我们自己作为"人"的概念也混乱了。

我们的现代字典将"人"定义为："由类人猿进化而成的能制造和使用工具进行劳动、并能运用语言进行交际的动物。"现代动物行为的研究表明，很多动物都会制造和使用工具，很多动物都有复杂的语言交流系统，难道中国人是与猩猩、乌鸦没有多少区别的动物吗？我们能用这种观念教育我们的孩子吗？

这种定义最多只能包含部分科学真理，却剥离了中国人的根本文化精神——"夫天生百物，人为贵"（《郭店楚简·语丛一》），中国人是顶天立地、与天地鬼神相并列的生命存在！人是生物演化与文化演化相协同的结果，失去了中国的人文精神，还有中国人吗！

西方文艺复兴是对公元前 500 年前后轴心时代自身古老文明的发掘与再造，由是产生了近代工业文明。西方人也曾经羡慕中国，但却不曾"师法中国"，将中国的一切制度、文化都照搬过去。国人是不是在这方面也学习一下西方人，发掘与再造本土学术，恢复旧物，为人类开拓一个崭新的境界呢？

只有返本开新，充分认识了自己，我们才能踏着更坚实的步伐走向世界和未来……

第三章　恢复中华礼义文明传统的尚武精神

尚武精神是中华礼义文明的有机组成部分。与西方对抗性的竞争精神以及野蛮的军事霸权不同，这种尚武精神是建立在自卫、自强、自省的道义基础之上的。

先秦文武不分，至唐代仍有遗风。大诗人李白《侠客行》高度赞美当时的豪侠："银鞍照白马，飒沓（飒沓，sà tà，形容马行迅疾——笔者注）如流星。十步杀一人，千里不留行（留行，犹言停留——笔者注）。事了拂衣去，深藏身与名。"

宋以后国家柔弱不武，影响至今。当今社会仍有不少"娘炮"，媒体公开批判这种现象——女性化的"小鲜肉"被指责为误导青少年，误国误民。

与现代文明的这些"怪胎"相反，中华文明基因阳刚尚武，古人从出生到长大成人，不离武事。在这样一个全球大争的时代，复兴中华，首先要恢复中华礼义文明传统的尚武精神——尚武精神是真正的中华魂！

为何这样说呢？

因为在商周中华文明的形成期，中原地区尽管相对来说比较发达，但战略环境却极其险恶，商周王朝的周边有太多充满敌意的方国蛮夷。只要读读甲骨文和金文资料，就能看到当时战争频繁。

举例来说，司马迁的《史记·周本纪》大体是按儒家编定的《尚书》写成了，其中描述周公留下的天下时说，在成王、康王之际，天下安宁，一切刑罚都放置一边，四十年不曾使用。"故成康之际，天下安宁，刑错四十余年不用。"还说康王逝世之后，其子昭王在位时王道就衰落了；这显然与看到的考古资料有出入，大量金文显示，成康年间是一个烽火连天的时代。日本学者白川静先生在《西周史略》中一一列出了司马迁《史记·周本纪》的基本资料来源后写道："以上是《周本纪》的结构及其原始资料，若从今天的文献批判的方法看来，这些几乎都不过是依据解经文字和巫祝传说一类的二手资料。例如，《周本纪》说：'成康之际，天下安宁，刑错四十余年不用。'这段记述大约依据《书序》而来，而成康时期的金文却表现出，这是西周戡定作战规模巨大、次数频繁的时期。"①

中华礼义文明成熟于西周时期，周人久"窜于戎狄之间"，至周公的曾祖父公亶父时才迁至岐，西周有了大国气象。群狼虎视，为图存他们必须具备尚武进取的精神，从家庭生活到社会生活都是这样。游唤民教授在《周公大传》中这样描述当时周人的精神风貌："（周人）为了求生存，求发展，频繁迁徙，在不断迁徙的极其艰苦复杂的环境中，炼就了坚韧、强悍、奋发进取，敢于胜利的民族品格。"②

——这才是中国人的集体人格！

1. 男儿是弓

西周时期，男孩子一出生就要在产房门上左边挂一张代表武事的弓，作为他来到人间标志，因为冷兵器时代弓的重要性类似于当代的射击武器。《礼记·内则第十二》上记载说："子生，男子设弧于门左，女子设帨于门右。三日，始负子，男射女否。"就是说，孩子生下后，如果是男孩子，就在侧室的门左挂一张木弓作为标志；如果生女孩子，就在侧室门右挂一条佩巾作为标志，到了第三天才抱新生儿出来。如果是男孩，就行射礼，如果是女孩，就免了。

这里的所说的"射礼"指男孩儿出生后，用众木之长桑木制造的弓射出六枝箭的仪式。他象征着男儿敬天礼地，威服四方的雄心大志，先人认为，只有有了这种勇武的志向，才能享受谷物、吃饭——西周尚武精神之强烈，足以令三千年之后的我们震撼！

《礼记·射义第四十六》中解释这种"射礼"说，男孩子出生以后，要让人用桑木之弓射出六只蓬草之箭：一箭射天，一箭射地，四箭分射东南西北，表示敬天敬地，威服四方。有天地四方的雄心大志，乃是男子分内之事。所以一定要先立下这样的雄心大志，然后才敢享受谷物，这就像是先干活后吃饭一样。"故男子生，桑弧蓬矢六，以射天地四方。天地四方者，男子之所有

① 白川静：《西周史略》，袁林译，三秦出版社，1992，第8页。

② 游唤民：《周公大传》，湖南人民出版社，2008，第19页。

事也。故必先有志于其所有事，然后敢用谷也。饭食之谓也。"

不仅一般士人的孩子出生后要前举行射礼，国君的嫡长子出生时也要这样。所以《礼记·内则第十二》也说："国君世子生，告于君，接以大牢……射人以桑弧蓬矢六，射天地四方。"其礼义与上面《礼记·射义第四十六》中所述相同。

射代表武事，是古代六艺之一，和驾驭马车的技术"御"一样，是一个成年男子必须掌握掌握的军事技能。《周礼·地官司徒第二·大司徒》条叙其职责说：用三方面内容来教育万民，而荐举贤能者。一是六德：明白事理、爱人及物、通达而能预见、适时决断、言谈发自内心、刚柔适宜。二是六行：孝敬父母、友爱兄弟、和睦九族、亲爱姻戚、信任朋友、救济贫穷。三是六艺：五类礼仪、六种歌舞、五种射法、五种驾驭车马法、六种造字法、九种数学计算法。"以乡三物教万民而宾兴之：一曰六德：知、仁、圣、义、忠、和。二曰六行：教、友、睦、姻、任、恤。三曰六艺：礼、乐、射、御、书、数。"

同是地官系统的保氏具体负责教育王子及诸侯卿大夫之子弟。《周礼·地官司徒第二·保氏》条："保氏掌谏王恶，而养国子以道。乃教之六艺，一曰五礼，二曰六乐，三曰五射，四曰五驭，五曰六书，六曰九数。"保氏负责劝谏王的过失，用道艺来教养国子。教国子六艺：一是五礼，二是六乐，三是五射，四是五驭，五是六书，六是九数。"

这里的五礼包括：吉礼、凶礼、军礼、宾礼、嘉礼。其中军礼与军事高度相关。在西周教育系统中，与军事相关的教育在全部教育内容中竟近一半，可以毫不夸张地的，军事教育是当时的教育重心。

2.目标之箭

西周重兵尚武渗透到社会政治生活的方方面面，是中华礼义文明的典型特征。

仍以冷兵器时代重要的军事技能射箭为例。当时所有重要场合都要举行射箭比赛，射礼大致有四（也有人分为五种，实际上就是从大射中分出泽宫之射）：一是大射。大射由天子、诸侯举行，古代诸侯在举行重大祭祀活动前，就要与群臣举行射箭活动选拔参与祭祀的人，比赛中，容体符合礼仪要求，动作符合音乐节奏，射中次数较多的人，可以参与祭祀；二是宾射。这是诸侯朝觐天子、诸侯互相聘问和天子、诸侯在燕飨宾客时举行的射礼；三是燕射。天子、诸侯无事闲暇时为娱乐群臣而举行燕飨活动燕礼，燕礼在一献之后，举行一种射箭活动，即燕射；四是乡射。州长在每年春秋两季，都要在州的学校中举行乡射礼，目的是通过饮酒和射箭活动，教民习礼。

今存《仪礼》中只有大射和乡射两篇（《仪礼·乡射礼第五》和《仪礼·大射礼第七》），《礼记·射义第四十六》是为阐发这两种射礼而作。在先贤看来，不是言辞，武事才是一个人德行的标尺。天子甚至通过射礼考试考察诸侯推荐的士，以射中次数的多少来确定对诸侯的赏罚及加封土地或削减土地。这种尚实尚武的精神，是崇文崇理的当代中国最为欠缺的！

与西方传统的二元对立哲学不同，中国哲学注重身心一体。所以先人认为，内心正静，体魄坚强是一个人德行的表现。《管子·心术下第三十七》论证说，外表不端正，是因为德没有养成；内里不专一的人，是因为内心没有修养好。端正形貌，整饬内德，使万物都被掌握理解。这种境界好像是飞鸟自来，神都不知其究竟。"形不正者，德不来；中不精者，心不冶。正形饰德，万物毕得，翼然自来，神莫知其极，昭知天下，通于四极。"

《管子·心术下第三十七》还认为，人如能达到正和静的境界，身体也就筋韧而骨强，能顶天立地，目视如同清水，观察如同日月。只要不失掉这正与静，其德行将与日俱新，而且能遍知天下事物，以至四方极远的地域。内里有一个完整周全的心是不可能隐藏的，这将表现在形体容貌上，也能从颜色神情上看得出来。"人能正静者，筋朋而骨强；能戴大圆者，体乎大方；镜大清者，视乎大明。正静不失，日新其德，昭知天下，通于四极。全心在中不可匿，外见于形容，可知于颜色。"

所以《礼记·射义第四十六》开篇就指出，只有一个人内心冷静，身体挺直才能射中目标，德行好坏通过射箭能够很好地体现出来。上面说：射箭的人前进、后退、左右转动、一定要合乎礼，内心意志坚定，外表身体挺直，然后拿弓搭箭瞄准箭把。拿弓搭箭瞄准箭靶、这样才可以射中目标。这一系列动作就可以看出一个人的德行了。"故射者，进退周还必中礼，内志正，外体直，然后持弓矢审固，持弓矢审固，然后可以言中，此可以观德行矣。"

正因为射箭中的与否是个人德行的体现，所以古人才通过射箭比赛选举官员——将政治选举与军事技能联系起来。《礼记·射义第四十六》认为，德行一旦树立，就不会有杀人越货，为非作歹的不轨行为了，功业成就，国家也就安定了。所以说，从射箭这件事上就可以看出德行如何。古时候天子通过射箭比赛挑选有资格参加助祭的诸侯、卿、大大、士。射箭是男子的事，因而用礼乐来修饰它。所以说，在所有的事情中要寻一件既有礼乐的修饰，又可以经常进行并树立起德行的，非射箭这事莫属，所以圣王很重视它。"德行立则无暴乱之祸矣。功成则国安。故曰：射者，所以观盛德也。是故古者天子以射选诸侯、卿、大夫、士。射者，男子之事也，因而饰之以礼乐也。故事之尽礼乐，而可数为以立德行者，莫若射，故圣王务焉。"

射箭的时候，射手要将远处的目标作为人生目标，只有射中的人才配担当自己的职责，射不中就不能担当好职责。在天子祭前选择助祭之士的泽宫之射中，对射箭结果的赏罚严厉分明。据《礼记·射义第四十六》，"射"的意思就是"绎"，或是"舍"。绎就是各自抒发志向。所以心情平定，身体正直的人能够拿弓搭箭瞄准。拿弓搭箭瞄准，就可以射中了。因此说：做父亲的，就把靶心作为父亲的目标。做儿子的、做国君的、做臣下的，都要把它作为自己的目标。所以射箭是各自射自己的目标。天子的大射叫作"射候"，射候就是射作诸侯。射中就能作诸侯．射不中就不能做诸侯；天子将要祭祀，一定要先在泽宫中练习射箭。泽宫是挑选士的地方，在泽宫射毕以后，就在射宫继续射，射中的能够参与天子祭祀，射不中的不能参与天子祭祀。不能参与祭祀的受到斥责，并削减封地，能够参与祭祀的得到褒扬，并增加封地。"射之为言者绎也，或曰舍也。绎者，各绎己之志也。故心平体正，持弓矢审固，持弓矢审固，则射中矣。故曰：'为人父者，以为父鹄；为人子者，以为子鹄；为人君者，以为君鹄；为人臣者，以为臣鹄。'故射者各射己之鹄。故天子之大射谓之射候。射候者，射为诸侯也。射中则得为诸侯，射不中则不得为诸侯；天子将祭，必先习射于泽。泽者，所以择士也。已射于泽，而后射于射宫。射中者得与于祭，不中者不得与于祭。不得与于祭者有让，削以地，得与于祭者有庆，益以地。"

需要指出的是，射义有着比西方现代体育竞争精神更为丰富的人文内涵。

这里，不是为竞争而竞争，而是为了德行的培育——射本身就是仁德（而非竞争精神）的外在表现。所以在比赛过程中，参与者要严格遵循礼乐；在失败的情况下，要求参考者"反求诸己"。《礼记·射义第四十六》中说："射者，仁之道也。射求正诸己，己正而后发，发而不中，则不怨胜己者，反求诸己而已矣。孔子曰：'君子无所争，必也射乎！揖让而升，下而饮，其争也君子。'"《礼记·中庸第三十一》亦引孔子言曰："射有似乎君子，失诸正鹄，反求诸其身。"

像中国这样将军事技艺与民族的政治社会生活近乎完美地结合在一起，在历史上是罕见的——这是多难兴邦的中华民族的必然选择！

3. 武是国魂

中华礼义文明重兵尚武的精神体现在社会制度上是军民一体，寓兵于民的政策。战斗力首先体现在内政和基层治理上，这是中华民族军事战略"先内而后外"的重要特点。收录于《上海博物馆藏战国楚竹书（四）》的战国兵书《曹沫之阵》有："有固谋，而亡（亡，通无——笔者注）固城；有克政，而亡克陈。三代之陈皆存，或以克，或以亡。"曹沫还提出了"三教"的军事思想："不和于邦，不可以出舍（舍，军队住宿之地——笔者注）；不和于舍，不可以出陈；不和于陈，不可以战。"和德在战争中如此重要！

西周时期，战争频发，政府在仲春、仲夏、仲秋、仲冬都要通过打猎进行大规模军事演习，称为"春蒐（蒐，sōu——笔者注）、夏苗、秋狝（狝，xiǎn——笔者注）、冬狩"，公元前718年，鲁国的臧僖伯（公子姬）谏鲁隐公不要去棠邑观赏捕鱼，其中提到了战备和军事演习的重要性：凡是物品，如果不能用于讲习祭祀和军事，材料不能用于制造军用器物，君主就不必亲自去办理。国君的职责是使人民的行为符合法度与礼制的规定。所以，用讲习大事的行动来检验法度的差等，就称为法度；用材料来表明器物的文采，就称为礼制。既不合乎法度，又不合乎礼制，这就称为乱政。乱政屡次出现是导致衰败的原因。因此，春猎称蒐，夏猎称苗，秋猎称狝，冬猎称狩，是为了在农闲时用这些来讲习大事。每隔三年，还要整治军队，出去举行大演习，演习完毕，再整治队伍回来，到庙堂里饮酒庆贺，祭祀祖宗，清点军用器物。表现器物的文采，分清贵贱的区别，辨别等级次序，安排少年和老人的顺序，都是为了熟悉这种表现军事威仪的礼制。《左传·隐公五年》："凡物不足以讲大事，其材不足以备器用，则君不举焉。君将纳民于轨物者也。故讲事以度轨量，谓之'轨'；取材以章物采，谓之'物'。不轨不物，谓之乱政。乱政亟行，所以败也。故春蒐、夏苗、秋狝、冬狩，皆于农隙以讲事也。三年而治兵，入而振旅，归而饮至，以数军实。昭文章，明贵贱，辨等列，顺少长，习威仪也。"

这里臧僖伯对于古代田猎军事演习讲得粗糙，重在谈春蒐、夏苗、秋狝、冬狩的政治军事意义。《周礼·夏官司马第四·大司马》条中讲得就很详尽。原文较长，我们只列出春蒐一节。上面说：仲春，教民众习战。大司马用旗召集民众，整编队列阵形，如同实战时那样。教民众辨别鼓、铎、镯、铙的用途。王执掌路鼓，诸侯执掌贲鼓，军将执掌晋鼓，师帅执掌提鼓，旅帅执掌鼙鼓，卒长执掌铙，两司马执掌铎，公司马执掌镯。教民众下、起立、前进、后退、快速、慢速，以及距离疏密的节度。接着便用他们进行春季田猎，有关官吏在立表处举行貉祭，警诫民众不要违犯有关田猎之法，然后击鼓，于是开始围猎。焚烧野草的火停止燃烧，然后进献所猎获的兽以祭祀社神。"中春，教振旅，司马以旗致民，平列陈，如战之陈，辨鼓铎镯铙之用，王执路鼓，诸侯执贲鼓，军将执晋鼓，师帅执提，旅帅执鼙，卒长执铙，两司马执铎，公司马执镯，以教坐、作、进、退、疾、徐、疏数之节，遂以蒐田，有司表貉，誓民，鼓，遂围禁，火弊，献禽以祭社。

西周以田猎形式举行军事演行只是军礼的一种。除了征伐之时，甚至在兴办大型公共工程时都要实行军礼，以提高民众军事素质。《周礼·春官宗伯第三·大宗伯》条载：用军礼协同天下各国：大军出征之礼，是利用民众的义勇；大校比以平均赋税之礼，是忧虑民众的赋税不均；举行大田猎之礼，是为了检阅徒众和战车；大兴劳役之礼，是为了任用劳动力；大规模勘定疆界之礼，是为了聚合民众。"以军礼同邦国：大师之礼，用众也；大均之礼，恤众也；大田之礼，简众也；大役之礼，任众也；大封之礼，合众也。"

金文资料表明，《周礼》是追述西周政制的一部专著，关于寓兵于民的条目还很多（如地官司徒系统中的"乡师"条等），这里不再赘述。到春秋战争国时期，寓兵于民的政策已很完善，并为后世所仿效，著名的是管仲"作内政而寄军令"和商鞅的"令民为什伍"。管仲寓兵于民的政策在《国语·齐语》中记载甚详：

> （管子作内政而寄军令）五家为轨，轨为之长；十轨为里，里有司；四里为连，连为之长；十连为乡，乡有良人焉。以为军令：五家为轨，故五人为伍，轨长帅之；十轨为里，故五十人为小戎，里有司帅之；四里为连，故二百人为卒，连长帅之；十连为乡，故二千人为旅，乡良人帅之；五乡一帅，故万人为一军，五乡之帅帅之。三军，故有中军之鼓，有国子之鼓，有高子之鼓。春以蒐振旅，秋以狝治兵。是故卒伍整于里，军旅整于郊。内教既成，令勿使迁徙。伍之人祭祀同福，死丧同恤，祸灾共之。人与人相畴，家与家相畴，世同居，少同游。故夜战声相闻，足以不乖；昼战目相见，足以相识。其欢欣足以相死。居同乐，行同和，死同哀。是故守则同固，战则同强。

与西周政治制度相比，无论是管子还是商鞅的寓兵于民政策，都是西周政治、王官学思想的进一步发展，不是齐桓、管仲、秦孝公、商鞅这些人"大脑风暴"后的发明。在研究先秦诸子思想时，我们要注意诸子思想是国家学术——王官学的延伸。

军民一体的尚武精神历史上一脉相承，是中华民族的千年国魂。北宋王安石变法时，推行保甲法，目的就是废除腐败的募兵制度，恢复中国传统的寓兵于民政策，人人习武，提高军队的战斗力。1072年，他在《上五事札子》中清楚地写道："保甲之法，起于三代丘甲，管仲用之齐，子产用之郑，商君用之秦，仲长统言之汉，而非今日之立异也。"（《临川先生文集》卷四十一）

王安石变法并没能恢复中华民族传统的尚武精神，连支持王安石变法的宋神宗也怀疑寓兵于民的可能性，他质问："募兵专于战守，故可恃；至民兵，则兵农之业相半，可恃以战守乎？"（《宋史·卷一百九十二》）神宗死后，王安石变法很快成了明日黄花，再没有什么力量能够挽救中原王朝第一次被游牧民族全境占领的惨剧——不过中国尚武精神的消褪则比宋朝的灭亡要早许多。

4.国魂之殇

史上有"强汉""弱宋"之说，所以我们可以断定中华传统尚武精神的消褪在这期间，笔者认为其大致发生在魏晋南北朝时期。

颜之推（531—约595年）是南北朝后期著名学者，著《颜氏家训》二十篇，其中详细记载了儒弱不武的南朝之风，这些人颓废到战争中只能坐着等死。颜之推曾仕南朝梁，官至散骑侍郎，所以对梁的精英阶层很了解。在颜氏家训·涉务第十一》写描述说，梁朝的士大夫都崇尚著宽衣，系阔腰带，戴大帽子，穿高跟木屐，出门就乘车代步，进门就有人伺候，城里城外，见不着骑马的士大失。宣城王萧大器很喜欢南朝学者周弘正，送给他一匹果下马，他常骑着这匹马。朝廷上下都认为他放纵旷达，不拘礼俗。如果是尚书郎骑马，就会遭到弹劾。到了侯景之乱的时候，士大夫们一个个都细皮嫩肉的，不能承受步行的辛苦，体质虚弱，又不能经受寒冷或酷热。在变乱中坐着等死的人，往往由于这个原因。建康令王复，性情温文尔雅，从未骑过马，一看见马嘶鸣跳跃就害怕，他对人说道："这是老虎，为什么叫马呢？"当时的风气竟然颓废到这种程度。"梁世士大夫，皆尚褒衣博带，大冠高履，出则车舆，入则扶侍，郊郭之内，无乘马者。周弘正为宣城王所爱，给一果下马，常服御之，举朝以为放达。至乃尚书郎乘马，则纠劾之。及侯景之乱，肤脆骨柔，不堪行步，体羸气弱，不耐寒暑，坐死仓猝者，往往而然。建康令王复性既儒雅，未尝乘骑，见马嘶歕陆梁，莫不震慑，乃谓人曰：'正是虎，何故名为马乎？'其风俗至此。"

颜之推同样介绍了武事的象征射在南朝的地位，当时南朝人连游戏用的"博射"都不再玩了，更何况真刀真枪的"兵射"？倒是北方中华礼义文明传统的尚武精神一息尚存。他评论道：弓箭可以威震天下，古帝王以射箭来考察人的德行，选择贤能，同时也是保全性命的要事。江南人将世上常见的射箭，看成是武夫的射箭，所以儒雅的书生都不肯学习此道。另外有一种比赛用的射箭，弓力很弱，箭身较长，设有箭靶，宾主相见，温文尔雅，作揖相让，举行射礼。这种射箭对于防御敌寇一点没有益处。经过了战乱之后，这种"博射"就没人玩了。北方的文人，大多数会"兵射"，不只葛洪能一箭杀死追来的贼寇，三公九卿宴会时常常赐射箭的优胜者。射箭技术的高低，关系到荣誉与赏赐。《颜氏家训·杂艺第十九》："弧矢之利，以威天下，先王所以观德择贤，亦济身之急务也。江南谓世之常射，以为兵射，冠冕儒生，多不习此；别有博射，弱弓长箭，施于准的，揖让升降，以行礼焉。防御寇难，了无所益。乱离之后，此术遂亡；河北文士，率晓兵射，非直葛洪一箭，已解追兵，三九燕集，常縻荣赐。"

但乱世之中颜之推反对后人习兵，所以他接着说"虽然，要（要，通邀——笔者注）轻禽，截狡兽，不愿汝辈为之"。显而易见，颜之推本人也难脱当时颓废世风的影响，他甚至作《诫兵篇》，主张士大夫不该参预军事！

从宏观历史的角度看，中国尚武精神伴随着儒学社会影响力的扩大而消褪。儒家有一种正统，在今人看来又很荒唐的观点：就是通过内心道德的提高可以实现天下太平，武力则被放在了极为次要的位置。历史上常常是这样，在危难的时候尚武精神就会昙花一现，但危机稍减儒家思想就会占据上风。

儒家在治国、平天下理念上这种泛道德化趋势当出于后儒对孔子的误读，因为孔子是十分重视经济和武备的。《论语·季氏篇第十六》中说："丘也闻有国有家者，不患寡而患不均，不患贫而患不安。盖均无贫，和无寡，安无倾。夫如是，故远人不服，则修文德以来之。既来之，则安之。"历史上没有哪句话像这句话一样影响到中国的战略思维，我们逐渐失去了西周以来放眼四海，"向外看"的雄心勇气。至宋，孔子思想被极端化，演变为一种新的逻辑——用弃地与敌的"高姿态"实现天下安定。

早在公元前81年西汉政府举行的盐铁会议上，当时儒生就主张放弃武备，认为只要汉王朝内修道德，匈奴就会乖乖地来降服。《盐铁论·忧边第十二》上儒生说："若陛下不弃，加之以德，施之以惠，北夷必内向，款塞自至。"儒生这种荒唐主张的逻辑起点在哪里呢，就是《论语·季氏篇第十六》中那句话。《盐铁论·本议第一》中记载了儒生在会上的发言："孔子曰'有国有家者，不患寡而患不均，不患贫而患不安。'故天子不言多少，诸侯不言利害，大夫不言得丧。畜仁义以风之，广德行以怀之。是以近者亲附而远者悦服。故善克者不战，善战者不师，善师者不阵。修之于庙堂，而折冲还师。王者行仁政，无敌于天下，恶用费哉……古者贵以德而贱用兵。孔子曰：'远人不服，则修文德以来之。既来之，则安之。'今废道德而任兵革，兴师而伐之，屯戍而备之，暴兵露师以支久长，转输粮食无已，使边境之士饥寒于外，百姓劳苦于内。"

两千多年前儒家这种迂腐思想在今天并未完全消失，许多知识分子在谈论汉武大帝时，还不忘他如何"穷兵黩武"。试想，如果没有当时西汉政府对匈奴的战略大反击，中国的大一统局面能维持这么久似乎不可思议——中国被北方游牧民族全境占领在宋以后才发生，宋朝儒生集团将泛道德主义战略思想推向了极至。

将战略要地拱手让给敌人，在今人看来感到不可思议，但在宋儒看来，这并没有什么过错，理由是如果放弃了这些战略要地，敌人就会更安心，进而减少战争爆发的机会。年轻有为的宋神宗（1048—1085）一死，司马光就于1086年春天写了一道《论西夏的札子》，主张将沈括（他不仅仅是一位科学家，还是一位杰出的军事将领，儒家千年不变的宣传口径是少讲武事，"不以力闻"）等收复的战略要地米脂、浮图、葭芦、安疆四寨归还西夏。他弃地与敌的主张马上得到了齐挚、苏辙、范纯仁、文彦博等人的支持，文彦博甚至说送得太少，要把从吐蕃诸部收复的熙河路和元丰四年攻占的兰州一并奉送给西夏。

当然也有人反对这样作，如安涛、孙路等，这些人反对的结果保住了兰州等地，米脂、浮图、葭芦、安疆四寨最终还是拱手送给了西夏——当然和平并没有真正实现。

"弱宋"之弱，先弱在精神上，先弱在社会风尚上——21世纪的、处在全球竞争中的我们不可不引以为诫啊！只有先讲武，才有权谈武德，特别是当我们面对以竞争和掠夺为文化基础的西方文明的时候！

多年以来，笔者看到了太多文化复兴运动，除了祭孔、读经，还有汉服热等，难道这就是中华文明吗？为什么这个文明安身立命所需的尚武精神却鲜有人提及，我们的孩子何时才能恢复西周男儿那种箭射天地，志在四方的英勇！

当中华少年将武事作为自己的荣耀之时，才算真正复兴了中华文明——那是一百多年来无数仁人志士呼唤的少年中国！

尚武精神的中华魂啊，早日归来吧！

第四章 五常相生论——中国人的修养次第

从夏商周三代的"为政九德"到先秦的三纲六德，从汉以后的三纲五德（五常）到20世纪学人"打倒孔家店"画饼充饥、至今仍是镜花水月的"新道德"，中国道德体系经历了令人眼花缭乱、目不暇接的演化。其中三纲五常的影响最为持久巨大。

本来，三纲是对基本社会分层的描述。任何社会都有上下（君臣）、父子、夫妇三种（六位）基本分层。如何维系这些人伦关系使社会良好运转呢？就要求人们承担一定的责任（六职），遵守一定的道德规律（六德）。根据1993年湖北省荆门市郭店村出土的战国楚简《六德》，三者的对应关系如表4-1：

表4-1 战国楚简《六德》关系表

六位	夫	妇	父	子	君	臣
六职	夫之率人	妇之从人	父之教人	子之受人	君之使人	臣之事人
六德	夫之智	妇之信	父之圣	子之仁	君之义	臣之忠

三纲六德在人类伦理史上意义非凡，它使道德摆脱排他性、地域性、启示性宗教限制，建立在普世和理性的基础上——这种变化是革命性的。

相对于现代西方抽象道德口号，三纲更具现实性。清华大学人文学院方朝晖教授写道："'三纲'反映了古人如何在尊重人与人关系之差异性现实的条件下保证人格独立性（尤其是处在下位时），现代人一味地高喊平等、自由等口号，不尊重人与人之间由分工、角色、性别等差异所造成的现实。然而在现实中，人与人之间的差异是无法回避的，不是光靠平等、自由、民主等口号就能解决的。"[1] 他还以"上下"一纲为例，说明它如何很好地解决上下级关系："正视人与人关系的差异现实，如何恰当地做上级与下级，尤其是身为

---

[1] 方朝晖：《为"三纲"正名》，华东师范大学出版社，2014，第132页。

上级如何以德而不是以力服人，身为下级如何既服从上级又守护人格，这是"三纲"作为君为臣纲的基本含义，对于父子、夫妻关系，"三纲"的含义是同样的。"[①]

可惜后来《六德》失传，中华道德体系的基本原理不为世人所知。直到21世纪的今天，当世界比任何时代都需要重建道德的时候，才引起我们的关注。

1. 从三纲六德到三纲五常

那么，三纲六德是如何变成三纲五常（德）的呢？

这与先秦思孟学派的五行观念，西汉大儒董仲舒构建以五行为基础的庞大天人体系有关。

五常，亦称五行、五德、五性。隋朝萧吉的《五行大义·卷第三》解释说，因为仁、义、礼、智、信这些是不可或缺的，要长久而行，成就道德。"五常者，仁、义、礼、智、信也。行之终久，恒不可阙（同'缺'——笔者注），故名为常。亦云五德。以此常行，能成其德，故云五德。而此五德，配于五行。"

从六德到五常的一个重要转折点是先秦子思、孟子一派儒者重内在修为，其核心经典郭店楚简《五行》将仁、义、礼、智、圣称为五行。按《五行》的分法，仁、义、礼、智和合称为善，是世间之道，人道；仁、义、礼、智、圣五者和合称为德，是天道，至道。智为人道之本，圣为天道之本。

孟子更进一步，阐述人道仁、义、礼、智的萌芽（端），认为四端和四肢一样，是人人都要遵行发扬的。他说："恻隐之心，仁之端也；羞恶之心，义之端也；辞让之心，礼之端也；是非之心，智之端也。人之有是四端也，犹其有四体也。"（《孟子·公孙丑上》）

《礼记·丧服四制》专论制定丧服所依据的四项基本原则，包括恩情、义理、节制、权变，其植根于人道仁、义、礼、智，二者的对应关系是："恩者仁也，理者义也，节者礼也，权者知（通'智'——笔者注）也。仁义礼知，

---

① 方朝晖：《为"三纲"正名》，华东师范大学出版社，2014，第133页。

人道具矣。"

人道本来是四常，西汉大儒董仲舒建立以五行为基础的庞大天人体系，因为要与人世间的五种官职相配，所以必须在人道中加上一"行"，他取了六德中的"信"，就成了我们熟悉的"五常"仁、义、礼、智、信。由于西汉太初元年（公元前104年）汉武帝改历以"五为度""数用五"等多种因缘，"五常"一说被后世沿袭。

但汉代五行与五常相配的方法并不固定。董仲舒重视的配法十分特殊，与大家熟悉的按五行相生顺序木、火、土、金、水——木配仁，火配礼，土配信、金配义，水配智不同，董仲舒《春秋繁露·五行相生》的对应关系是木仁、火智、土信、金义、水礼。对于火配智、水配礼，北京大学程苏东教授认为，造成这种现象的原因，是董仲舒以五官（司农、司马、司空、司徒、司寇）为中间桥梁，分别配五行、五常。他说："'五常'与'五行'的对应关系实际上受制于其与'五官'之间的对应关系，而火行对应的司马在《繁露》中拥有'进圣贤之士'的职责，需要'上知天文，其形兆未见，其萌芽未生，昭然独见存亡之机，得失之要，治乱之源，豫禁未然之前'，这自然与五常中的'智'相对应；而水行对应的司寇在《繁露》中负责执法，掌'君臣有位，长幼有序，朝廷有爵，乡党以齿，升降揖让，般伏（般伏，pán fú，意思是盘伏——笔者注）拜谒，折旋中矩，立而磬折，拱则抱鼓'，这也显然应与'五常'中的'礼'相对应。基于'五官'职掌，'五常'与'五行'之间的对应关系得到了一种合理化的解释。"①

2. 从五行相生到五常次第

西汉末年刘歆《钟律书》最早按五行相生的顺序配五常，即木仁、火礼、土信、金义、水智，班固著《汉书》沿用，但并未明确指出五常的内在次第。《汉书·律历志》有："协之五行，则角为木，五常为仁，五事为貌。商为金，为义，为言；徵为火，为礼，为视；羽为水，为智，为听；宫为土，为信，为思。"

东汉郑玄给《礼记·中庸》作注，还提出过另一种相配方法："木神则

---

① 程苏东：《从六艺到十三经：以经目演变为中心》，北京大学出版社，2018，第320–321页。

仁，金神则义，火神则礼，水神则信，土神则智。"这显得不太合理，且毛公、京房等都和班固《汉书》一样以土为信，水为智。

萧吉《五行大义》解释了为何这样相配：仁以恻隐同情为体，以普遍施予为用；礼以辨别等级为体，以践行效法为用；智以明了智慧为体，以明智通达为用；义以合宜为体，以裁决判断为用；信以不欺骗为体，以踏踏实实为用。五行则木有笼罩覆盖、滋生繁多的特性，符合恻隐与博施；火有消除黑暗、照亮光明的特性，符合分别与践行（礼法）；水有包含润泽、流动通达的特性，符合睿智与明慧；金有刚硬锋利的特性，符合合宜与裁断；土有承载容纳的特性，通过四时变化生成万物，符合厚实不欺。而郑玄的配法则略显迁强，他以水配信，是因为潮汐按时到来；以土配智，是因为土能生万物。《五行大义·卷第三》："夫五常之义，仁者以恻隐为体，博施以为用；礼者以分别为体，践法以为用；智者以了智为体，明睿以为用；义者以合义为体，裁断以为用；信者以不欺为体，附实以为用。其于五行，则木有覆冒滋繁，是其恻隐博施也；火有灭暗昭明，是其分别践法也；水有含润流通，是其了智明睿也；金有强刚利刃，是其合宜裁断也；土有持载含容，以时生万物，是其附实不欺也。郑玄及《诗纬》以土为智者，以能了万事，莫过于智，能生万物，莫过于土，故以为智。水为信者，水之有潮，依期而至，故以水为信。此理寡证狭，于义乖也。"

《易纬·乾凿度》继承郑玄说，用八卦卦序说明为何以土配智，以水配信。认为中央统领四方，以智慧做决定，所以土为智，但它又与五行相生的顺序不匹配。可贵的是，《易纬·乾凿度》卷上不仅简单解释了五常的意义，还指出了五常内在的次第，显得特别珍贵："人生而应八卦之体，得五气以为五常，仁、义、礼、智、信是也。夫万物始出于震；震，东方之卦也，阳气始生，受形之道也，故东方为仁。成于离；离，南方之卦也，阳得正于上，阴得正于下，尊卑之象定，礼之序也，故南方为礼。入于兑；兑，西方之卦也，阴用事而万物得其宜，义之理也，故西方为义。渐于坎；坎，北方之卦也，阴气形盛，阴阳气含闭，信之类也，故北方为信。夫四方之义，皆统于中央，故乾、坤、艮、巽，位在四维。中央所以绳四方行也，智之决也，故中央为智。故道兴于仁，立于礼，理于义，定于信，成于智。五者，道德之分，天人之际也。圣人所以通天意，理人伦而明至道也。"

《易纬·乾凿度》对五常意义的解释不如班固《白虎通》翔实，后者称五常为五性，也提及八卦与人的相应关系——仁意为不忍心，好生而爱人。义意为适宜，决定做得适中。礼意为履行，履行道义而形成礼节。智意为知晓，有独到和超前的见识，不迷惑，看到苗头就知道显著的后果。信意为诚，专一而不动摇。所以人生下来和八卦的卦体相应，五气作为恒常的本性，即仁、义、礼、智、信。《白虎通·卷八·性情》："仁者，不忍也，施生爱人也；义者，宜也，断决得中也；礼者，履也，履道成文也；智者，知也，独见前闻，不惑于事，见微者也；信者，诚也，专一不移也。故人生而应八卦之体，得五气以为常，仁、义、礼、智、信是也。"

如果我们将五行相生顺序与《易纬·乾凿度》的五常次第相配，依《礼记·丧服四制》"理者义也"，将"理于义"与"定于信"的位置互换，五常依五行相生的次第就清晰了起来！如表4-2：

表4-2　五常依五行相生的次第表

五行相生	木	火	土	金	水
五常	仁	礼	信	义	智
修养次第	兴于仁	立于礼	定于信	理于义	成于智

3. 得智慧安乐的不二法门

我们提升自己的德行，一定要从对人类苦难的同情心，仁爱心开始（兴于仁）。然后按礼法行事，就会少犯错误（立于礼）。这样坚持不懈、专一不移（定于信），就会事事合于是道义、义理（理于义），成就大智慧，德成智出（成于智）。

所以先贤特别重视人生修养的起点与终点，即仁与智。如同佛教中的慈悲与智慧，要仁智双修，有始有终。

《论语·雍也篇》记孔子言："知（通'智'——笔者注）者乐水，仁者乐山；知者动，仁者静；知者乐，仁者寿。"《说苑·杂言篇》引子贡语"君子见大水必观焉"——先贤乐水如此！

东汉郑玄注"知者乐"："知者自役，得其志，故乐。"东汉包咸注"仁者寿"："性静者多寿考。"人能仁爱、智慧，外无贪欲，内心平和，自然容易安乐长寿。董仲舒说："仁人之所以多寿者，外无贪而内清净，心平和而不失中正，取天地之美以养其身。"（《春秋繁露·循天之道》）

董仲舒还指出，德行没有比仁爱更切近自身的了，没有比智慧更迫切的了。不仁却有勇气、力量、才能，就如没有约束并操起锋利的兵器那样危险；不智却能诡辩而急切，就如迷失方向而乘骑好马那样危险。仁爱但没有智慧，就会只知爱人却不能判别是非；智慧却不仁爱，就会只知善恶而不愿意去做。《春秋繁露·必仁且智》："莫近于仁，莫急于智。不仁而有勇力材能，则狂而操利兵也；不智而辩慧獧给（獧给，juàn gěi，意思是敏捷——笔者注），则迷而乘良马也……仁而不智，则爱而不别也；智而不仁，则知而不为也。"

如果一个人能真正做到仁且智的境界，差不多就是圣人了。孟子讲过这样一件事：子贡问孔子："老师是圣人了吧？"孔子回答："圣人我做不到，我只是学习不觉满足，教人不知疲倦罢了。"子贡说："学习不觉满足，这就有智慧；教人不知疲倦，这是实践仁德。既有仁德又有智慧，老师已经是圣人了。"《孟子·公孙丑上》："昔者子贡问于孔子曰：'夫子圣矣乎？'孔子曰：'圣则吾不能，我学不厌而教不倦也。'子贡曰：'学不厌，智也；教不倦，仁也。仁且智，夫子既圣矣。'"

一个人能孜孜行善，踏实践行五常次第：兴于仁、立于礼、定于信、理于义、成于智，必得真正的大定，成就智慧，成贤成圣。中国人的修养次第脱去宗教外衣，建基于普遍理性，是得智慧安乐的不二法门——在心灵鸡汤充斥各类电子媒体的世俗化时代，它值得我们深入探究，特别重视！

第五章　理学家颠倒了儒家"积善成德"的修养路线

中国文化至宋明理学发生全局性、根本性转变。无论是内在修养（内圣），还是社会事务（外王），都开始偏离中道、积非成是，大失本来面目。

在社会事务方面，宋明理学家继承了孟子诸多极端化观点，强调王霸、义利、理欲的二元截然对立，偏激而脱离实际；更为严重的是，他们还仿照佛家判教，将儒家之外的诸子百家斥为异端，这相当于取缔了中国古典政治、经济、外交诸学的合法性——抽离治国理政之道，学术势必沦为空洞无用之物，结果导致社会治理的放任与混乱，国家实力的衰弱与瓦解。

直至20世纪历经五四运动，宋明理学的主导地位从政治、经济、社会等领域彻底被推翻，我们才走上漫长而艰辛的文化复兴之路。

在内在修养方面，宋明理学家缺乏足够的思想资源恢复本土内圣之学，不得不采取明修栈道暗度陈仓的策略，表面排斥佛学，实则引佛入儒，特别是引入宋以后盛行的禅宗。在经典文本上，则选取体例、长短各异的四书——《论语》《孟子》《大学》《中庸》，并将之置于五经之上。

禅宗源于印度佛教，强调超世的顿悟，悟后起修——悟入宇宙人生的终极实相后进一步修行，达到圆融的涅槃境界。而中国文化是世俗性的，主教化的儒家修养路线强调从日常人伦礼义、人道之善开始，修身、齐家、治国、平天下，化育万物，稳步达到内外无二的智慧境界。

宋明理学家为了弥合禅、儒之异，不得不颠倒儒家"积善成德"的生活观念，采取"以佛解儒"的学术路线，其负面影响极大。宋以后不少儒家学者出入佛门，熟读佛教经典，思想混乱的"三教合一"思潮兴起，就是这个原因。

理学家"以佛解儒"集中表现在对《大学》三纲的解读上。

1. 理学家颠倒"积善成德"为"积德成善"

北宋理学家程颢盛赞《大学》，称它是："孔氏之遗书，而初学入德之门也。"（朱熹《大学章句》）

就是在这个"门"上，理学家们误入歧途。《大学》开篇论其核心观点"三纲"："大学之道，在明明德，在亲民，在止于至善。"

先秦学人观念中，"善"属于人伦礼义层面，"德"属于天地自然方面，人生的正确路线（次第）是由近及远，"积善成德"，成贤成圣。《荀子·劝学第一》形象地比喻说：积聚泥土成为高山，风雨就会在那儿兴起；积蓄水流成为深潭，蛟龙就会在那儿生长；积累善行成为有德行的人，自然会心智神妙，达到圣贤的境界。所以说不积累起一步两步，就无法到达千里之外；不汇积细流，就不能成为江海。骏马一跃不满六丈，劣马跑十天终能跑完千里，其成功在于不停脚。雕刻东西，如果刻一下就把它放在一边，腐烂的木头也不能刻断，如果不停刻下去，金属石头都能雕空。"积土成山，风雨兴焉；积水成渊，蛟龙生焉；积善成德，而神明自得，圣心备焉。故不积跬步（跬步，kuǐ bù，本指半步，跨一脚——笔者注），无以至千里；不积小流，无以成江海。骐骥一跃，不能十步；驽马（驽马，跑不快的马——笔者注）十驾（十驾，套十次车，指十天行程——笔者注），功在不舍。锲而舍之，朽木不折，锲而不舍，金石可镂。"

那么"积善""止于至善"的具体内容是什么呢？就是努力实践人伦礼义，日常善行。《荀子·王霸第十一》进一步阐述说："途之人、百姓积善而全尽谓之圣人。彼求之而后得，为之而后成，积之而后高，尽之而后圣。故圣人也者，人之所积也。人积耨耕而为农夫，积斲（斲，zhuó，砍、削——笔者注）削而为工匠，积反（反，通"贩"——笔者注）货而为商贾，积礼义而为君子。"

先秦儒家重要经典《五行》明确将仁、义、礼、智合称为善，这是世间之道，即人道；仁、义、礼、智、圣五者合称为德，是天道，至道。并说："善，人道也。德，天道也。"《韩诗外传》卷一也说："仁义礼智，顺（顺，意为从——笔者注）善之心。"

宋代理学家一反传统儒家"积善成德"的人生路线，依照佛门"悟后起修"的次第，将悟入（明）"虚灵不昧，以具众理而应万事"的"明德"作为起点，将人道之"善"，作为修行的终点，称"止于至善"是"尽夫天理之极，而无一毫人欲之私"的圣人境界。

理学家颠倒本末，导致我们人生观念极度混乱，直到 21 世纪也没有能够很好地澄清——今天的所谓"新儒家"，大多仍因循宋明理学错误的学术路线。

2. 误读《大学》导致太多混乱和矛盾

宋明理学将"积善成德"解释为"积德成善"，不仅与《大学》、乃至与整个中国文化的人生观念相背离。更重要的是，它使学人失去修养落脚处。事实上《大学》原文中解释了如何"止于至善"，如何实践普遍的礼义，即"为人君，止于仁；为人臣，止于敬；为人子，止于孝；为人父，止于慈；与国人交，止于信"。不从人道之善起修，致使学人一味追求玄而又玄的"虚灵不昧"，心学兴起后，明儒甚至有落入狂禅者！

"积德成善"的错误次第也与被称为"孔门传授心法"（朱熹《中庸章句》）的《中庸》相矛盾。

《中庸》谈到如何实践治国平天下时有明确的次第，其落脚点是"择善而固执之"。从"明乎善"开始，依次实现"诚身""顺乎亲""信乎朋友""获乎上"。上面说："在下位不获乎上，民不可得而治矣；获乎上有道，不信乎朋友，不获乎上矣；信乎朋友有道，不顺乎亲，不信乎朋友矣；顺乎亲有道，反诸身不诚，不顺乎亲矣；诚身有道，不明乎善，不诚乎身矣。诚者，天之道也，诚之者，人之道也。诚者不勉而中，不思而得，从容中道，圣人也。诚之者，择善而固执之者也。"就是说，在下位的人，如果得不到居上位者信任，就不能治理好百姓。要得到居上位者信任，得不到朋友的信任就得不到居上位者信任；要得到朋友的信任，不孝顺父母就得不到朋友的信任；要孝顺父母，自己不真诚就不能孝顺父母；要使自己真诚，不明白什么是善就不能够使自己真诚。诚是上天的原则，追求诚是做人的原则。诚之人，不勉强就能事事合宜，不用思考就能合乎理义，自然而然，一举一动都恰如其分，这就是圣人。努力做到诚，就要择善而从，毫不放松。

先秦典籍中多引此段文字——《孟子·离娄上》中它出自孟子之口。

这里的"不明乎善"，是不是朱熹说的"未能察于人心天命之本然，而真知至善之所在也"？显然不是，因为《中庸》"哀公问政"部分与《孔子家语·哀公问政第十七》材料同源。《孔子家语·哀公问政第十七》此段下还有："公曰：'子之教寡人备矣，敢问行之所始？'孔子曰：'立爱自亲始，教民睦也；立敬自长始，教民顺也。教之慈睦，而民贵有亲；教之以敬，而民贵用命。民既孝于亲，又顺以听命，措诸天下，无所不可。'"

孔子说的"善"明确指具体的人伦礼义，而不是抽象的"人心天命之本然"。

"止于至善"的"至"，不是最高之意，而是达到、周到。"至善"是普遍的善，具体指无往而不善、没有所到之处不行善的礼。郭店楚简《语丛三》有"未有其至，则仁治者莫得善其所"，也是谈"止于至善"，是说善行没有泽及，那么以仁为治者就不能使其地教化、善风流行。

《荀子》称"至善"为"遍善"，也有"善至"的用法。《荀子·王制第九》认为朝廷上听取意见，对带着好建议而来的人要待之以礼，对怀着恶意而来的要待之以刑，"听政之大分：以善至者，待之以礼；以不善至者，待之以刑"。文中"至"明显是到、来的意思；《荀子·修身第二》有："扁（扁，通'遍'——笔者注）善之度，以治气养生，则身后彭祖；以修身自强，则名配尧、禹。宜于时通，利以处穷，礼信（信，真，确实——笔者注）是也。"意思是说，使人无往而不善的是以礼为法度，用以调气养生，就能使自己有如彭祖般高寿；用以修身自强，就能使自己有如尧、禹那样的名声。礼义才真正是既适宜于显达，又有益于困境中立身处世的。

此段《韩诗外传》卷一作："君子有辨善之度，以治气养性，则身后彭祖，修身自强，则配尧禹。宜于时则达，厄于穷则处，信礼者也。"连劭名教授解释说："辨作扁。许维遹《集释》引王念孙云：'扁读为遍，辨亦古遍字也。遍善者，无所往而不善也，君子依于礼则无往而不善，故曰遍善之度。'遍善即至善。"[①]

"遍善即至善"，连教授可谓卓识！

在物质文化高度发达，精神文化严重滞后的今天，让我们走出宋明理学"以佛释儒"的误区，重新认识中国人的人生观念，昂首挺立于人类文明之林。

无论"以佛释中"，还是"以西释中"，终将迷失自我——正确理解《大学》这样的核心经典，是我们回归精神家园、复兴中国文化的必经之路！

---

① 连劭名：《〈韩诗外传〉与中国古代文化新证》，《北京教育学院学报》2010 年第 5 期。

第六章　不能脱离文化背景理解《大学》三纲及"定静"

魏晋以后，印欧文化的佛教大规模进入中国，学人开始以中国本土文化比附佛学。甚至以佛教为标尺，认为老子、孔子之学，远不如印度佛教。玄奘法师不愿将《老子》译成梵文，是害怕被印度人耻笑。章太炎说："六朝人多以老、庄附佛法（如僧佑《宏明集》之类），而玄奘以为孔、老两家，去佛甚远，至不肯译《老子》，恐为印度人所笑，盖玄奘在佛法中为大改革家，崇拜西土，以为语语皆是，而中国人语都非了义。"[①]

至宋明，以中学曲为比附佛学发展到顶点。理学家表面上斥佛教为异端，实则以佛理——特别是用禅宗"悟后起修"之理解释《大学》《中庸》等，导致本末颠倒，内外割裂，流毒至今！

本文以《大学》三纲及"定静"为例说明：只有将《大学》这类先秦经典放回中华本土文化的大背景中，我们方能一睹其本来面目。

1.三纲本义

三纲是《大学》开篇的总纲领："大学之道，在明明德，在亲民，在止于至善。"朱熹《大学章句》将"明明德"作为成就大人之学的起点，终于"止于至善"。这完全是颠倒本末，因为"明德"是先秦一个重要概念，意为崇高的德行、恩泽、事功，明明是"大人"之行的终点，怎么成了起点？

东汉郑玄清楚地将明德解释为"至德"："明明德，谓显明其至德也。"（《礼记正义·大学第四十二》）

《尚书》屡次出现"明德"一语，多代表了古代治理的最高成就或最基本原则，里面有具体的政策方针。"明德"绝不是《大学章句》所说的心之本体、本心："明德者，人之所得乎天，而虚灵不昧，以具众理而应万事者也。但为气禀所拘，人欲所蔽，则有时而昏。然其本体之明，则有未尝息者。故

---

① 章太炎：《国学十八篇》，中国华侨出版社，2013，第249页。

学者当因其所发而遂明之，以复其初也。"

明末清初学者陈确（1604—1677）一针见血地指出："'本体'二字，不见经传，此宋儒从佛氏脱胎来者。"（黄宗羲《陈乾初先生墓志铭》）失去"本体"，宋明理学大厦的根基就被掏空了，所以连其同门黄宗羲也不敢认同陈氏这一主张。

《尚书·康诰》是周公以成王名义，册封周文王的儿子康叔于卫国时的诰辞。其中提到文王治国理政的重要原则"明德慎罚"，强调德刑并用，礼法并行。《左传·成公二年》说："《周书》曰：'明德慎罚。'文王所以造周也。明德，务崇之之谓也；慎罚，务去之之谓也。"

根据《尚书·康诰》，"明德"大体包括："不敢侮鳏寡，庸庸，祗祗"三项政策，即保障扶助弱势群体，任用那些应该任用的人，尊敬那些值得尊敬的人。

又因为《尚书·康诰》有"作新民"一语，宋儒干脆将"亲民"改成了"新民"。《大学章句》："新者，革其旧之谓也。言既自明其明德，又当推以及人，使之亦有以去其旧染之污也。"

这是妄改经典！因为康叔被封时在周公摄政第四年，平定管蔡及武庚叛乱之后，且被封之地为殷人统治的核心地区，也是叛乱的中心。康叔当然要改造好殷民，使其成为周的拥护者和建设者。这才是"作新民"的本义。

"亲民"是先秦的一个习惯用语，也称"爱人"。但光"亲民""爱人"是不够的，还需要"武"和"刑"，以强硬手段使百姓服从法制。据《说苑·君道》，周成王曾告诉第一任鲁公，周公之子伯禽理国之道，除了折节下士，选择贤能，广泛纳谏，关键要文武并用，建立威信，让百姓既亲近政府又遵从法制。"夫有文无武，无以威下，有武无文，民畏不亲，文武俱行，威德乃成；既成威德，民亲以服。"

《韩非子·饰邪第十九》认为治国要"明法亲民"，一个典型的例子就是越王勾践，他是怎样"亲民""爱人"的呢？据《史记·越王勾践世家》，战败的勾践被吴王赦免归国后，自己耕作，夫人亲手织布，吃饭未有荤菜，也不穿华丽的衣服。对贤人彬彬有礼，委曲求全，招待宾客热情诚恳，救济穷人，悼慰死者，与百姓共同劳作。"身自耕作，夫人自织，食不加肉，衣不重采。折节下贤人，厚遇宾客，振贫吊死，与百姓同其劳。"

不难看出，只有"亲民"，才能"明德"，哪里是什么"自明其明德，又当推以及人"呢？

"亲民"的起点是"止于至善"，在日常人伦中行善。这里的"至善"可以理解为最好的办法、路线。《管子·幼官》中有："至善不战，其次一之。"是说最好的办法是不战而胜，其次是一战而能胜敌。

1993年出土的郭店楚简，埋藏于公元前4世纪中期至公元前3世纪初，学者多认为其中的儒家竹简与思孟（五行）学派有关。郭店楚简《五行》是同《大学》一样重要的思孟学派文献，其开篇指出，仁、义、礼、智和合称为善，这是世间之道，人道；仁、义、礼、智、圣五者和合称为德，是天道，至道。并说"善，人道也。德，天道也"。

可见，"止于至善"不可能是《大学章句》所说的"止者，必至于是而不迁之意。至善，则事理当然之极也。言明明德、新民，皆当止于至善之地而不迁。盖必其有以尽夫天理之极，而无一毫人欲之私也。"

同样出土于郭店的格言集《语丛三》有"善日过我，我日过善，贤者唯其止也以异""人之性非与？止乎其孝"，这里的"善"显然指人伦日常之善，不是什么"无一毫人欲之私"的最高境界。"止乎其孝"，即《大学》中的"为人子，止于孝"。文中说："为人君，止于仁；为人臣，止于敬；为人子，止于孝；为人父，止于慈；与国人交，止于信。"

《大学》要求我们从日常人伦开始（止于至善），通过治民实现社会治理（亲民），最后达到明德大行、"明明德于天下"的境界（明明德）。朱熹的解释脱离了先秦时期中华文化的背景，致使《大学》修证的本末次第被完全颠倒，违道远矣！

2. 定静本义

大学之道不仅表现在三纲外王、外用方面，也表现在内圣、内养方面。所以《大学》在三纲后面接着阐述了智慧的修行次第，是从"知止于至善"开始，称为"知止六步"——由知而行，"止于至善"是内圣外王的重要环节，"知止六步"包括：知止（于至善）-定-静-安-虑-得（义理、智慧）六个层面。文中说："知止而后有定，定而后能静，静而后能安，安而后能虑，虑而后能得。"最后《大学》强调了掌握修行次第的重要性："物有本末，事有终始。知所先后，则近道矣。"

无论是内圣还是外王，人作为人，其修身起点都是人伦之善行。朱熹将"止于至善"作为"天理之极"后，意识到大学之道的内在修养面临着从"天"而降的尴尬。于是他干脆将《大学》三纲砍掉一纲，变成两纲，以"明德"为本，"亲（新）民"为末。这样就解决了"止于至善"既是外王之末，又涉及内圣之本的矛盾，只是他显然忽略了"知止"的"知"字，"知止"是在心地、思想上认识"止于至善"之理——《大学》文本被解构得漏洞百出，成了一笔糊涂账！《大学章句》说："明德为本，新民为末。知止为始，能得为终。本、始：所先；末、终，所后。"

所以，朱熹对于内圣修行"虑而后能得"又矛盾起来。既然"知止（于至善）"为始，已经达到"无一毫人欲之私"的境界，何以最后还要"得其所止"？绕了一大圈又回到了原点，这等于在说"本"就是"末"嘛，何必又大费周章区分讨论什么本末！《大学章句》这样解释内圣次第："止者，所当止之地，即至善之所在也；知之，则志有定向；静，谓心不妄动；安，谓所处而安；虑，谓处事精详；得，谓得其所止。"

误读"止于至善"，导致朱熹进退失据。比较起来，郑玄注"得，谓得事之宜也"反而更贴切，因为得事之宜，是一种圆融的智慧境界。《黄帝内经·灵枢·本神篇》在论心的功用时，与《大学》内圣次第相类，特别是其中关于志（定）、虑、智（得）的解释，文中说："所以任（任、使、支配——笔者注）物者谓之心，心有所忆谓之意，意之所存谓之志，因志而存变谓之思，因思而远慕谓之虑，因虑而处物谓之智。"

实际上，《大学》的内圣次第同《五行》一样，也是讲善行、智慧、安乐三位一体的人生大道。如《大学》所示，善行就是在人事中完成好自己的职责，定静的真功夫就在其中。《韩非子·喻老》一言以蔽之："不离位曰静。"这才是真正的大定大静。

另外，韩非的老师荀子从心地上论定（虚一）、静，值得参考。荀子认为虚一而静为入道之门："人生而有知，知而有志。志也者，臧（臧，通"藏"，贮藏——笔者注）也。然而有所谓虚，不以所已臧害所将受谓之虚；心生而有知，知而有异。异也者，同时兼知之。同时兼知之，两也。然而有所谓一，不以夫一害此一谓之壹；心，卧则梦，偷（偷，松懈——笔者注）则自行，使之则谋，故心未尝不动也；然而有所谓静，不以梦剧（剧，烦乱——笔者注）乱知谓之静。（《荀子·解蔽篇》）

有人以佛教止观、乃至四禅八定解释《大学》内圣诸次第，离圣贤大道远矣——源于印欧文化的佛教重在出离心，源于中华文化的《大学》重在入世心。看不到二者的本质区别，空谈兼通儒释，真是骗人骗己，误国误民！一个人哪能同时既下山，又上山，真是荒唐！一个国家哪能同时既抓治国理政，又抓升天成佛，更是灾难！

《大学》八目实际是对外王三纲和内圣"知止六步"的另一种表述。所以在八目之后，《大学》再次强调次第的重要性："自天子以至于庶人，壹是皆以修身为本。其本乱而末治者否矣。其所厚（厚，"本"——笔者注）者薄（薄，"末"——笔者注），而其所薄者厚，未之有也。此谓知本，此谓知之至也。"

八目与三纲、知止六步的对应关系图示如下：

格物	知止（手至善）
致知	定
诚意	静
正心	安
修身	虑
齐家	得
治国	亲民
平天下	明明德（于天下）

图 6-1 《大学》的八目与外王三纲、内圣知止六步图

据《礼记·缁衣》引孔子语"言有物而行有格也"，我们知道"格物"指

寻求物理人事的规律。^①不是如《大学章句》解释的那样，类似佛家开悟的境界："一旦豁然贯通焉，则众物之表里精粗无不到，而吾心之全体大用无不明矣。"

"格物"的一个重要方面是止于人道之善，知晓人事的规律，所以"格物"与"知止"有密切的对应关系；最后的"明明德于天下"，实际就是平天下。中间诸条目的对应关系不特别紧密，但二者内圣外王的一贯逻辑是清楚的，反应了中国文化的本质特征——相对于西方文化"上帝的归上帝，凯撒的归凯撒"，宗教信仰（内）与理性知识（外）之间存在的持续张力，中华文化显得何其宝贵啊！

在越来越世俗化的当代，我们向世界宣讲中国文化正当其时，前提是要把经典本义讲清楚。若如过去一千多年那样，一味按印度佛教或西方哲学观念曲解经典，不仅会伤害中华文化，也将使我们永远失去贡献人类的机会。

过去十年来，我和我的合作者写了两三本书，用以阐发《大学》《中庸》的本义，拙著《性命之学：儒门心法新四书阐微》^②和付金财先生的《道不可离：重新发现〈大学〉〈中庸〉本义》^③，特别值得学人参考。

与新疆友人史前进先生谈及《大学》修行，他建议我作文"解大部分人的疑惑"。可能以前的文章立意仍有未尽处，故作此文以寄之。

① 翟玉忠：《文脉寻根：重新发现中国文化》（二），华龄出版社，2022，第300-301页。
② 翟玉忠：《性命之学：儒门心法新四书阐微》，中央编译出版社，2014。
③ 付金财：《道不可离：重新发现〈大学〉〈中庸〉本义》，华龄出版社，2022。

外王之学

　　社会内部的动态平衡是人与自然和谐共存的基础，中国古典政治经济理论的最显著特点是由一个代表社会整体利益的中性政府平衡各阶层关系，防范个别利益集团垄断公共权力，防止影响全社会稳定的阶级鸿沟的出现。

　　而西方民主政治的特点是作为利益共同体的党派自由竞争，以海盗分赃的形式瓜分公共权力和社会资源。这种政治不是中性的，始终代表个别利益集团的特殊利益。

　　所以，中国古典政治经济思想反对党争，对超党派政治孜孜以求。这使得中国传统政府呈现法治（rule of law）、共治（rule with all）和自治（rule by self）的特点。

第七章 "中国模式"的历史之维

1. 国学蜕变为肢解中国本土学术的西学

人类文明史上，很少有一个族群像过去一百多年中国人所作的那样，主动抛弃建立在数千年生活经验基础上的人文社科知识体系，全面引入异域文化。

19 世纪末 20 世纪初，在西方军事强权的持续强大压力下，那些焦虑地寻求自强之路的先进中国知识分子逐步产生这样一种观念：我们的军事科技不如人，是因为我们的社会政治制度不如人。甲午战败强化了这一偏见，于是，知识界开始了持续至今的思想自我殖民过程——全盘引入西方哲学方法、人文学术概念及其学术范式，粗暴地以西释中，生硬地以中比西，基本的思维指向则是"西是而中非""西长而中短"。

这种文化自我殖民过程的典型形态是发端于清末，大行于 20 世纪的"整理国故运动"。名义上整理国故的目的是为了保存中国本土学术，结果却是一劳永逸地摧毁了中国本土学术！

一百多年前，曾经积极参与整理国故运动的梁启超和章太炎就意识到以中学生硬比附西学的危险性。1915 年，梁启超在《国风报》上撰文指出，这样做会造成"名实相淆"，在思想上和行动上造成极大的混乱。他说："摭（摭，zhí，摘取——笔者注）古书片词单语以傅会今义，最易发生两种流弊：一，倘所印证之义，其表里适相吻合，善已；若稍有牵合附会，则最易导国民以不正确之观念，而缘'郢书燕说'以滋弊。例如畴昔谈立宪谈共和者，偶见经典中某字某句与立宪共和等字义略相近，辄摭拾以沾沾自喜，谓此制为我所固有。其实今世共和、立宪制度之为物，即泰西亦不过起于近百年，求诸彼古代之希腊罗马且不可得，遑论我国……二，劝人行此制，告之曰，吾先哲所尝治也；劝人治此学，告之曰，吾先哲所尝治也；其势较易入，固也。然频以此相诏，则人于先哲未尝行之制，辄疑其不可行；于先哲未尝治之学，辄疑其不当治。无形之中，恒足以增其故见自满之习，而障其择善服从之明。"①

这种中西学术比附式会通的结果是：中学被纳入西方学术体系，所谓"国学"成了以西学学术概念、思维方式和学术范式肢解中国本土学术的西学，20世纪中国人文学术的殖民化正缘于此。不过对于今天太多学者来说，这已经成为日用而不知的东西。当然也有例处，复旦大学历史系姜义华教授就曾一针见血地指出：

> "对于中国传统学术，没有来得及从其自身内部生长出批判和创新的力量，来独立地进行疏浚清理、发展转化；对于西方新学，也没有足够的基础与时间去加以咀嚼、消化、吸收。急迫的形势，驱使他们中间许多人匆匆地将两者简单地加以比附、粘合，结果，造成传统的旧学和舶来的新学双双变了形。"②

直到近年来，学术界才发现我国人文学术走上远离本土现实的不归路，它不仅不能为国人的现实生活提供必需的价值依托，也不能为政治经济建设提供必要的思想资源。原因很简单，西方学术是西方历史现实的总结，以西学为标尺对中国现实作基本判断的时候，一切都显得模糊不清，这导致许多"严肃"的学术问题成为毫无价值的争论。比如中国何时是封建社会，中国传统社会是不是专制社会，老子是唯物主义哲学家还是唯心主义哲学家等，举不胜举。

学者面对这种争论的基本态度是中国的对应物更类似于西方什么对应物，或者哪个判断有利就用哪个。比如在传统社会是不是专制社会这个问题上，大多数中国学者选择了孟德斯鸠肯定的看法，而没有选择伏尔泰的主张，后者认为孟德斯鸠在《论法的精神》中对世界上这个最古老国家的指责是站不住脚的。

美国夏威夷大学中国研究中心教授安乐哲（Roger T.Ames）发现：东、西

---

① 梁启超：《清代学术概论》，商务印书馆，1930，第90页。
② 姜义华：《章太炎评传》，百花洲文艺出版社，1995，第19页。

方在思维方式上不同，西方的世界观有一个上帝式的超然主宰存在，是"以神为本的"，而中国人的世界观中没有超然的存在，一切都是自然的，这就形成了西方二元对立、单线单向的思维方式及中国主客互系，身心一元的思维方式。它使我们看到，老子是信奉心物一元的中国哲人，根本不能套入唯心、唯物二元对立的架构。

我们不妨借用安乐哲教授引入的"鞋拔子"（shoehorn）这个概念，他用其比喻把中国文化硬塞进西方概念中的现象，安乐哲举例说："我们把'天'翻成 Heaven，把'仁义'的'义'翻译成 righteousness。而中国这些观念根本无法进入英语的范畴之内。Righteousness 是圣经上的一个词，意思是合乎超绝、完美、完整的上帝意志的行为。这个范畴概念跟中国'义'的观念没有任何关系。还有，我们把'礼'翻译成 ritual，把'仁'翻译成 benevolence。中国传统的父子之礼怎会是 ritual？'仁'怎么会是 benevolence？这样翻译，等于是将中国传统思想当成对上帝范畴的二等述说的记录——'天'就是上帝。这是因为在西方人的心目中，Heaven 就是上帝；'义'就是遵照上帝的戒规；'礼'就是教堂仪式；'仁'就是上帝的'泛爱'。这样把中国观念（语言）翻译成西语表面上对应的词，等于把中国'以人为本'的传统变成西方'以神为本'的宗教。"①

安乐哲教授同时揭示了中国人文学术全盘西化，中国知识分子自我殖民后的学术困境。笔者认为，要摆脱这一困境，必须以壮士断腕的决心结束"以西释中"。由于中国目前的学术机构、专业学会和学术刊物已经锁定了中国学术殖民化的路径，我们的工作显得极为困难。但像我们这样的大国不能无学，我们没有选择！

我们采用的论证方法是，直接引入中国本土学术概念，然后再将中国古典学术体系应用于中国和人类社会现实。

改革开放以来，中国大陆经济上的成功刺激了西方政界、学界顽固自傲的神经，使他们越来越关注所谓的"中国模式"，不过指出什么是"中国模式"仍是件困难的工作，因为你可以指出中华人民共和国成立以来许多表面

---

① 安乐哲:《中国传统文化的当代意义》,《马克思主义与现实》2008 年第 4 期。

的、不同于西方发展典范的"中国模式"。比如中国的工业化与西方传统帝国殖民不同，它是用自我积累的方式完成的，这点与苏联相似。但抓住某些不同于西方社会的特征定义"中国模式"有巨大的比附风险；这里，我们找出当代中国发展进程中与过去数千年历史相吻合的方面，将历史的齿轮古今对接后再阐释这些"中国特色"。后面读者将会发现，这些的文化基因与引入中国的西方学术概念相比具有怎样顽强的生命力和现实针对性！

　　本章的讨论集中在两个方面，一是中华文明发展的内在逻辑。中华文明的发展不是通过西方传统的殖民和掠夺实现的，而是通过自由移民和自由通婚，以族群融合的形式实现的，反映在外事领域，不是国际均势，大国与小国的和谐才是它不变的主题；二是中国的政治组织形式。中国古典政治理论反对大利益集团的形成及其干政，这使它始终显示出超党派政治的特征。

2. 中国文明发展的内在逻辑

（1）中国不是排他性民族国家，是个文明有机体

　　海内外诸多学者（如美国知名汉学家 Lucian Pye）早就指出，中国不是一个国家，她只是个文明。他们是对的，因为中国不具备演化成现代民族国家的条件，英国学者哈·麦金德在他那本著名的《历史的地理枢纽》小册子中就指出，有关国家观念的形成有其特定历史条件，中国历史中这类条件似乎从未成熟过。麦金德写道："形成与仅仅是一群有人性的动物相对立的一个国家的各种观念，通常是在共同苦难的压力和抵抗外来力量的共同需要下才被接受的。英格兰的观念，是由丹麦和诺尔曼征服者打入赫普塔克人（赫普塔克，Heptarchy 是中世纪早期英国历史上七国时代的七个国家——译者）的头脑中的；法兰西的观念，是与匈奴人在夏龙的战争以及在与英国的百年战争中，被强加给互相对抗的法兰克人、哥特人和罗马人的；基督教世界的观念，产生于罗马人的迫害时期，到十字军运动中才成熟；只是由于经过长期的独立战争，合众国的观念才被接受和地区殖民者的爱国心才衰落消亡；在南日耳曼，只是在与北日耳曼结成伙伴反对法国的斗争以后，才勉强接受日耳曼

帝国的观念。"[1]

在元末朱元璋和清末孙中山时代，为对付全境占领中国本土的北方游牧民族，他们都曾打出了"驱逐鞑（胡）虏，恢复中华"的口号，但明朝建立后，中国外部压力很快减弱，明朝又成了"天下"；孙中山之后近百年间，中国面临外部持续的压力，在冷战结束后，美国加强了对欧亚大陆东部一线的战略压力，但直到今天，除了少数激进的民族主义者，中国仍以包容世界的开放心胸处理国际事物——即使在美国这类传统殖民国家将中国列为首要战略对手的情况下。

中国自古就是一个文明有机体，是不同社会文化族群自由移民，自由通婚长期混合的产物，直到最后成为大一统的"王土""王臣"，所以《诗经·小雅·北山》用"溥天之下，莫非王土。率土之滨，莫非王臣"来说明包括土地在内的财富是公共的，天下所有人都平等。中国一些西化知识分子在"西是中非"的殖民精神引导下，常常用上面的诗句说明中国如何专制，只要读一读全诗就知道这简直荒唐，因为《诗经·小雅·北山》的作者紧接着就说："大夫不均，我从事独贤"，作为下级公务员的作者是在抱怨劳役不均，希望真正作到百姓劳役均平。

中华文明初期不同文化的融合形成大禹时代的"九州"政治经济秩序，那是走向大一统天下的重要节点。

长期以来，特别是 20 世纪初的"疑古思潮"兴起后，包括顾颉刚在内的一些学者认为《尚书·禹贡》是战国晚期的作品，是当时具有大一统思想的学者根据战国诸雄分野的政局托古假设而来。直到 20 世纪末，中国社会科学院考古研究所的邵望平女士根据考古学文化区系理论，应用大量考古资料，以雄辩的事实证明：《尚书·禹贡》九州的分野和龙山时代中国两河流域的文化圈基本重合，其中所记之贡品正确反映了中华文明奠基期各文化区系的中国文明所做的贡献，"九州"不是战国时代的托古假设，是有三代史实依据的。

《尚书·禹贡》载荆、扬二州贡品中有犀皮、象牙等物。大象、犀牛这些动物在西周寒冷期到来时已经大幅度南移，只有当代考古学家才知道荆、

---

① 哈·麦金德：《历史的地理枢纽》，林尔蔚、陈江译，商务印书馆，1985，第46页。

扬二州原来是大象犀牛之类喜温动物的栖息地，当时贡品中却有记录。邵望平写道："对九州贡品，物产及所反映的生态环境的研究，更进一步有助于对'九州篇'成书年代的推定。考古学资料已证明荆、扬二州进贡象犀孔翠，豫、兖二州盛产漆竹蚕桑是真实可信的。此外，'降丘宅土'可能是龙山时代至商代黄河下游地区先民生活的特点；'淮夷蠙珠及鱼'可能是指当时'徐州'特产的厚壳蚌制品及鳄鱼皮；'岛夷卉服'是亚热带气候条件下舟山岛民的风土记录等，也许有助于说明九州篇是'周汉寒冷期'到来之前，即公元前第 2000 年间的中华两河流域人文地理的实录。①

根据中国下代修上代史的千年传统，"九州说"应是商朝史官对夏王朝政治经济制度的追记，《左传·襄公四年》就说《虞人之箴》载："芒芒禹迹，画为九州。"总之，诸多考古事实表明：《禹贡》当是中华文明形成期政治经济制度的实录，夏王朝不是城邦的联合，而是九个不同文化区系融合而成的统一的政治有机体。

通过不同族群的融合形成政教有机体锚定了中华文明的发展路径。中国不是排他性的、以种族区分的现代西方民族国家，直到 21 世纪的今天仍然是这样。

（2）大小相维，协和万邦

邵望平女士研究《禹贡》时就注意到，"九州篇"的视角凌驾诸文化区系之上的中心位置，这个中心区域是以河南、关中（可能还有晋南）为中心的中央王朝，那是三代王畿之所在。

王畿文明先进，力量强大，否则不足以支撑中央王朝的存在。同时在王畿的周围，有诸多大大小小的方国。《战国策·齐策四》记载："古大禹之时，诸侯万国……及汤之时，诸侯三千。"《吕氏春秋·离俗览·用民》也说："当禹之时，天下万国，至于汤而三千余国，今无存者矣。"面对同一连续大陆上如此多的潜在竞争对手，决定了中央王朝不可能通过殖民手段一统天下，只

① 邵望平：《禹贡"九州"的考古学研究》，载苏秉琦主编：《考古学文化论集》二，文物出版社，1989。

能采取不同文化自然融合的形式，最终形成强大的文明有机体。

今天，当我们观察中国地图的时候，还能清楚地看到中华文明是从《禹贡》上载明的"中心区域"平均散布开来的。换言之，从这一文明心脏地区到中国东南西北四方的距离大致相等。

与西方主流均势理论注重实力和利益不同，东亚文明的扩展规律使先贤注重不同文化的异质共存（中国古典政治理论中有个专有名词"和"）以及战争的正义性（"德"和"义"），现代西方外交中不变的利益原则长期以来为中国人所唾弃。在外事领域，我们更注重大国与小国的互相帮助、和睦共处，并把战争看作迫不得已的行为。

《尚书·尧典》赞美尧的丰功伟绩时就说他能使"百姓昭明，协和万邦，黎民于变时雍"。就是说众族的政事辨明了，又协调万邦诸侯，天下众民因此变得友好和睦起来。这里"协和万邦"与21世纪"和谐世界"没有本质不同，尽管现代人已不清楚其背后复杂的政治经济学内涵。

为实现天下万邦的和谐，中国古典外事理论将大国与小国的关系放在了突出位置。如同在中国古典政治经济学中先贤关注上与下、齐与非齐一样，在外交中，他们关注大与小，而没有同西方学术一样首先提出抽象的概念原则，再用这些概念原则演绎现实——无论演绎的结果与现实差距有多大！

《逸周书·职方解第六十二》中指出，大凡邦国，大小都要互相维系。天子设置牧伯，凭其能力规定他们的职事，依其所产制定他们的贡物。"凡邦国，大小相维，王设其牧，制其职，各以其所能，制其贡，各以其所有。"

这种"大小相维"不是漂亮的外交辞令，而是现实政治的真实反映。《左传》中记有许多大国与小国处理外交关系的事例。先贤认为，大国强国帮助弱小的国家符合国际行为规范——礼，是实现和平的保证，否则就是"非礼"。春秋时代著名政治家子产总结说：大国到小国，应该表现出五种美德：赦免它的罪过，原谅它的失误，救助它的灾难，赞赏它的德行和刑法，教导它所想不到的地方，这样小国不困乏，仰慕大国好像回家一样。《左传·襄公二十八年》："侨闻之，大适小，有五美：宥其罪戾，赦其过失，救其灾患，赏其德刑，教其不及。小国不困，怀服如归。"

公元前661年，狄人伐邢国。管仲建议齐桓公救邢。公元前659年齐桓公、宋桓公、曹昭公率军驻扎在聂北，诸侯联军救援邢国。邢军当时已经溃散，逃到了诸侯的军队里。诸侯联军最后赶走了狄人，装载了邢国的器物财货并让邢军拿回，各国军队没有私自占有。夏季，邢国把都城迁到夷仪，诸侯替它筑城。《左传》强调：凡是诸侯领袖，救援患难、分担灾害、讨伐罪人，都是合乎礼的。《左传·僖公元年》："诸侯救邢。邢人溃，出奔师。师遂逐狄人，具邢器用而迁之，师无私焉。夏，邢迁于夷仪，诸侯城之，救患也。凡侯伯，救患、分灾、讨罪，礼也。"

对他国的道义援助不仅体现在军事上，还体现在经济上。公元前717年冬天，京城派人来报告饥荒，鲁隐公就代为向宋、卫、齐、郑诸国请求购买谷物，这也是符合普遍国际道义——礼的行为。《左传·隐公六年》记载："冬，京师来告饥。公为之请籴于宋、卫、齐、郑，礼也。"

春秋末年，《老子》将上述大国与小国的关系哲理化了。《老子》用了整整一章论述二者之间的关系，认为大国要像居于江河的下流一样，处于雌柔的位置，这是天下交汇的地方。雌柔常以虚静战胜雄强，就是因为它安静而处于下面的缘故。所以大国用谦下的态度对待小国，就可以取得小国的信任；小国用谦下的态度对待大国，也才能取得大国的信任。所以，有时大国以谦下的态度取得小国的信任，有时小国以谦下的态度取得大国的信任。大国要保护小国，小国要协同大国，这样大国小国都各自满足了愿望，大国应以谦下为宜。《老子·六十一章》："大邦者下流，天下之牝，天下之交也。牝常以静胜牡，以静为下。故大邦以下小邦，则取小邦；小邦以下大邦，则取大邦。故或下以取，或下而取。大邦不过欲兼畜人，小邦不过欲入事人。夫两者各得所欲。大者宜为下。"

谦下守雌的外事态度反映到军事就是以义用兵，讲究武德，将战争作为最后的手段。《老子》指出："兵者不祥之器，非君子之器，不得已而用之"。《六韬·文韬·兵道》说过类似的话："圣王号兵为凶器，不得已而用之。"

大小相维的国际观在战国已经极为成熟。《吕氏春秋·孟秋纪·荡兵》一方面批评当时的和平主义思潮，另一方面指出了正义战争的必要性：古代圣王主张正义的战争，从未有废止战争的。战争由来相当久远了，它和人类一起产生。大凡战争，靠的是威势，而威势是力量的表现。具有威势和力量是人的天性。的天性是从天那里来的，不是人力造成的。勇武的人不能使它改变，机巧的人不能使它移易……如果战争确实符合正义，用以诛杀暴君，拯救苦难的人民，那人民就欢迎，就像孝子见到了慈爱的父母，像饥饿的人见到了甘美的食物。"古圣王有义兵而无有偃兵。兵之所自来者上矣，与始有民俱。凡兵也者，威也；威也者，力也。民之有威力，性也。性者，所受於天也，非人之所能为也。武者不能革，而工者不能移……兵诚义，以诛暴君而振苦民，民之说（说，通'悦'——笔者注）也，若孝子之见慈亲也，若饥者之见美食也。"

综上所述，我们可以把中国的外事理论总结为"外事武而义"（语出《逸周书·武纪解第六十八》），它是中华礼义文明的典型特征之一。当我们看到以美国为首的北约在赤裸裸的利益原则下大行霸权在时候，中国知识分子能否意识到人类还有更高尚的国际原则和建立于其上的世界秩序呢！

（3）中华文明必将融东西方于一家

中国自夏商周三代就是大一统的国家，秦以前统一于封建，秦以后统一于郡县，今天中国的省县也还是秦以后国家结构基本形态。所以周朝的诸侯国与今天的西方民族国家不同。诸侯国没有独立的主权，西周政治经济制度（礼法）、度、量、衡、文字（周宣王太史籀所著大篆已经是统一文字）都呈现出统一的特点，是故《礼记·明堂位第十四》上说："（周公）朝诸侯于明堂，制礼作乐，颁度量，而天下大服。"

进而言之，中国是个文明有机体，政令统一的政治共同体。在中国古典政治理论中西方式的地方或民族自治概念是没有的。《商君书》中屡屡出现"自治"一词，但那是指在法治条件下人民自己管理自己，省刑罚，实现"小国寡民"的大治理想。

20世纪初，西方由中央或地方政府授予其下级政治单位有限自主权或自治权的"自治"概念被引入中国，一时成为强大的思潮，尽乎不可遏止。明明这一概念与中国历史现实格格不入，但各种政治势力还是竭力推动地方自治，以图在变幻莫测的政局中挖取政治资本，等到他们一旦掌握全国政权，马上就抛弃西化知识分子们梦寐以求的"自治"幻想——不过中国共产党人最后以苏联模式改造了西方自治概念，化地方自治为有限地区的民族自治，以加强中央对各地少数民族的管理。

孙中山认为中央集权不适用于中国，要实行北美的联邦制。所以辛亥革命后，南京国民政府起草的政府组织大纲便以美国联邦宪法为蓝本。等到袁世凯基本控制了混乱的局面，他就借口各地自治机关"良莠不齐""妨碍行政"，于1914年2月3日下令停办各级地方自治；1916年袁世凯死后，各省自治运动再次风起，进入20年代各省都要立宪，1920—1925年，省宪运动激荡全国，湖南、浙江、云南、四川、广东都制定了省宪，西方以地方自治的重要特征的民主政治似有在中国大兴之势。1926年国民党北伐军进入湖南，湖南省的自治立刻被取消，省议会被解散；其他各省的自治运动也被迫终止。

中国共产党人成立之初就主张联邦制，从1922年的二大宣言到中华人民共和国成立前不久，自由中华联邦是其一贯主张，直到1949年9月制定《中国人民政治协商会议共同纲领》时，中共领导人才最终决定，在解决民族问题上用民族区域自治取代联邦制，在解决中央与地方关系问题上以共产党的组织原则民主集中制取代地方自治，成立共和国。

当时务实的中共领导人充分考虑了联邦制与中国现实政治的关系问题，这可以从1949年9月7日周恩来向几百名政协代表作的题为《关于人民政协的几个问题》的报告中看出来，其中专门提道："关于国家制度方面，还有一个问题就是我们的国家是不是多民族联邦制。现在可以把起草时的想法提出来，请大家考虑。中国是多民族的国家，但其特点是汉族占人口的最大多数，有四亿人以上；少数民族有蒙族、回族、藏族、维吾尔族、苗族、夷（夷，通'彝'——笔者注）族、高山族等，总起来，还不到全国人口的百分之十。当然，不管人数多少，各民族间是平等的。首先是汉族应该尊重其他民族的宗教、语言、风俗、习惯。这里主要的问题在于民族政策是以自治为目标，还是超过自治范围。我们主张民族自治，但一定要防止帝国主义利用民族问题来挑拨离间中国的统一……为了这一点，我们国家的名称，叫中华人民共和国，而不叫联邦。"[1]

---

[1] 《周恩来统一战线文选》，人民出版社，1984，139-140页。

这是中国政治重要的转折点，它标志看西方地方自治理念在强大的现实压力下逐步淡出人们的视野。受当时国际环境的影响，中国政府不仅从苏联引入了民族概念，还引入了民族自治概念。20世纪末苏联的解体表明，以民族划界建立不同层次的自治实体会人为强化民族自我意识，激化民族矛盾——这是我们必须警觉的。

按照中华文明政治共同体的自身特点，国家应通过移民和中央政府直接派员管理实现族群的融合和地方行政的统一。秦汉政府的大规模移民"戍边郡"和民清两朝的"改土归流"（改土归流是把西南少数民族地区永久世袭的土官改为中央政府随时任免的流官——笔者注）就是典型。

中华文明的内在逻辑与西方民族国家的发展逻辑不同。按照中华文明的发展规律，中国政府向边疆少数民族地区移民是"政治正确"，而在西方人看来可能"违反人权"——今天，在这种大是大非的原则问题上中国知识分子不能集体失语！

人类文明的发展形态是多样的，我们不能断定西方文明的发展路径最好，因为民族国家的分立已经给人类带来的太多的战争和苦难。在过去数千年中，中华文明通过自由移民和自由通婚，普世的礼义教化不仅融合了新疆的欧罗巴白色人种，还融合了宗教特征顽强的犹太民族，直到今天，这些人还同我们在东亚大陆上和睦相处。

笔者相信，中国人伟大的涵化力不仅会进一步融合新疆和西藏诸民族，还会融合日本的大和民族和美利坚合众国富有个性的广大移民——中华文明有机体的自然扩展必将重塑一个没有民族国家边界的大同世界，融东西方于一家！

3. 中国政治的超党派特征

（1）中国人的"不平等观"

中华文明发展的内在逻辑不同于西方民族国家，中国政治组织形式也与西方迥异。

要理解中国政治，首先要清楚中国古典政治理论注重社会系统内部的层次性和个体的差异，以不平等为起点解决社会公正（百姓均平）问题，而西方政治以平等为起点，结果常常导致政治经济上的极度不平等。

"从不平等到平等"是打开中国式政治的钥匙，不理解这一点我们很容易跌入与西方自由平等观念对立的"等级专制"逻辑泥潭不能自拔。这里，我们需要理解中国古典政治理论家的"惟齐非齐"观念。

"惟齐非齐"一语出自《尚书·吕刑》，本意指根据具体情况，灵活采用轻重不同的刑罚，目的是刑罚的公正合宜，《尚书·吕刑》："刑罚世轻世重，惟齐非齐，有伦有要。"

战国末期荀子赋予了"惟齐非齐"完整的政治内涵，雄辩地阐明：只有按照一定的层级秩序分配有限的社会资源，才能实现长治久安——在中国人的世界观中，人不是机械论中无区别的原子，而是社会有机体的一部分。

在惟齐非齐的基础上，荀子提出了"明分使群"的思想，认为社会作为个体聚集形成的组织，要有意识地实现社会分层，避免人与人之间互相伤害，有效实现社会的分工。《荀子·富国篇》中他说：没有君主来统制臣子，没有上级来控制下级，祸害就会因为各人的为所欲为而不断发生。人们需要和厌弃同样的东西，可是需要的多而东西少，东西少就一定会发生争夺了。用来供养一个人的是各行各业所制成的产品。个人能力不可能同时精通所有的技艺，一个人不可能同时从事所有的职业，所以人如果离群索居不互相依靠就会陷入困境，如果群居而没有职分规定就会发生争夺。陷于困境是一种祸患；争夺是一种灾难。要消除祸患免除灾难，就没有比明确各人的职分、使人们结合成社会群体更好的了。"无君以制臣，无上以制下，天下害生纵欲。欲恶同物，欲多而物寡，寡则必争矣。故百技所成，所以养一人也。而能不能兼技，人不能兼官，离居不相待则穷，群而无分则争。穷者，患也；争者，祸也。救患除祸，则莫若明分使群矣。"

由此荀子指出了"平等"的危害，并激烈批判了墨家平等观，特别是墨子"非乐""节用"的观点，认为墨子那样做不仅不会实现大治，反而会使社会陷入穷困混乱之中。

惟齐非齐的思想不仅仅是荀子一派的主张。中国古典政治学黄老经典《管子》不仅专门讨论了体现社会分层的爵制，还指出爵位与资源分配的关系。国家确立爵位制度，是要实现和谐公正。人人不可能都尊贵，都尊贵事情就不好办了，还会对国家不利。正因为这样，若没有少数人尊贵，人们就不能自己管理自己。所以，分清爵位排列的高低，才知道先后的次序和贵贱的仪法，管理起来也才有章可循。《管子·乘马第五》："朝者，义之理也。是故，爵位正而民不怨；民不怨则不乱，然后义可理。理不正，则不可以治，而不可不理也。故一国之人，不可以皆贵。皆贵，则事不成而国不利也。为事之不成，国之不利也。使无贵者，则民不能自理也。是故，辨於爵列之尊卑，则知先后之序，贵贱之义矣，为之有道。"

在中国古典政治中，惟齐非齐主要体现为爵位的划分。爵位是一个人身份的象征，其等级次序取决于为社会贡献的大小（爵"以赏功劳"——语出《汉书·百官公卿表序》），而爵位又是有限资源分配的标尺。按个人社会贡献的大小分配有限资源的制度就是社会功勋制。

人类政治文明史上，只有社会功勋制保证了政治忠诚与业务能力相统一的选举原则。因为只有政治忠诚的人才能尽心竭力地为社会立功勋，只有具备相当的个人能力才能保证功勋的实现。在官爵基本合一的秦汉社会，社会功勋制造就了中华文明的一个大辉煌时代。

（2）超党派政治

惟齐非齐，划分社会阶层的终极目的是最大限度地消除内部斗争，实现社会和谐治理。董仲舒在《春秋繁露·服制》中指出，圣人创建礼制，就是要有上下等级差别，衣服有形制的区别，朝廷有职位的不同，乡里有长幼的次序，这样百姓就有了谦让而不敢争斗，这才是统一百姓的方法。上面说："圣人之道，众堤防之类也，谓之度制，谓之礼节，故贵贱有等，衣服有制，朝廷有位，乡党有序，则民有所让而不敢争，所以一之也。"

相对于西方权力分置的政治传统，中国人更重视整体以及整体内部的和谐，中国社会的教化、军事、政治权威"三位一体"，没有西方式的教会承担独立的教化功能，也没有与中央政府相对独立的权力部门；中国古典政治一贯反对朋党斗争，反对西方社会那种大利益集团垄断国家政权并进行权力分赃，主张实现一种能中立平衡各阶层利益的超党派政治，建立一个能够代表社会整体的中性公正政府。

《尚书·洪范》据说是纣的大臣箕子留给周武王的治国大法，为中国历代政治家所重视。上面说："无偏无党，王道荡荡；无党无偏，王道平平。"西汉刘向对这句话作了详尽的解释：《尚书》上说："王不偏私不结党，王者的道路又远大、又宽广。"这是说至公。古代有实行大公的帝尧。他有天子的尊贵，又有天下的财富，找到舜后就把帝位让给他，没有私下传给子孙，放弃天下就好像抛弃鞋子一样。对于天下都这样，何况比天下还细小的事物呢？不是帝尧，哪个能够这样做呢？孔子说："高大啊，只有天最高大，只有尧能够效法天。"《易经》上说："群龙出现在天空，看不出首领，吉祥。"这是说做国君的大公。能够在天下实行大公，一尽为民，这是最大的德。推行在这里，效法在那里，万民拥护，后世效法。那些做大臣的大公，办理公家的事不谋求私利，在公家做事不谈货利，判案执法不庇护亲戚，奉公推荐贤能不避开仇人，忠心侍奉君王，仁厚对待部下，推己及人，做事不偏私，伊尹、吕望就是这样的人。《说苑·至公篇》："书曰：'不偏不党，王道荡荡。'言至公也。古有行大公者，帝尧是也。贵为天子，富有天下，得舜而传之，不私于其子孙也。去天下若遗躧（躧，xǐ，鞋子——笔者注），于天下犹然，况其细于天下乎？非帝尧孰能行之？孔子曰：'巍巍乎！惟天为大，惟尧则之。'易曰：'无首，吉。'此盖人君之至公也。夫以公与天下，其德大矣。推之于此，刑之于彼，万姓之所戴，后世之所则也。彼人臣之公，治官事则不营私家，在公门则不言货利，当公法则不阿亲戚，奉公举贤则不避仇雠，忠于事君，仁于利下，推之以恕道，行之以不党，伊吕是也。"

这里，"不偏不党"不仅是一条政治原则，也是一个士人以天下为民的行为准则，不仅适用于国家领袖，也适用于一般臣子。所以《吕氏春秋·士容论·士容》开篇便说："士不偏不党。"孔子也说："君子矜而不争，群而不党。"（《论语·卫灵公篇》）

先哲几乎一致认为，政治生活中朋党集团的出现会威家政权的稳定，甚至有亡国的危险。西周政治家周公认为"比在门"，即朋党的出现是为政"七失"之一。（见《逸周书·大开武解第二十七》）周穆王曾命左史戎夫作《史记》，以观历代得失，其中有数条因朋党亡国的事例。比如：受宠的两个儿子都位重的国家一定灭亡。从前义渠氏有两个儿子，不是一母所生，皆处高位。国君后来得了病，大臣们分为两党而相争斗，义渠国因此灭亡。《逸周书·史记解第六十一》："嬖子两重者亡。昔者，义渠氏有两子异母，皆重。君疾大臣，分党而争，义渠以亡。"

需要指出的是，中国古典政治中的利益集团不单指政治利益集团，也指商业利益集团，对商业特殊利益集团的节制是中国没有产生资本主义的重要原因。汉武帝时主管财政的桑弘羊坚持盐铁专卖的重要原因之一就是"离朋党"。他说："令意总一盐、铁，非独为利入也，将以建本抑末，离朋党，禁淫侈，绝并兼之路也。"（《盐铁论·复古第六》）接着桑弘羊说明了解散朋党，抑制兼并的重要政策——国家垄断重要自然资源，防止其为诸侯或豪强占有。

先贤看来，用资本换取政治地位没有任何政治合理性，西方那种权利分脏体制缺乏最基本的道义基础。《管子·立政第四》谈到政治败坏的九种情况，其中包括："群徒比周之说胜，则贤不肖不分。金玉货财之说胜，则爵服下流。"《管子·立政九败解第六十五》解释说，人君只要喜好金玉财货，而且一定要得到它们，那就必须有条件同它们交换。用什么呢？只好用大官尊位，不然就是用高爵重禄。这样不贤之辈就要在上面掌权了。那么，贤者将不肯甘为属下，智者将不肯设谋献策，信实的人将不肯相约办事，勇敢的人将不来效死。这样就等于把国家抛弃了。所以说："金玉货财之说胜，则爵服下流。"人君只听信结交朋党的议论，群臣就要搞党派活动，讲话蔽美扬恶，那么，君主就无法了解情况的真假。这样就形成有朋党的活跃在台前，党羽少的被排挤。有朋党的人在台前活动，贤者与不贤者将无法分清，争夺的祸乱就要发生，君主陷入危险境地。所以说："群徒比周之说胜，则贤、不肖不分。"

这里，《管子》的作者认为，中立的超党派政治是选贤任能，确立基本政治秩序的保证。

（3）民主与平等之梦

与中国古典政治反对党派竞争，注意整体和谐不同，从雅典时代起，西方传统政治就对党争持容忍的态度。古希腊政治改革家梭伦不是消灭党争，而是努力维护党争的秩序，要人们必须加入一方，如果有人不参与党争，就会丧失公民权利，这在中国古典政治中显得不可思议的。亚里士多德在《雅典政制》中介绍说："他看到国家经常处在党争状态，而有的公民竟然漠不关心国事，听任自然。因此他制定了一种特别的法律对付他们，规定任何人当发生内争之时，袖手不前，不加入任何一方者，将丧失公民权利，而不成为国家的一分子。"①

过去一百年来，当中国知识分子引入西方政治制度时，习惯性地忽略东西方思维方式、社会政治形态和文化上的不同。比如国家最高首脑的民选一直是中国某些人的目标，但他们似乎忘了，中国政府同时要承担教化功能和政治功能，而西式普选只能选择政治忠诚者，而不是道德上的领袖——事实上西方人在选择教皇时也不是普选。

历史上从来没有像抗战胜利后那样具备实现美式民主的条件。国内方面，有武装的共产党和没有武装的第三方（以民盟为主体的民主党派）都要求民主。第三方的口号特别合乎当代某些自由知识分子的口味：政治民主化、军队国家化。这个口号很厉害，前者反对政治独裁，后者反对武装割据，前者要求国民党让权，后者让共产党交枪。但事实证明它们相当于什么也没有说，第三方最多只能在国共政争的夹缝中苟延残喘，更谈不上左右政局。后来有人问梁漱溟国共由政争走向战争的原因，他回答：症结么？转移不定，今天在此，明天又在另一点，层出不穷，令我无法可指——连梁漱溟本人都不清楚现实到底发生了什么！

当时的民主党派只是好看的西式空中楼阁。第三方著名人物黄炎培在1944年4月30日的日记中坦言：参与者实际上"如一群饥民，不思眼前如何得食，而争研究明午之菜肴如何方为精美。"②

国际方面，1945年12月25日，美国总统杜鲁门发表了对华政策声明，核心是要国民党结束一党训政，建立民主政府。杜鲁门特别派了二战英雄，

---

① 亚里士多德：《雅典政制》，商务印书馆，1959，第12页。

② 邓野：《联合政府与一党训政：1944~1946年间的国共政争》，社会科学文献出版社，2003，第35~36页。

刚刚卸任的前陆军参谋长马歇尔将军来华参与调停国共关系，马歇尔的目的很简单：将美国的两党制政体移植到中国。

这位享有崇高国际声誉又好人缘的将军不了解，在中国政治权威与军事权威合一的条件下，只有拥有武装才能成为一个"真正的反对党"，而一个拥有武装的反对党又不符合美式民主，所以等待他的只有失败。1946年12月18日，在中国政治战场上惨败的马歇尔回美前怀着酸涩的心情对罗隆基说："正像以往我一度为国民党所利用，现在我已经在为共产党所利用……但是，我不能听任我被任何一方当作一种便宜来利用。"①

今天，有的学者还认为未来只能仰仗西式民主了！他们的所有改革方向都指向"德先生"，希望他能像科学"赛先生"一样在东亚大陆上早日安家；这些人忘记了，西方社会普遍存在体制性腐败，如政商旋转门，游说集团的合法存在，等等。

世界上没有预言家，我们不知道21世纪的中国终会走向何方，但历史给我们的一个重要启示是：当一些人近乎狂热地拥抱所谓世界民主的滚滚大潮时，他们不要忘记从五千年文明源头奔腾而至，席卷一切的中华文明长河——过去四千多年来，中国选举制度的核心都是选贤任能！

无论是你爱她还是恨她，你都无法忽视她，这就是文明的力量。文明的力量有时是内在的，却永远是现实的。无论西方的治理经验多么成功，无论他们取得了多么辉煌的成就，都不能保证平移到中国不产生灾难性结果，或者根本无法越过太平洋平移到中国来。

4. 重塑世界人文社科的知识版图

要想认识"中国模式"的历史之维，真正理解植根于厚重历史的现实，必须重建当代人文学术。否则，中国人文学术永远是脱离实际的空中楼阁。

已故著名考古学家，美国国家科学院院士张光直先生（1931—2001）在

---

① 邓野：《联合政府与一党训政：1944~1946年间的国共政争》，社会科学文献出版社，2003，第468-469页。

对中国古代社会的研究中发现，近代人文学术只是西方文明史经验的总结，许多方面根本无法涵盖中华文明。他写道："一般社会科学上所谓原理原则，都是从西方文明史的发展规律里面归纳出来的。我们今后对社会科学要有个新的要求，就是说，任何有一般适用性的社会科学的原理，是一定要在广大的非西方世界的历史中考验过的，或是在这个历史的基础上制定出来的。退一步说，任何一个原理原则，一定要通过中国史实的考验，才能说它可能有世界的通用性。"①

今天，中国知识分子有必要重塑世界人文社科的知识版图，只有将中华文明的历史经验平等融入当代人文学术的时候，后者才具有普世价值。笔者认为：作为中国知识分子，我们首先要在灵魂上自立，有了独立的学术人格，才有可能摆脱鹦鹉学舌，人云亦云的奴化"殖民地式学术"，实现真正的学术创新。过度西化只会使我们离西方越近，离中国越远。比如在学术的核心哲学领域，现在连中国哲学是否存在都成了问题。当然，成为问题也是一种幸运，因为中国古典经济理论轻重之术早已无人提及——哪怕从王安石到陈云都在自觉或不自觉地应用这种政府参与其中的市场经济。

重建世界人文社科还需要对中国本土学术进行全面梳理。中国学术传统不同于发端于希腊的私家学术，是王家史官之学，是层层累积的结果，这有巨大的好处——中国学术不是零碎的，她有完整的系统。有时你会惊叹中国古典学术理论上的简洁与优美，不仅自然科学与人文领域在理论上相通，人文科学体系内部也互通。比如，中医原理与中国古典政治经济理论原理是一样的，中医经典《黄帝内经》与中国古典政治经济学经典《黄帝四经》有近密的血缘关系，当代学者多有论述。②再如，中医中藏象学说与陈云经济思想中的四大平衡理论异曲同工，都是讲系统内部及系统与系统间的动态平衡。③

---

① 张光直：《考古人类学随笔》，生活·读书·新知三联书店，1999，第55-56页。

② 战佳阳、陈珩、赵明山：《〈黄帝四经〉〉对〈黄帝内经〉阴阳思想的影响》，《辽宁中医杂志》2004年第5期。

③ 常青：《试论陈云的经济平衡思想》，《西北民族学院学报（哲学社会科学版）》1998年第1期。

最后，我们应看到人类文明正处在一个突破点上。20世纪量子论、系统论的兴起在某种程度上是对中华文明的回归。我们不是在弹"西学中源"的老调，笔者的意思是说，西方物理学的进展冲破了科学与哲学的界线，重新发现了中国哲学的价值。举例说，美国圣塔菲研究所花旗银行教席教授布赖恩·阿瑟（W. Brian Arthur）在为自己的经济理论寻找哲学基础时，发现了道家的现代性，但他不知道道家已经有了自己的经济学轻重理论，目前残存在《管子》轻重十六篇之中。进而言之，中国本土经济学的重建可能会直接放在轻重理论的基础上。

作学术需要勇气和决心。笔者希望更多学者加入到重塑人类人文社科的文明远征中来。可以预见，这一伟大的远征不会有金光大道，但定会激动人心——中华民族五千年雄伟文明之巅期待着学术勇士的到来！

第八章　论中国古典法治、共治、自治政府

这是一个信息传播极为便捷的时代，又是一个充满傲慢与偏见的时代——海内外知识界在对待中国绵延数千年的政治制度时尤其是这样。

西方学术界对中国古典政治制度的傲慢与偏见，源于过去两个世纪"欧洲中心论"思想癌症的不断扩散，而过去一百年中国学术界中许多人干脆把"欧洲中心论"作为身心健康的标志——西方人说从秦始皇以来中国政府都是独裁专制，中国学者就鹦鹉学舌，随声附和，否则就有"政治不正确"的危险！

当然也有例外。比如《史学月刊》主编、河南大学李振宏教授在研究居延汉简时发现，汉代戍卒并不是专制制度下生活在水深火热中的被压迫者，实际上他们能得到相当人道的待遇，官兵之间在法律上也是平等的。李振宏先生谈到自己思想的转变过程，读来发人深省。他说："自从 20 世纪 30 年代居延汉简发现以来，治汉简者基本上是沿着三条路子发展：一是研究汉代的屯戍制度，二是研究汉简名物制度，三是研究屯戍吏卒的生存状况。在第三类研究中，海外学者的成果多是描述性的，缺乏以此认识汉代社会的理性自觉；大陆学者在描述之外，多是给予否定性的评述，认为屯戍组织中的基层吏卒、特别是戍卒，生活在十分恶劣的生存环境之中，劳役极其繁重，生活极其清苦。这主要是受阶级斗争观念的影响，先验地认为作为屯戍系统下层的基层吏卒，处于受压迫的地位，不可能享受到做人的正常待遇。从这样的理念出发去研究问题，得出基层吏卒生存环境恶劣的结论是十分自然的（笔者在 80 年代的有关研究也带有这样的倾向）。但是，当我们转换一下思维角度，在居延汉简资料中看到的屯戍吏卒的生存环境，就是另外一种景况了。"[1]

同理，当我们"转换一下思维角度"时就会发现，中国古代政治制度哪里是什么人治、专制、独裁，那里明明存在一个法治（rule of law）、共治

---

[1]　李振宏：《居延汉简与汉代社会》，中华书局，2003，第 132 页注。

（rule with all）、自治（rule by self）政府——它比 1863 年亚伯拉罕·林肯在《葛底斯堡演说》（Gettysburg Address）中提到的抽象民有（of the people）、民治（by the people）、民享（for the people）政府更具有现实性。

看到直到 1882 年，美国才以"任人为贤"（尽管他们选举出的"贤者"，本质上仍是资本利益集团的代言人）代替了野蛮的"分赃制"，我们就会意识到"转换一下思维角度"是必须的！

听到伏尔泰在《风俗论》中评价中国政府为"人类肯定想象不出一个比这更好的政府"，[①] 我们就会意识到"转换一下思维角度"是必须的！

想到第一位长时间近距离观察中国的西方学者利玛窦谈到其政治制度时说："虽然所有由大臣制订的法规必须经皇帝在呈交给他的奏折上加以书面批准，但是如没有与大臣磋商或考虑他们的意见，皇帝本人对国家大事就不能做出最后的决断。"[②] 我们就会意识到"转换一下思维角度"是必须的！

清除"欧洲中心论"，抛弃积习太久的学术偏见，理性地考察中国本土政治形态——读者将会看到，传统上法治、共治、自治政府不仅是中国走向未来的坚实文化基础，它也是建设一个新世界的重要思想资源。

1. 法治（rule of law）

（1）中国如何被妖魔化为人治社会

在相当长的时期内中国都是一个不同于西方传统的法治社会。

中国法治文化没有基督教世界深厚的宗教神学背景，其法制不是来自与上帝的神圣契约，而是直接源于自然秩序，具有更多地自然法色彩，所谓"道生法"；也因为文化背景不同，使中国法治原则与西方迥异，比如归责上注重连带责任（与株连九族之类在特定历史环境中产生的法条不相干），而西方更注重责任自负原则；在乱世、人心浮躁的时代，刑事政策主张重其轻者，

---

① 伏尔泰：《风俗论》下册，商务印书馆，2000，第 460 页。
② 利玛窦、金尼阁：《利玛窦中国札记》，中华书局，1983，第 48 页。

以刑去刑，而西方多讲罪刑相适应原则，即罪轻刑轻，罪重刑重，罪刑相当，罚当其罪。

传统中国如何被妖魔化为人治社会？笔者认为其原因有三：

一是今人把权与法常常混淆起来。事实上在中国先哲心中，法明显重于权。鲁穆公曾与孔子的孙子子思讨论讨论立太子。穆公对"周公之典"中立太子之规提出了质疑，理由是周文王也曾立次子为太子。子思指出，周文王立次子是因为武王贤能，是权变的结果，不是常规。穆公马上提出，如果能变通规则，难道只有像文王那样的圣者能做吗？只要是立贤者或自己所爱者就行了。子思反驳道："圣人不以权教，故立制垂法。顺之为贵。若必欲犯。何有于异。"（《孔丛子·杂训第六》）

不错，中国古代君主有相当大的权力，但他们不可为所欲为，无法无天，如同中世纪西欧的专制君主一样。要知道即使在当代社会，权也为少数人垄断着，而法则是社会上所有人共同遵守的。二者古今同。《商君书·修权第十四》上说："国之所以治者三：一曰法，二曰信，三曰权。法者，君臣之所共操也；信者，君臣之所共立也；权者，君之所独制也，人主失守则危。君臣释法任私必乱。故立法明分，而不以私害法，则治。权制独断于君则威。民信其赏，则事功成；信其刑，则奸无端。惟明主爱权重信，而不以私害法。"《管子·七臣七主第五十二》上说："法令者，君臣之所共立也；权势者，人主之所独守也。故人主失守则危，臣吏失守则乱。罪决于吏则治，权断于主则威，民信其法则亲。是故明王审法慎权，下上有分。"

二是儒家在宋朝以后成为主流意识形态，政治的泛道德化极大弱化了法治，不过很难评价这段时期法律在现实生活中的影响。利玛窦通过调查研究发现，从政治到经济，法律仍统治着大明王朝晚期的政治生活。他写道：

> "我已做过彻底的调查研究，可以肯定下述情况是确凿无疑的，除非根据某个大臣提出的要求，否则皇帝无权封任何人的官或增大其权力。当然皇帝可以对和他家族有关的人进行赏赐，这种情况是经常发

生的，但这笔赏赐不能列为公家赠款，皇帝所做的赠礼也不能从公款中提取。

赋税、关税和其他贡物，据一般说法一年无疑已超过了一亿五千万（原文没有提到货币单位——引者注），它们不归入皇帝的金库，皇帝也不能随意处置这笔收入。作为通用货币的银子被存入国库，而用米交纳的收入则被存入政府的仓库。用以维持皇族及其亲属以及宦官和皇室生活的大笔款项则由国库提取。维护皇座的皇家威仪和尊严的这笔年金为数很大，但每项开支均由法律规定和管理。"①

三是当代学者为引入西式法治，在历史上制造一个对立面——中国人治社会。这里善良掩盖了理性——如果不是善良掩盖了理性，就是迷信征服了理性。这种迷信是对西方制度的迷信。有学人天真地认为：一些法律条文和司法制度在西方运行良好，在中国就会"自然"运行良好，因为他们是"普世"的，谁不同意它们普世就是"异端"。上面的错误逻辑统治着太多中国知识分子的头脑。不过到目前为止，中国诸多知识分子以忽视历史、贬低自我、生吞西学为能事，不认为现实世界是有机的和历史的，自身行为既缺乏理智又缺乏人格。

我们也不能一概而论。钱穆先生就注意到，中国社会一向偏重于法治，而西方人治色彩则更显浓厚。他写道："由历史事实平心客观地看，中国政治，实在一向是偏重于法治的，即制度化的，而西方近代政治，则比较偏重在人治在事实化。何以呢？因为他们一切政制，均决定于选举，选举出来的多数党，就可决定一切了。法制随多数意见而决定，而变动，故说它重人、重事实。我们的传统政治，往往一个制度经历几百年老不变，这当然只说是法治，是制度化。"②

西方社会资本独大，近乎垄断一切，强大的各种利益集团常常将法律作为实现自身目的的工具，上下其手，对国际法更是肆意践踏——这是有目共

---

① 利玛窦、金尼阁：《利玛窦中国札记》，中华书局，1983，第48—49页。
② 钱穆：《中国历代政治得失》，生活·读书·新知三联书店，2001，第174页。

睹的事实。

（2）道生法——法是宇宙规律的人间体现

在中国古典政治中，法是宇宙规律在人间的直接体现，这种思想不仅影响到了传统政府组织形式，也通过法国重农学派影响了现代西方政治经济体制。

西汉黄老政治的经典《黄帝四经》开篇就将《老子》的道法自然观念引入政治领域，提出"道生法"，并进一步解释说："道生法。法者，引得失以绳，而明曲直者也。故执道者，生法而弗敢犯也。法立而弗敢废也。"同为黄老学派的尹文子提出了类似的观点，认为治国依法犹如将纷繁的大千世界归为一（道），是最为简易有效的手段。《尹文子·大道上》上说："以名稽虚实，以法定治乱，以简治烦惑，以易御险难。万事皆归于一，百度皆准于法。归一者，简之至；准法者，易之极。"

作为中国本土政治经济学的主体思想之一，法家将法置于与道同样重要的地位。《韩非子·饰邪第十九》将道法万全作为无为而治的基础。上面说："故先王以道为常，以法为本。本治者名尊，本乱者名绝。凡智能明通，有以则行，无以则止。故智能单道，不可传于人。而道法万全，智能多失。夫悬衡而知平，设规而知圆，万全之道也。明主使民饰于道之故，故佚而有功。释规而任巧，释法而任智，惑乱之道也。"

韩非子告诉我们，先王把道作为常规，把法作为根本。法制严明，君主名位就尊贵；法制混乱，君主尊位就丧失。凡智能高的人，有理由就行动，没有理由就不干。所以智能是偏道，不能传给所有人。道和法是万全的，而智能多有偏失。悬挂衡器衡量才知道平不平，利用圆规测量才知道圆不圆，这是万全之道。因为明君能使百姓用道来管理自己，所以省力而有功。丢掉规矩单凭技巧，放弃法治单凭智慧，是使人迷惑混乱的办法。

《商君书·君臣第二十三》同样强调法治的重要性，指出明主的行为准则应该是："言不中法者不听也，行不中法者不高也，事不中法者不为也。言中法，则听之；行中法，则高之；事中法，则为之。故国治而地广，兵强而主尊，此治之至也。"《管子·任法第四十五》也说："法者不可不恒也，存亡治乱之所以出，圣君所以为天下大仪也。君臣上下贵贱皆发（发，通"法"——笔者注）焉，故曰法。"“君臣上下贵贱皆从法，此谓为大治。"

被马克思称为西方“政治经济学始鼻祖"的魁奈（1694—1774），对中国古典政治体制崇拜有加，他指出，中国君主并不是西欧专横残暴的统治者，而是执行法定权力的政治家。在《中华帝国的专制制度》前言中，魁奈为中国古代政治家正名："中国皇帝是专制君主，但这个名词适用于哪种含意呢？在我看来，好像我们欧洲人常对中国政府怀有一种不好的印象，但是我从有关中国的报告中得出结论，中国的制度系建立于明智和确定不移的法律之上，皇帝执行这些法律，而他自己也审慎地遵守这些法律。"[①]

作为法王路易十四的宫廷医师，魁奈不仅治病，还治国。著有《欧洲与中国》的英国学者赫德逊这样评价说："他（指魁奈——笔者注）认为统治者的开明就在于认识‘自然秩序’的原则并制定符合这些原则的法律。当国王改革了立法，他就应该‘让法律去统治，而自己不做任何事’。"[②]

“无为而治"正是中国道家、法家政治思想的核心观念！魁奈为何被称为“欧洲的孔子"呢？文史学者郑汉根解释说："重农学派的思想到底源头在哪里？虽然魁奈及其弟子都主张其思想来自孔子，实际上，魁奈的这种看法，受到当时欧洲对中国文化的流行看法的影响。耶稣会士介绍到中国的文化，以所谓的儒家学说为主。而给欧洲人的印象就是，中国文化简直可以和孔子画等号。而任何从中国文化里获得的启发，于是都归到孔子的名下了。这无疑是对中国文化的误解。当代英国哲学家克拉克说，魁奈的思想来源是《道德经》。而从该学派主张的‘自由放任’的原则看来，似乎能闻到更多老子思想的气息。法国人把老子的‘无为’翻译‘laissez-faire’（自由放任）。魁奈从有关中国的介绍里了解到的中国国情是，这个国家有着高度的组织性，政府很少干预经济生活。这接近老子的‘无为而治’。而‘自然法’的概念，更容易让人想象到是老子主张的‘道法自然’的另一种表述。"[③]

历史有时就是这样阴差阳错。西方人最早接触的是已儒化的中国，他们将中国文化等同于儒家并不奇怪。不过它不仅阻碍了西方人进一步学习中国

---

① 弗朗索瓦·魁奈：《中华帝国的专制制度》，商务印书馆，1992，第24页。
② 转引自郑汉根：《东方有圣人：中国文化影响欧洲思想家》，线装书局，2008，第37页。
③ 郑汉根：《东方有圣人：中国文化影响欧洲思想家》，线装书局，2008，第32页。

文化，更重要的是影响到中国人自己汲取本土思想资源的能力。因为中国政治经济思想的主体，外王的精髓是黄老道家、法家，而不是儒家。在一个相当长的时期内，儒家思想更多表现在教化层面。

（3）连带责任制度是政治清明的重要支柱

从西方可以轻而易举地引入法律条文和司法制度，却不能引入法治本身。

中国法治的建设只能在本土法治的基础上进行，而我们对中国古典法治的研究才刚刚开始，也有太多问题需要澄清——比如连带责任问题。

研读秦汉律法我们就会发现，在不损害公共利益的条件下，连带责任制度理性考虑了亲亲关系，不是无故株连，更不是法家"刻薄寡恩"的体现。可以说，这一制度是中国法律制度的特色所在，是实现社会法治和政治清明的重要基石之一。

为何这么说？今日之中国与秦汉一样，推荐（察举）已经正式成为一种选举途径。但在秦汉，推荐制度不仅没有造成大规模腐败，反而形成了政治长期清廉的局面。怎么会这样呢？难道没有经历教育运动的秦汉官员都成了尧舜，他们不会任人为亲吗？

答案是：秦汉时，当被推荐者出现问题时，荐举者要承担相应的连带责任，所以荐举者不敢任人为亲。进一步说，推荐者所负的政治权力与政治责任高度统一。

读史可以明智，我们看一看古人是如何推荐官员的。

1975 年湖北省云梦县睡虎地秦墓中出土的《秦律杂抄·除吏律》中规定，保举曾被撤职永不叙用的人为吏，保举者被罚二甲。（原文：任废官者为吏，赀二甲）

《秦律杂抄》中还有一条除弟子律，那是高级官吏推荐其子弟为官的法律。其中规定，如不适当地将弟子除名，或任用保举弟子不当者，均耐为候。（原文：当除弟子籍不得，置任不审，皆耐为候）"候"是在边塞伺望敌情的刑徒。

1983 年底至 1984 年初，湖北江陵张家山汉墓出土的汉代《二年律令·置吏律》也详细规定了推举者的责任，假如被推荐的人不廉洁或根本不能胜任，那么被推荐的人要被罢免，推举者也要承担连带责任被罢免，上面说："任人以为吏，其所任不廉、不胜任以免，亦免任者。"

汉承秦律。张家山汉简《置吏律》中的上述条文印证了司马迁《史记·范雎蔡泽列传》中所述的一条秦律："秦之法，任人而所任不善者，各以其罪罪之。"为了使广大读者理解秦汉推荐制度的特点，我们有必要了解当时的历史背景。

为强秦统一天下提出远交近攻战略的范雎本是魏人，在魏国被魏相魏齐屈打几乎致死，后得魏人郑安平帮助，联系上了当时秦昭王派出的使臣王稽，得以入秦，后来范雎当上了秦相。"一饭之德必偿，睚眦之怨必报"的范雎当然忘不了曾经帮助过自己的郑安平和王稽，任秦相后，他向秦昭王推荐王稽，后者被任命为河东郡守，又向秦昭王举荐郑安平，昭王任命郑安平为将军。

公元前260年左右，长平之战后的秦昭王"宜将剩勇追穷寇"，任用郑安平，派他领兵攻打赵国。可是郑安平反被受到重创的赵军团团围住，他干脆带领二万人投降了赵国。按照秦国法令，举荐了官员而被举荐的官员犯罪，那么举荐人也同样按被举荐官员的罪名治罪。这样范雎应判逮捕父、母、妻三族的罪刑。当时吓得范雎跪在草垫上向秦昭王请求治罪。昭王明白这时国内不能乱，就下令国都内："有敢于议论郑安平事的，一律按郑安平的罪名治罪。"甚至还赏了范雎更为丰厚的食物。祸不单行，此后二年，同为范雎推荐，作河东郡守的王稽与诸侯勾结，因犯法而被诛杀。范雎在政治上从此一蹶不振。

据《史记·范雎蔡泽列传》："任郑安平，使击赵。郑安平为赵所围，急，以兵二万人降赵。应侯席稿（稿，通'稾'，禾类植物的茎秆——笔者注）请罪。秦之法，任人而所任不善者，各以其罪罪之。于是应侯罪当收三族。秦昭王恐伤应侯之意，乃下令国中：'有敢言郑安平事者，以其罪罪之。'而加赐相国应侯食物日益厚，以顺适其意。后二岁，王稽为河东守，与诸侯通，坐法诛。而应侯日益以不怿。"

燕国人蔡泽比今天许多学者都明白秦国的推荐制度，他听说范雎举荐的郑安平和王稽都在秦国犯下大罪，明白范雎理当承担连带责任。蔡泽知道自己的机会来了——后来蔡泽竟说服范雎将相位让给了他。

《史记》《汉书》中记载的推荐承担连带责任的事例还很多，处罚也十分严厉。公元前47年，富平侯张勃举陈汤，因选举不实获罪，除了削户邑二百。在死后竟被谥为缪侯。值得一提的是，汉代按科推行察举制（这是更为制度化的一种推举形式，定时、定额、按科进行），当时很不顺利。因为没有愿意无端承担连带责任。

那么推荐官员的连带责任是如何消失的呢？可以上推至西汉平帝大儒王莽执政的时代，按照儒家"赦小过，举贤材"的原则，贿赂腐败的被举荐者不必再追究了，当然推荐者的连带责任也没有了，据说这样作的目的是"不以小疵妨大材"，王莽的主张后来竟成了法律，平帝的诏书说："选举者，其历职更事有名之士，则以为难保，废而弗举，甚谬于赦小过举贤材之义。诸有臧及内恶未发而荐举者，勿案验。令士厉精乡进，不以小疵妨大材。"（《汉书·平帝纪》）

东汉以后，尽管皇帝屡下诏书纠正选举不实，强调选举责任，但建立在连带责任基础上的推举制度很快崩溃，门阀世族逐崛起，亲亲原则，任人为亲成为推举制度的基本原则——一个政治黑暗的时代到来了！

2. 共治（rule with all）

（1）贤能共治是中国古典政治的基本特征

经过无数先烈的浴血奋战，中华大地上地理、军事意义上的殖民地永远地消失了；在西方文明的大举入侵下，心理、学术意义上的殖民却阴魂不散。

如果西方学界的某位大师说中国是专制政府，那么不管历史和现实如何，中国学者一定要在书房里"搞"出一个中国专制政府——这里，人文道德和学术良心被殖民化的奴才心态掩盖了！

事实是：从周朝开始，中国政治话语体系中"专"（专制）就具有贬义，专制不可能是中国传统政府的基本特征。我们读《左传》，就很容易理解这一点。公元前684年，齐国军队攻打鲁国，鲁庄公将要迎战。曹刿进见庄公问他凭什么来作战？鲁庄公首先回答："衣食所安，弗敢专也，必以分人。"（《左传·庄公十年》）

另据《礼记》，天子在太庙举行封爵授禄仪式、在决策前进行卜筮，其目的是为表示君主不能专权。《礼记·祭统第二十五》载："古者，明君爵有德而禄有功，必赐爵禄于大庙，示不敢专也。"《礼记·祭义第二十四》载："易抱龟南面，天子卷冕北面，虽有明知之心，必进断其志焉。示不敢专，以尊天也。"

我们不排除中国历史上存在独裁淫逸的君主，但从整体上说，中国皇权是有限的，选贤任能，贤能共治才是中国古典政治的基本特征。这种贤能共治与西方现代民主制政治权力分赃不同的是，前者建立在社会功勋制（包括军功和事功两个方面）基础之上，后者建立在受特殊利益集团操纵的多数决基础之上；前者是以德、才作为标准，后者主要是以政治忠诚作为评判标准。秦博士伏生《尚书大传·卷一》谈到西周选举制度指出："诸侯贡士，所以示尊贤共治。示不独尊，重民之至也。"

历史上贤能共治不仅有明确的理论基础，也有太多事实证据。然而诸多中国学者对其视而不见，除了上面提到的学术意义上的殖民地心态，另一个重要原因是人们已经习惯于用西方学术范式研究历史。

历史学家李开元教授崇拜司马迁，也像司马迁一样热衷田野考察。他的思想历程使我们清楚地看到，理解中国本土政治需要数年的参究领悟才行。

李开元的《汉帝国的建立与刘邦集团：军功受益阶层研究》一书于2000年3月由生活·读书·新知三联书店出版，这本书第四章第三节一小标题为"'共天下'与有限皇权"。李开元发现，汉初刘邦集团贤能共治天下的理念是一贯的——汉的皇权有限，不是绝对的。

高祖五年十月，刘邦约诸侯共击项羽。诸侯为了自身利益都不参加会战，刘邦陷入困境。在这生死攸关的时刻，信奉黄老的张良告诉刘邦，当与韩信、彭越约以分地，共治天下。《汉书·高帝纪第一》记此事说："汉王追项羽至阳夏南，止军，与齐王信、魏相国越期会击楚。至固陵，不会。楚击汉军，大破之，汉王复入壁，深堑而守。谓张良曰：'诸侯不从，奈何？'良对曰：'楚兵且破，未有分地，其不至固宜。君王能与共天下，可立致也。'"刘邦听从了张良的建议，结果与诸侯军大败项羽于垓下，项羽自杀。

平定天下后，刘邦在洛阳南宫摆设酒宴，与大臣总结胜利的原因，高起、王陵以为刘邦胜利的主要原因是他能"与天下同利",这代表了汉初精英集团的普遍看法。《汉书·高帝纪第一》载:"帝置酒雒阳南宫。上曰:'通侯诸将毋敢隐朕,皆言其情。吾所以有天下者何?项氏之所以失天下者何?'高起、王陵对曰:'陛下嫚而侮人,项羽仁而敬人。然陛下使人攻城略地,所降下者,因以与之,与天下同利也。项羽妒贤嫉能,有功者害之,贤者疑之,战胜而不与人功,得地而不与人利,此其所以失天下也。'"

当时刘邦说高起、王陵是只知其一,不知其二,他能用张良、萧何、韩信这样的雄杰也是重要原因。但并不是说刘邦否定高起、王陵的看法。在刘邦生命的最后一年(公元前195年),他还在一份诏书中说:"吾立为天子,帝有天下,十二年于今矣。与天下之豪士贤大夫共定天下,同安辑之。其有功者上致之王,次为列侯,下乃食邑。而重臣之亲,或为列侯,皆令自置吏,得赋敛,女子公主,为列侯食邑者,皆佩之印,赐大第室。吏二千石,徙之长安,受小第室。入蜀、汉定三秦者,皆世世复。吾于天下贤士功臣,可谓亡负矣。"可见,贤能共治理念在汉初政治精英集团心中根深蒂固。

共治思想源于何处呢?它源于西汉治世的指导思想黄老哲学。李开元教授数年之后才在《六韬》(即《太公兵法》)中看到这一点。在七年后出版的《复活的历史:秦帝国的崩溃》一书中,他详细描述了自己"顿悟"时的喜悦——那是一个真理探寻者最大的幸福。我们引述如下:

> "我读《六韬》之《文韬·文师篇》:'天下非一人之天下,乃天下之天下也。同天下之利者,则得天下;擅天下之利者,则失天下。'《武韬·发启篇》:'天下者非一人之天下,乃天下之天下也。取天下者,若逐野兽,而天下皆有分肉之心;若同舟共济,济则皆同其利,败则皆同其害。'大有豁然开朗之感。多年以前,我在考察刘邦集团的时候,曾经提出'共天下'的理念,即共同所有、公平分配天下权益的意识,是刘邦集团的原则和共识……信哉《太公兵法》,大哉共天下理念,其存在和影响,绵绵不绝于二千年后的今天。"[1]

---

① 李开元:《复活的历史:秦帝国的崩溃》,中华书局,2007,第49-50页。

据《史记·留侯世家》载，从黄石公处得到《太公兵法》的张良本来要投奔景驹，路上遇到刘邦。他多次根据《太公兵法》向刘邦献策，刘邦因此很赏识他，经常采用他的计谋。而当张良对别人讲这些时，没有人能领悟他的话。由是张良慨叹："沛公殆天授！"

在秦朝末年风云际会之际，是一种伟大的政治理念将一群草莽英雄聚在了一起，这种政治理念就是黄老之学，贤能共治是其精义——我们能清楚地看到，在历史的关键时刻总是伟大的思想起决定性作用！

（2）"天下为公"的政治学内涵

贤能共治是中国古典政治学的重要观念，屡屡见诸经典。其内涵十分丰富，涉及政治经济生活的方方面面。它主张政治权力不能为一个人或少数人所垄断，政权属于天下贤能整体。大道之行，天下为公，天下乃天下人之天下。

《礼记·礼运第九》上说："大道之行也，天下为公。选贤与能，讲信修睦。"

《吕氏春秋·孟春纪第一·贵公》上说："天下，非一人之天下也，天下之天下也。阴阳之和，不长一类；甘露时雨，不私一物；万民之主，不阿一人。"

《慎子·威德》中有："古者立天子而贵之者，非以利一人也。曰：天下无一贵，则理无由通。通理以为天下也，故立天子以为天下，非立天下以为天子也。"

《商君书·修权第十四》上也说："公私之分明，则小人不疾贤，而不肖者不妒功。故尧、舜之位天下也，非私天下之利也，为天下位天下也；论贤举能而传焉，非疏父子亲越人也，明于治乱之道也。故三王以义亲，五霸以法正诸侯，皆非私天下之利也，为天下治天下。是故擅其名而有其功，天下乐其政，而莫之能伤也。今乱世之君臣，区区然皆擅一国之利而管一官之重，以便其私，此国之所以危也。"

《管子·版法解第六十六》认为："凡人者，莫不欲利而恶害，是故与天下同利者，天下持之；擅天下之利者，天下谋之。天下所谋，虽立必隳；天下所持，虽高不危。故曰：'安高在乎同利。'"

《管子·霸言第二十三》又说："得天下之众者王，得其半者霸。是故圣王卑礼以下天下之贤而王之，均分以钓天下之众而臣之。故贵为天子，富有天下，而伐不谓贪者，其大计存也。以天下之财，利天下之人。"

贤能共治思想一直影响到两千年后的今天。河南大学宋史研究所所长程民生教授曾撰文指出宋代士大夫有与皇帝共天下的基本理论，[①]并用了大量事例加以说明；暨南大学的张其凡教授也持类似观点："宋代政治架构，一言蔽之，即'皇帝与士大夫共治天下'，这是理解与认识宋代官僚政治体系的关键。皇权、相权、台谏之权，构成宋代中央政府中的三角，三者互相限制，又互相倚恃，形成'共治'架构。宋初完善法制，提倡依法办事，奠定了'共治'架构的稳定基础。而中唐以来社会思想的发展，为'共治'局面的出现创造了条件。"[②]

利玛窦注意到，明朝皇帝并没有绝对的权力，他本人必须听取朝臣意见，哪怕有违自己的意志。明神宗想废掉皇长子朱常洛，改立宠爱的郑贵妃之子。但由于朝臣反对，他不得不作罢。利玛窦写道："几年前，当今皇上想册立他的次子而不是长子为储君，因为这个幼子受到他和皇后的宠爱，这一更易违反了国法，皇上收到了大量指责他的陈情书……最后皇上在巨大的舆论压力下，在大臣们以集体辞职为威胁的条件下，不得不表示在立储这件事情上改变了主意。"[③]

"天下为公"，"天下非一人之天下，乃天下之天下也"，这种贤能共治思想激励一代代中华儿女血荐轩辕，义无反顾地投身于天下国家的伟大事业。所不同的是，今天，天下的范围不再仅仅是东亚大陆，它包括整个地球。

3. 自治（rule by self）

（1）"无为而治"是基于法治的社会自治

中国古典政治中的自治与西方政治中的自治观念不同，不包括后者的主权分割之意，它是在法治基础上社会不同层次的自组织、动态平衡状态，先

---

① 程民生：《论宋代士大夫政治对皇权的限制》，《河南大学学报》1999年第3期。

② 张其凡：《'皇帝与士大夫共治天下'试析——北宋政治架构探微》，《暨南学报》2001年第6期。

③ 利玛窦、金尼阁：《利玛窦中国札记》，中华书局，1983，第53页。

贤称之为"无为而治"。《管子·法法第十六》就主张君主要"置法以自治，立仪以自正"。

古人习惯将清静无为而治的社会称为太平之世。还有一种更为形象的说法，叫"垂衣裳而治"或"垂拱（垂衣拱手）之治"。《易传·系辞下》上说："黄帝、尧、舜垂衣裳而天下治。"《古文尚书·武成》载："信明义，崇德报功，垂拱而天下治。"《古文尚书·毕命》亦载："嘉绩多于先王，予小子垂拱而成。"南宋知名学者蔡沈（1167—1230）解释说"垂衣拱手，而天下自治矣。"

无为而治是诸子百家推崇的治世大道。孔子曾感叹说："无为而治者，其舜也与？夫何为哉？恭己正南面而已矣。"（《论语·卫灵公篇第十五》）

有人问西汉扬雄什么是"无为"，扬雄回答，法度礼乐大行的缘故，显而易见，在他看来法治是实现垂衣裳无为而治的基础，但无为不是什么都不做。《扬子法言·问道卷第四》载："或问'无为'。曰：'奚为哉！在昔虞、夏，袭尧之爵，行尧之道，法度彰，礼乐著，垂拱而视天下民之阜也，无为矣。绍桀之后，纂纣之余，法度废，礼乐亏，安坐而视天下民之死，无为乎？'"杨雄的意思是说，为什么要有所为呢！古时候虞舜、夏禹继承尧的帝位，奉行尧的圣道，法度彰明，礼乐昌盛，垂拱无为而天下民众丰裕，那是可以无为的。继位于夏桀乱世之后，承续于商纣暴政之余，法度废坏，礼乐亏损，怎么能坐视天下民众死亡而无所作为呢？

无为而治是黄老道家和法家的核心理念，从修身到治国，一以贯之。老子用自然、自为、自富、自化、自正、自朴等概念从多方面论述抱法处势、无为而治的思想。

《老子·第十七章》指出，最好的治理是让人民感觉不到政府的存在，天下大治，百姓亦不自觉，以为社会本来就这样。上面说："太上，不知有之；其次，亲而誉之；其次，畏之；其次，侮之……功成事遂，百姓皆谓：'我自然'。"

《老子·第三十七章》上说："道恒无为，侯王若守之，万物将自为。"

《老子·第五十七章》中有："我无事而民自富，我无为而民自化，我好静而民自正，我无欲而民自朴。"

老子的政治理想是："小国寡民。使十百人之器不用，使民重死而远徒。有车舟无所乘之，有甲兵无所陈之。使人复结绳而用之。甘其食，美其服，乐其俗，安其居。邻邦相望，鸡狗之声相闻，民至老死，不相往来。"这段文字出自《老子·第八十章》，《史记·货殖列传第六十九》开篇引作："老子曰：'至治之极，邻国相望，鸡狗之声相闻，民各甘其食，美其服，安其俗，乐其业，至老死不相往来。'"

注者多将《老子》的"至治"理解为陶渊明笔下的田园风光，事实上作为史官的老子是描述自治的社会形态。1972年山东临沂出土的银雀山汉简《守法守令十三篇》解释此段十分清楚："古之王者，鸡狗之声相闻，其人民至死不得相问见也。上非禁其相问见之道也，法立令行而民毋以相问见为也。"

《老子》思想为西汉政治精英采纳，以黄老之学为指导思想，造就了文景盛世。不过黄老之学远非过去人们常说的"清静无为"，它实际以各级政府依法自治为基础。诚如冯友兰先生所说："这种政治（政治，指黄老政治——笔者注）其实就是实行法家的统治术的一个原则。这个原则就是，治国要先定出一套规章制度，有了规章制度以后，统治者要守着它，不可轻易改变。在汉朝建立以后，萧何定了一套规章制度。曹参认为，只要守着它，皇帝和丞相就可以使他们的臣下按着规章制度办事，让老百姓都照着规章制度生活，皇帝丞相就可以无为而治。"①

（2）以刑去刑，建立一个太平清静世界

信奉黄老之学的汉文帝继承了法家重其轻者，以刑去刑的刑事政策。韩星教授清楚地看到了这一点："文帝在'除诽谤，去肉刑'（《汉书·刑法志》）的同时，又主持通过了对刑法的新修订，正如班固后来所批评的，'外有轻刑之名，内实杀人。斩右趾者又当死。斩左趾者笞五百，当劓者笞三百，率多死。'（同上）加笞与死刑无异，幸而不死，亦不可为人，以致景帝又一次下诏减笞数。"②

法家重其轻者，以刑去刑是为了建立一个太平清静世界。清代学者陈兰甫指出："韩非之意，以为先用严刑，使天下莫敢犯，然后可以清净为治。"③

---

① 冯友兰：《中国哲学史新编》中卷，人民出版社，2001，第15页。
② 韩星：《儒法整合：秦汉政治文化论》，中国社会科学出版社，2004，第145页。
③ 转引自《刘师培史学论著选集》，上海古籍出版社，2006，第115页。

《商君书》完整地提出了以刑去刑的思想，认为在刑事政策上，对轻罪实行重罚，不仅有惩治罪犯的作用，更重要的是，这样还有强大的法律震慑作用，使那些想犯罪的人不敢再越雷池。反之，如果对重罪实行轻罚，或对轻罪实行轻罚、重罪实行重罚，结果只会导致犯罪的不断发生。《商君书·勒令第十三》云："行罚，重其轻者，轻者不至，重者不来。此谓以刑去刑，刑去事成；罪重刑轻，刑至事生，此谓以刑致刑，其国必削。"《商君书·说民第五》也有类似和观点，还将其提到了国家治乱的高度："故行刑，重其轻者，轻者不生，则重者无从至矣，此谓治之于其治者。行刑，重其重者，轻其轻者，轻者不止，则重者无从止矣，此谓治之于其乱也。故重轻则刑去事成，国强；重重而轻轻，则刑至而事生，国削。"

《韩非子·内储说上》详细解释了《商君书》的"去刑"思想，认为重其轻者的刑事政策会使人们改掉容易犯的小错，不去触犯重刑，这样就可以实现"无罪"。"公孙鞅之法也重轻罪。重罪者，人之所难犯也；而小过者，人之所易去也。使人去其所易，无离其所难，此治之道。夫小过不生，大罪不至，是人无罪而乱不生也。"

《内储说上》还有孔子与其弟子子贡的一段对话，阐发"去刑"思想。据说商朝法令规定，在街上倒灰的人要处以刑罚（一说断其手），子贡认为刑罚太重了，而孔子则认为严惩倒灰这样的小过，会减少更大的社会矛盾，让人们做不倒灰这样容易办到的事情，而不去触犯他们所厌恶的刑罚，这是合乎社会治理的原则。"殷之法，刑弃灰于街者。子贡以为重，问之仲尼。仲尼曰：'知治之道也。夫弃灰于街必掩人（掩人，灰到处飞扬扑面盖人——笔者注），掩人，人必怒，怒则斗，斗必三族相残也。此残三族之道也，虽刑之可也。且夫重罚者，人之所恶也；而无弃灰，人之所易也。使人行之所易，而无离（离，通罹，指遭受苦难或不幸——笔者注）所恶，此治之道也。'"

《管子》的作者也主张"以刑去刑"，还明确指出，刑事政策要"随时而变，因俗而动"，在"民躁行僻"的社会环境下，必须用重刑，如果用轻刑，犯罪分子不畏惧法律制裁，结果只能是以刑致刑，犯罪不断发生，"邪人不止"。《管子·正世第四十七》云："夫民躁而行僻，则赏不可以不厚，禁不可以不重。故圣人设厚赏，非侈也；立重禁，非戾也。赏薄则民不利，禁轻则邪人不畏。设人之所不利，欲以使，则民不尽力；立人之所不畏，欲以禁，则邪人不止。"

在人民贪利而性情急躁的社会环境中，当政者本着仁人之心用轻刑，使罪犯不得举发，结果不是"爱人"，反而是"伤人"。《正世第四十七》继续论证说："夫民贪行躁，而诛罚轻，罪过不发，则是长淫乱而便邪僻也，有爱人之心，而实合于伤民，此二者不可不察也。"

汉以后，法家"去刑"思想被儒家异化了。西汉儒生不再如战国辩士一样仅仅咒骂秦国是虎狼之国（《战国策》上这样的条目极多），他们开始在理论上攻击法家，将秦二世而亡归之于严刑峻法，将周八百年基业归因于仁爱之德。晋代葛洪看得很清楚，他指出，周得天下并不是单纯依靠仁德，秦失天下也不是严刑所致，后者一朝土崩的主要原因是财政上开支过大。葛洪《抱朴子外篇·用刑卷第十四》："秦之初兴，官人得才。卫鞅、由余之徒，式法於内。白起、王翦之伦，攻取於外。兼弱攻昧，取威定霸，吞噬四邻，咀嚼群雄，拓地攘戎，龙变虎视，实赖明赏必罚，以基帝业；降及杪季（杪季，末年——笔者注），骄於得意，穷奢极泰，加之以威虐，筑城万里，离宫千余，锺鼓女乐，不徒而具。骊山之役，太半之赋，闾左之戍，坑儒之酷，北击猃狁，南征百越，暴兵百万，动数十年。天下有生离之哀，家户怀怨旷之叹。白骨成山，虚祭布野。徐福出而重号淘之雠（号淘之雠，令人号啕大哭的仇恨——笔者注），赵高入而屯豺狼之党。天下欲反，十室九空。其所以亡，岂由严刑？此为秦以严得之，非以严失之也。"

葛洪可贵的一点是，他注意到重其轻者的刑事政策是治未病的"全民之术"（《抱朴子外篇·用刑卷第十四》），还同魏时的许多人一样（如陈群、钟繇）主张恢复肉刑。

法家的"去刑"思想是治本之策，而西学"重重而轻轻"的"公正"思想则是乱国之策——是我们恢复法家刑事原则的时候了！在这样一个浮躁的大争之世，只有实行法家重其轻者，以刑去刑的刑事政策，才会造就一个清静世界。

第九章　中国超党派贤能政治及其选举制度

1. 东西方独立的政治演化进程

（1）西欧封建制：我的附庸的附庸不是我的附庸

要理解东西方独立的政治演进过程，首先要清楚先秦封建制与西欧封建制（feudalism）有着本质的区别。因为从西欧封建制的废墟上产生了西方现代民主制度，在先秦封建制的基础上完善了另一种政治形态——中国古典超党派政治。这一政治形态将政治作为一种专业，将国家社会看成一个整体，贤能代表社会整体平衡不同阶层之间的关系，中国的政治经济制度按照这种逻辑设计，从社会功勋制到后来的科举制都是这样。中国古典超党派政治反对代表社会部分人的利益集团单独主政。

钱穆先生指出，东西方封建体制是不同的，中国封建体制建立在统一的政治架构之内，而西欧的封建体制则是诸侯力政，互相争伐。他这样写道："中国在西周初年，周公创出了一套封建制度。其实这一套制度，本是连接着周公以前夏、商两代的历史传统而来。只是经周公一番创作，而更臻完美。此一套制度，其实即是把全国政制纳归于统一的制度。自天子分封诸侯，再由诸侯各自分封其国内之卿大夫，而共戴一天子，这已是自上而下一个大一统的局面。我们该称此时期为封建之统一。在西洋历史上的封建社会，则是在下面，不属上层的。罗马帝国崩溃了，各地乱哄哄，没有一个统一的政权。社会无所依存，于是一班人相率投靠小贵族，小贵族们又各自投靠依附于大贵族。他们在政治要求上，亦同样希望有一统一政权，但却无法实现。譬如筑宝塔，由平地筑起，却没有结顶。在他们那时期有所谓神圣罗马帝国一名称，则只是一理想，一空中楼阁，在人心想像中的一个影子组织而已。因此中西历史上之所谓封建，原是截然不同之二物。"[1]

钱穆先生的论断是正确的。许多学者将西方封建制度追溯到古罗马帝国晚期的社会结构和日耳曼蛮族原有的军事组织，特别是法兰克人的扈从制度（亲兵制度），这种政治结构较简单，整个封建结构只靠军人的忠诚维系着，是一种个人政治联盟。查理大帝（768—814年在位）还坚持"强干弱枝"的分封政策，领主也没有世袭化。比如他从不授给任何伯爵一个以上的郡，封臣对领地的拥有至多也只是终身，远非世袭。

查理大帝死后，伴随着内战、私战的绵延及外族的不断入侵，自由民得不到王权的有效保护，他们被迫依附于当地的强大领主，将自己的土地奉献给领主，换取后者对自己的保护。这里，封建领主与附庸之间的关系是一种双向的权利和义务的关系，相互承担责任和义务。领主除给予附庸封地作为其武器、衣食等费用的来源外，还有保护附庸不受任何伤害的责任，而附庸的义务包括应领主之召征战、协助领主处理行政和司法等事务、遇领主有特殊事情时捐献款项等。

中世纪封建时代的西欧王权衰弱，各地诸侯有独立的司法权利，纷争不止。在众诸侯眼里，国王不过是上帝的附庸，与他们处于平等的地位，如果需要，他们会毫不犹豫的起来反抗王权。13世纪初反抗国王约翰的英国贵族首领便自称是"上帝和神圣教会之军的统帅"，这场争斗以1215年的《自由大宪章》告终，英国贵族成功地限制了国王的权力，也保护了自己的许多权利。

脱胎于封建权利关系的《自由大宪章》是西方历史上的第一个宪法性文件，直接影响了后来的英国的《权利请愿书》《人身保护令》，美国的《美利坚合众国宪法》。在1941年那个西方文明风雨飘摇的时代，美国总统富兰克林·罗斯福在总统就职演说中对《自由大宪章》给予了高度评价："人们对民主的向往，并不仅仅是人类历史上最近才有的现象，它与人类历史同在，它曾广泛见之于古代早期人类的生活中。又在中世纪重新焕发出光辉，并且在大宪章中得到了反映。"[2]

---

① 钱穆：《中国历史研究法》，生活·读书·新知三联书店，2001，第21–22页。
② 《美利坚合众国总统就职演说全集》，天津人民出版社，1996，第367页。

从某种意义上说，现代西方民主宪政是西欧封建关系的历史延伸。只是这种权利和义务关系不再存在于领主和附庸之间，而是发生在市民阶层崛起的近代社会内部——贵族议会出现了，政党出现了。随着选举权的扩大和普及，从 19 世纪末起，闭门开会的精英政党走上街头向大众政党转变，政治动员和政治宣传成为现代政治最突出的部分，足以令中国知识分子眼花缭乱！

在这一过程中，西方现代市场经济制度建立了起来，这是一种个人、私人企业决定生产和消费的经济制度，西欧中世纪无助的自由民由附庸一跃演化为自由公民，自由竞争取代了领主间野蛮的私斗，成为资源分配的光明正大原则；今天我们已经知道，在社会经济这样的复杂巨系统中，自由竞争的市场经济会导致穷者越穷、富者越富的马太效应，自由公民的权利由此受到侵蚀。几个世纪以来，为了解决自由公民崇高理想和自由竞争残酷现实之间的矛盾，西方文明似乎耗尽了自己的智力资源。

（2）先秦封建制：我的附庸的附庸仍是我的附庸

先秦封建制度与西欧封建制不同，它在是统一的法律、政治、经济体制下对东亚大陆（当时的"天下"）广大地区卓有成效的管理制度。中国王权是强大的，王权代表社会整体管理公共事务，诸侯国内部的臣民首先是"王臣"，王直接任命诸侯的高级官员。如果臣民的权利受到损害，国王有维护其权利的义务，"我的附庸的附庸不是我的附庸"这一西欧封建原则在中国不存在，中国封建原则是"我的附庸的附庸仍是我的附庸"！

中国封建制度最晚在三千多年前的西周初年已经成熟，周王朝通过血缘纽带对社会系统的整合能力得到大大增强。商的诸侯多异姓，而周则同姓异姓各半，商王不过是诸侯之长，而周王更是诸侯之君，诸侯是臣。王国维先生在他的经典论著《殷周制度论》中写道："自殷以前，天子诸侯君臣之分未定也。故当夏后之世，而殷之王亥、王恒，累叶称王；汤未放桀之时，亦已称王；当商之末，而周之文、武亦称王。盖诸侯之于天子，犹后世诸侯之于盟主，未有君臣之分也。周初亦然，于《牧誓》《大诰》，皆称诸侯曰'友邦君'，是君臣之分亦未全定也。逮克殷践奄，灭国数十，而新建之国皆其功臣、昆弟、甥舅，本周之臣子；而鲁、卫、晋、齐四国，又以王室至亲为东方大藩。夏、殷以来古国，方之蔑矣！由是天子之尊，非复诸侯之长而为诸侯之君。其在丧服，则诸侯为天子斩衰三年，与子为父、臣为君同，盖天子诸侯君臣之分始定于此。"①

中国社会科学院历史研究所研究员卜宪群先生认为西周诸侯实际上类似于地方行政单位，尽管周王不是直接治民，但对诸侯有册命权、置官设监权，同时诸侯有向中央政府纳贡朝觐及推荐人才的义务（贡士）。他说："为推行对诸侯国的管理，周代制定了具有法制特征的礼制来贯彻这一套制度。尽管周天子不直接干预诸侯国的治民权，但这套管理模式已使诸侯国具有了某种地方行政的职能。所以许多学者在论述西周政制时将诸侯国纳入地方行政系统论述是有一定道理的。"②

通过大量金文材料我们知道，《周礼》一书虽非西周作品，但仍保存了西周史料。在这部描述西周法度的书中，天子之国（王国，或称"邦"）的主要官职同时掌管诸侯国事务，诸侯国的权力受中央政府的高度制约。

《周礼·天官冢宰第一·大宰》中大宰的首要职责就是：掌管建立和颁行王国的六种法典，以辅助王统治天下各国。"大宰之职，掌建邦之六典，以佐王治邦国。"

天下法律统一，对于诸侯国间的纠纷，有专门适用的法律。《周礼·秋官司寇第五·大司寇》中有：正月初一，开始向各诸侯国和王畿内采邑宣布刑法，把形成文字的刑法悬挂在象魏上，让万民观看刑法，过十天而后收藏起来。凡王与诸侯因会同而订立盟约，就亲临监视盟约的书写，然后上交天府并藏于祖庙，大史、内史、司会及六卿，都接受盟约的副本加以收藏。凡诸侯间的诉讼，用王国的六典来审定。"正月之吉，始和布刑于邦国、都鄙乃县刑象之法于象魏，使万民观刑象。挟日，而敛之。凡邦之大盟约，莅其盟书，而登之于天府，大史、内史、司会、及六官，皆受其贰而藏之。凡诸侯之狱讼，以邦典定之。"

除了大宰、大司马、大司寇这些主要官员有管理诸侯国事务的相关责任

① 《北京大学百年国学文粹·史学卷》，北京大学出版社，1998，第10页。
② 卜宪群：《秦汉官僚制度》，社会科学文献出版社，2002，第25页。

之外，周王朝还建立专门机构管理诸侯国事务，如职方氏、合方氏之类。

需要特别指出的是，秦以后的郡（省）县体制也不是秦人的"发明"，这一制度只是将周王直接管理千里王畿内的相关制度扩展到了整个社会——那里的公邑（相对于王畿内存在的私人世袭采邑来说）是周天子派非世袭的大夫直接管理的土地，后来演变为秦以后国家派官员直接管理的郡县制度。

和西方社会从西欧封建专制到现代民主宪政制度过渡一样，中国两千多年前也经历了从西周封建制到郡县制的过渡。长期的统一影响了中国精英的政治取向，他们反对朋党政治损害国家整体利益，主张超党派的共治政体。

随着西周封建制度的解体，中国超党派政治思想不断得到强化，诸子百家几乎都明确反对贫富分化、阶级分裂和朋党政治的出现。《商君书》中认为朋党会直接导致国家的解体，社会陷入混乱状态。

《商君书·慎法第二十五》论证说：什么叫作用乱国的方法治国呢？例如任用所谓的"贤能"，就是今天国君们采用的治国方法。然而，这样治国正是乱国。因为人们所谓贤是良善、正直的名声，但良善正直的名声出于他们的党羽。国君听其言论，认为他是贤能；问他的党羽，都称赞他是贤能，因而不等待他立功就给予官爵；不等待人有罪，就加以刑罚。这种情况，正是使贪官污吏有所凭借而成就他们的奸险；使小人有所凭借而施展他们的巧诈。既然有了官吏和人民进行欺诈的根本，而希望他们端正和诚实，即使是大禹也不能支配十人，何况平庸的国君怎能统治一国的臣民？那些结成党羽的人，不需要自己的功劳就能成功。"奚谓以其所以乱者治？夫举贤能，世之所治也，而治之所以乱。世之所谓贤者，言正也；所以为善正也，党也。听其言也，则以为能，问其党，以为然。故贵之不待其有功，诛之不待其有罪也。此其势正使污吏有资而成其奸险，小人有资而施其巧诈。初假吏民奸诈之本，而求端悫其末，禹不能以使十人之众，庸主安能以御一国之民？彼而党与人者，不待我而有成事者也。"

反映到经济领域，中国的市场经济不是由个人和私人企业决定生产和消费，而是中性政府站在社会整体角度调节不同阶层间的平衡，实现社会和谐发展——中国古典经济思想称为轻重之术。《管子·国蓄第七十三》指出，不懂轻重之术就不能有效组织经济社会，不能调节民众利益就不能实现国家大治。所以，一个万乘之国如果出现了万金的大商贾，一个千乘之国如果出现了千金的大商贾，这是国家大量流失财利的结果，臣子就不肯尽忠，战士也不肯效死了。年景有丰有歉，故粮价有贵有贱；号令有缓有急，故物价有高有低。如果人君不能及时治理，富商就进出于市场，利用人民的困难，牟取百倍的厚利。相同的土地，强者善于掌握；相同的财产，智者善于收罗。往往聪明的人可以攫取十倍的高利，而愚笨者连本钱都捞不回来。如果人君不能及时调节，民间资产就会出现百倍的差距。人太富了，利禄就驱使不动；太穷了，刑罚就威慑不住。法令的不能贯彻，万民的不能治理，全部由于贫富差距过大的缘故。"凡将为国，不通于轻重，不可为笼以守民；不能调通民利，不可以语制为大治。是故万乘之国有万金之贾，千乘之国有千金之贾，然者何也？国多失利，则臣不尽其忠，士不尽其死矣。岁有凶穰，故谷有贵贱；令有缓急，故物有轻重。然而人君不能治，故使蓄贾游市，乘民之不给，百倍其本。分地若一，强者能守；分财若一，智者能收。智者有什倍人之功，愚者有不赓本之事。然而人君不能调，故民有相百倍之生也。夫民富则不可以禄使也，贫则不可以罚威也。法令之不行，万民之不治，贫富之不齐也。"①

秦以后，随着郡县制的普遍建立和西周贵族世袭制的解体，中国超党派政治强调社会上每一个人都是机会平等的，通过社会分层，按个人对社会贡献的大小分配有限的资源。

2. 中国科举制补西方民主制之不足

（1）民主是个坏东西

香港中文大学王绍光教授在谈到民主的历史时曾说："作为一种政治体制，'民主'已经有 2 500 年的历史；而在头 2 300 多年，它一直被看作是个'坏东西'；直到最近 100 来年，它才时来运转，被当作'好东西'。"②

笔者要说的是：在相当长的历史时期内，民主确实是一个坏东西。

---

① 有关轻重之术的深入研究，可参阅拙著《国富策——中国古典经济思想及其三十六计》，中国友谊出版公司，2010。

② 王绍光：《民主四讲》，生活·读书·新知三联书店，2008，第 2 页。

考察一下被称为古代世界民主典范的雅典吧。我们用不着搜遍亚里士多德和柏拉图的著作证明雅典直接民主制的不得人心，也不需成千上万遍引述伯里克利的话，说雅典人拥有一个优越的体制，不是一个由少数人统治的体制，而是一个由大多数市民共同参与的体制；大家只要读读雅典历史，任何有良知的人看到雅典人自毁长城，众多英雄贤哲惨死于民主制下都会痛心扼腕。

公元前478年，波斯战争结束。战争带来的团结也结束了，以雅典帝国为中心的提洛同盟和以斯巴达为中心的伯罗奔尼撒同盟建立了起来。

波斯战争中的海军统帅，雅典将军特米斯托克利斯（Themistocles，公元前527—前460年）不仅是个博学的战士，更是一位伟大的战略家。他注意到，雅典和斯巴达的冲突是战略性的，必须不断削弱伯罗奔尼撒同盟雅典帝国才有真正的安全，雅典帝国对自己同盟的控制才会持续下去。不用说，这里边有丰厚的利润。

于是特米斯托克利斯拿起了"民主"这个欧洲版的春秋大义，告诉伯罗奔尼撒半岛各城邦，如果他们实现民主政治，雅典将会全力支援他们。大约是伯罗奔尼撒同盟中"自由派知识分子"太少，总之特米斯托克利斯的号召没有得到太多的同情。

糟糕的是，在国内特米斯托克利斯真的迷信起民主来，他要将在波斯战争中和自己同风雨的第四等级无产市民地位提升。这是灾难性的，保守派从来就怕真正的人民主权。

雅典政治明星、稳健保守派首领阿里斯德岱斯（Aristides，公元前530—前467年）也要让特米斯托克利斯尝尝陶片放逐的味道。公元前471年，为战后雅典复兴作了杰出贡献，并为雅典未来发展处心积虑的特米斯托克利斯被驱逐出境。这仅仅是自由派知识分子顶礼膜拜的陶片所作的坏事之一——事情还远没有结束。

特米斯托克利斯在雅典无法呆下去，意味着他在希腊所有城邦都很难呆下去。由于特米斯托克利斯"破坏了和平"，在斯巴达的强烈要求下，雅典发出了对特米斯托克利斯的追捕令，这位英雄走投无路，只好逃往被自己打败的波斯；波斯王没有像美国绞死萨达姆一样杀了特米斯托克利斯，反而收留了他。有历史学家记载说，波斯王最后甚至聘请特米斯托克利斯担任向雅典海军进击的波斯海军总指挥。

这次英雄入地无门了，年迈的特米斯托克利斯在异国他乡自杀（有历史学家说他是自然死亡）。

特米斯托克利斯死后的第二年，公元前461年，年富力强的伯里克利登上了政治舞台。这位富翁靠自己的钱和雅典帝国从盟国那里搜集来的钱创造了所谓的"民主黄金时代"。

如同南宋一朝，伯里克利大权在握的三十年繁荣是纸作的。公元前431年雅典与斯巴达爆发了将所有希腊城邦都卷入的伯罗奔尼撒战争。战争持续了27年，最后以雅典的失败告终。想必当时特米斯托克利斯早就被同胞忘记了，否则，公元前404年，当雅典与斯巴达订城下之盟，要雅典拆除一切防御工事，解散提洛同盟，交出舰队，放弃民主政治，服从斯巴达的统治之时，雅典市民怎会奏着音乐、载歌载舞地去屡约呢？

伯里克利在战争伊始就死于一场瘟疫，伯罗奔尼撒战争很快将雅典民主拖入历史学家所谓的"群愚政治时代"。雅典民主的灾难性后果显示出来，公元前406年，海军提督柯农率雅典海军在小亚细亚海岸大破斯巴达海军，他的政敌却以在暴风雨中未能挽救士兵生命为由，将六名海军将军处死。在雅典全城市民为他们人权的胜利狂热喊杀声中，只有苏格拉底一个人反对这一判决——7年之后，他就为自己的理性付出了生命的代价。

再说第二个古代民主样板罗马，她根本就不是民主制，也很难说是什么共和政体——尽管罗马人直到帝国时代还骄傲地称自己是共和国。

西方严肃的作家直接称之为贵族寡头政治。英国罗马史学家大卫·肖特（David Shotter）在《罗马共和的衰亡》[①]中就指出，西方古典政治家脑子里的罗马政治体制离现实较远，虽然名义上罗马统治权属于各种议会的人民，但由于经济、政治、军事和宗教各种因素，人民会听从于"较为优秀的人"，也就是贵族领袖，这些人实际上利用元老院和行政官员控制了社会生活的各个层面。

---

① 大卫·肖特：《罗马共和的衰亡》，上海译文出版社，2001。

有学者轻率地断言：罗马的视察团曾在公元前 453 年到公元前 452 年间考察了希腊，从而沾上了伯里克利时代的民主吉光。历史事实是，罗马人并没有模仿雅典，原因可能是他们很快看到了雅典民主制导致的腐败和混乱。

民主发源地希腊给了民主持续的坏名声。直到 19 世纪初，美国人才小心翼翼地拾起民主，但还是缺乏特米斯托克利斯的勇气称之为"春秋大义"。传教士麦都思（W.H.Medhurst，1796—1857）在 1847 年出版的《英汉字典》中仍这样向中国人解释民主："众人的国统，众人的治理，多人乱管，小民弄权。"这里，麦都思是诚实的。

（2）科举制补西方民主制之不足

民主制走上神坛是在 20 世纪，特别是冷战结束后。民主狂热足以使人失去理性。民主能带来世界和平，民主能根除社会腐败，民主能让老百姓富起来……残酷的现实是，民主根本就不能带来廉政、和平和富庶，近代民主几乎是腐败的同义词。

拉丁美洲和亚洲的一些民主国家是如此腐败，这些暂且不谈。我们先谈现代民主的榜样美国和英国的民主历史。

在英国，1689 年"光荣革命"并未开辟历史的新纪元，落后且腐败的"官职恩赐制"也没有多少改变。恩格斯在《社会主义从空想到科学的发展》1892 年英文版导言中就曾指出，所谓的"光荣革命"本身并没有实现政治革命，而是资产阶级和封建贵族妥协的结果，他写道："从亨利七世以来，英国的'贵族'不但不反对发展工业生产，反而力图间接地从中获益；经常有这样一部分大地主，他们由于经济的或政治的原因，愿意同金融资产阶级和工业资产阶级的首脑人物合作。这样，1689 年的妥协很容易就达成了。'俸禄和官职'这些政治上的战利品留给了大地主家庭，只不过要充分照顾金融的、工业的和商业的中间阶级的经济利益。"[①]

什么是官职恩赐制呢？这种制度官员录用不是看能力，只凭对自己是否忠诚及能否得到贿赂，这种制度使得"俸禄和官职"成为腐败的温床，并一

---

① 恩格斯:《社会主义从空想到科学的发展》，人民出版社，2018。

直延伸到军队之中。英国历史上第一位内阁首相罗伯特·沃波尔（1721年4月4日—1742年2月11日在任）通过支付秘密佣金来控制大多数衰败选区的同时，还让他的儿子在政府里挂名，以便用公款在巴黎挥霍享乐；议员格伦维尔别出心裁，将掌玺处秘书的职位预定给了他四岁的亲戚；1718年，麦克尔斯菲尔德勋爵被任命为大法官。每当任命一名新法官助理时，此君都会有一大笔钱进账。

1759年，富兰克林在考察英国后，这样描述当时的官场："绝对的腐败在这个古老国家的所有等级的人们中流行，从头到脚都完全堕落和腐败了！"[①]这句话使人想起马克思对早期资本主义的描述："资本来到世间，从头到脚，每个毛孔都滴着血和肮脏的东西。"

不仅在政治领域，经济和军事领域腐败也是制度性的。亚当·斯密在《国富论》中就揭露了东印度公司利用特权和垄断权，截留和虚报利润，个人假公济私，牟取暴利的丑行。1854年英军克里米亚战争中的惨重损失也与后勤工作中的混乱和无能有关，因为粮食不能及时运到，致使前线士兵因伤重或饥饿而大批伤亡。负责运输船队的海军上将鲍瑟根本不知道前线真正需要什么，结果很多运输船返回时货物被拒收还留在船上。

美国的政治腐败可以同英国相媲美。立国早期乡绅们的高尚品质很快就证明得不到保证，据说美利坚共和国诞生后不久，就有两名美国参议员、两名众议员、一名美国最高法院的法官等一些人物卷入了土地销售丑闻。

早期的乡绅统治本身就是一种腐败，因为它排除普通人参与政治的权力。于是1828年当选为美国总统的安德鲁·杰克逊让平民参政的努力就成了民主史上大书特书的一部分——结果是政治分赃制在美国的确立，导致了更为严重的腐败行为。

周琪在《美国的政治腐败和反腐败》一文中写道："从18世纪20年代后期起到1883年，美国出现了一个公共官员最严重的腐败时期。大量联邦、州和地方政府的官员都想得到用权力来交换填满钱袋的机会，强大的私人利益集团能够轻而易举地收买公共官员。美国南北战争之后，出钱购买

---

① 转引自杭行：《经济发展拒绝腐败》，《解放日报》2008年12月27日。

联邦政治中的官职变得司空见惯。国会议员手里有几百个可任命的联邦职务，他们可以拿这些职务来对政治上的支持者论功行赏。更为不利的是，公众对这些腐败现象并不特别的反感，反而适应了政府雇员和官员猎獭的贪污现象，公众舆论也不反对腐败的政府。历史学家莫里森（Morison）和康马杰（Commager）这样描述这一时期：道德标准的败坏几乎影响了美国社会生活的所有方面。'人们能够在州和大城市的政府、在商业和金融业以及运输业，甚至在专业职业中发现这一现象。几乎在所有的地方，旧道德标准都被破坏了，对于许多人来说，正派似乎离开了公共生活。'"①

那么，英国和美国政治中大规模制度化的腐败是如何消除的呢？是因为引入了中国的科举制，建立了现代文官系统。从这种意义上说，科举制实践了西方民主制之不足。

在克里米亚战争的阴影下（尽管最后沙皇俄国战败），英国于 1855 年建立了文官委员会，但直到 1870 年才建立起公开的考试竞争制度；美国文官制度建立更晚，直到 1883 年，美国国会通过《彭德尔顿法》（Pendleton Act）之后才逐步建立起来。该法案的通过代表了文官改革运动的高潮，其目的是把联邦文官建立在道德的基础上，运用公开的竞争性的考试来检验公职申请人的资格。

文官系统的建立从制度上防止了政治分赃制必然带来的腐败。公务员具有的超党派、中性的特点，不再直接受政党利益及政权更替的影响，成了维持法制的健康力量——而这一制度则源于中国的科举制。

科举制对西方世界的影响已为越来越多的学者所认识。美国学者威尔·杜兰（Will Durant，1885—1981）在他那本耗时 40 年（1935—1975）写就的 11 卷巨著《世界文明史》（《The Story of Civilization》）中指出，由于科举为西方文官制度所借鉴，其对世界文明的贡献可与中国的"四大发明"相媲美。威尔·杜兰对科举制作了如下评价："就理论上来说，这个方法最能调和贵族政治和平民政治。人人皆有平等作官的机会，但只有那些适合作官的人才有机会作官。事实上，这个方法实施一千多年来，给中国带来许多

---

① 周琪:《美国的政治腐败和反腐败》,《美国研究》2004 年第 3 期。

好处。"①

美国宾厄姆敦大学（Binghamton University）历史系主任贾志扬（John Chaffee）在《棘闱：宋代科举与社会》中译本序言也指出："宋代考试的重要性超出中国之外，因为中国考试本身具有相当的世界史的意义。很少有人认识到现代社会的一个普遍特征——学校和考试不但用于教育青年人，并且在选择员工和区分地位中起关键作用——发源于中国，并非西方。"②

事实上，早在 1569 年，葡萄牙传教士克鲁兹就在《中国游记》中将科举制介绍到西方。1583 年，葡萄牙修道士胡安·冈萨雷斯·德万多萨所著《伟大的中国》系统地介绍了科举制的内容和方法，此书后来被译成多种文字，在欧美更大范围地普及了科举制。

18 世纪启蒙运动时期，伏尔泰、卢梭等著名的"中化"思想家都对中国的科举制度赞叹不已。此后，英国国内要求引入中国先进科举制的声音不绝于耳，19 世纪英国学者郭施拉在《开放的中国》一书中郑重呼吁："这一伟大帝国的各项设施中，没有哪一项能像开科举、从最有才华的青年中选拔政府官员那样，给予其创立者这么大的荣耀……在中国，学而优则仕，人人机会均等。"③ 据统计，从 1570 年至 1870 年，英国出版的介绍中国科举制的书籍多达 70 多种。

在这种氛围下，英国政府于 1793 年、1816 年及以后多次派外交使节到北京实地考察科举制度，这些都为以后建立文官制度打下了基础。

3. 贤能政治——政治忠诚与业务能力的统一

东西方有一种共同的价值取向，在选择政治精英时都强烈地追求被选择者政治忠诚与业务能力的统一，既贤又能。两千多年前儒家经典《礼记·礼运篇》以激昂的笔调写道："大道之行也，天下为公，选贤与能……"

欧洲封建制度解体后，西方文明一方面通过议会党争，按照政治分赃制

---

① 威尔·杜兰：《世界文明史》第 1 卷，台北幼狮文化出版社，1978，第 196 页。
② 贾志扬：《棘闱：宋代科举与社会》，江苏人民出版，2022。
③ 转引自邓嗣禹：《中国科举制在西方的影响》，原载《中外关系史译丛》第四辑，上海译文出版社，1988。

的原则选择政治忠诚者，另一方面巧妙地将中国选举政务官的科举制改造成选举事务官的公务员制度。不难看出，大西洋两岸这一东西合璧的现代西方政治体制是一个怪胎，因为它只是在制度上保证了政务官系统的相对忠诚和事务官系统的基本业务能力，却没法保证被选举出来的个体德（政治忠诚）才（业务能力）兼备。

从历史的角度看，西方引入的科举制只是中国政治流变的一个阶段，而且是在中华文明逐步衰落时发展壮大的。科举制的最大弱点是将知识记忆误认为业务能力，导致政治结构的整体僵化。在儒家没有大规模从政以前，靠社会功勋制选拔出来的文法吏——通晓法令，一断于法的公务员曾是秦汉政治的主体。

在商代，选官尚功取向已相当明显，商代晚期出土的金文内容大多讲器主因有功于王室而受赏赐，记其荣宠并祭告先祖。西周政治精英的选举除了世卿世禄，大夫、士阶层皆不世袭，重视功德。按《礼记·王制》："诸侯世子世国，大夫不世爵，使以德，爵以功。"西周政制经典《周礼》中有司勋一职，专门掌管功劳赏赐。《周礼·夏官司马第四·司勋》条：司勋掌管六乡赏赐土地的法则，以赏赐的多少体现功劳的大小……凡有功劳的人，就书写他的名字和功劳在王的大常旗上。死后就在冬季祭祀宗庙时让他配食，司勋向神报告他的功劳。大功劳，由司勋收藏功劳簿的副本。"司勋掌六乡赏地之法，以等其功……凡有功者，铭书于王之大常，祭于大烝，司勋诏之。大功，司勋藏其贰。"

西周封建制度解体后，贵族与平民间的分野逐步消失，布衣驰骛，政治参与拓展到全民，一种按照社会功勋大小取得爵位，分配政治经济资源的体制建立了起来。在社会功勋制下，政治忠诚与业务能力达到了近乎完美的统一，因为只有忠诚于公共事务的人才会努力去为社会作贡献，那些能为社会作贡献的人当具备某种基本的能力。韩非子强调政治精英必须拥有丰富的实践经验，宰相定要从地方官中选拔上来的，猛将一定要从士兵队伍中挑选出来的。《韩非子·显学》："故明主之吏，宰相必起于州部，猛将必发于卒伍。夫有功者必赏，则爵禄厚而愈劝；迁官袭级，则官职大而愈治。"

在春秋战国，中国特色的社会功勋制从理论到实践已相当成熟。以法量功，以功受爵成为秦汉制度的典型特征。这里的"功"主要包括军功和事功两种（中国学界过于强调战争中的军功，和平环境下更为重要的事功则鲜有提及），《管子·明法解第六十七》中对这两种功勋作了明确的区分，其中的吏之功和臣之功就是"事功"。上面说：凡所谓功劳，乃是指安定国君，谋利于万民的。破敌军，杀敌将，战而胜，攻而取，使君主没有危殆灭亡之忧，百姓没有死亡被俘之患，这是军士用来作为功劳的。奉行君主的法度，管好境内的政事，使强者不欺凌弱者，人多势众的不残害人少势孤的，万民竭尽其力来事奉君主，这是官吏的功劳。匡正君主的过错，挽救君主的失误，申明礼义以开导君主，以致君主没有邪僻的行为，也没有被欺蒙的忧患，这是大臣的功劳。所以明君的治国，分清职务而考计功劳，有功者赏，乱治者罚，赏罚之所加，各得其宜，君主不用去无端干预。"凡所谓功者，安主上，利万民者也。夫破军杀将，战胜攻取，使主无危亡之忧，而百姓无死虏之患，此军士之所以为功者也。奉主法，治竟内，使强不凌弱，众不暴寡，万民欢尽其力而奉养其主，此吏之所以为功也。匡主之过，救主之失，明理义以道其主，主无邪僻之行，蔽欺之患，此臣之所以为功也。故明主之治也，明分职而课功劳，有功者赏，乱治者诛，诛赏之所加，各得其宜，而主不自与焉。"

《商君书》认为社会功勋制，按功劳授爵禄公正公开是国家强大的根本，有爵是为官的基本条件。《商君书·境内第十九》规定：能够斩获敌人甲士首级一颗就赐给爵位一级，赏给田地一顷，宅地九亩，赐庶子一名，可以担任军队或行政部门的官员。"能得爵首一者，赏爵一级，益田一顷，益宅九亩，一除庶子一人，乃得人兵官之吏。"

进入汉代，诚如在张家山汉律中看到的，社会功勋制仍然很好得被执行。但从西汉末年开始，随着中华原文明渐渐儒化，至东汉，社会功勋制已经处于分崩离析的状态。在公元前81年那场改变中国历史命运的国策大讨论盐铁会议上，儒生强烈批评了当时的事功和军功制度，不重功劳和连带责任，空谈乡择里选，基层推荐。《盐铁论·除狭第三十二》记载贤良的话说：古时推荐当官的人，从乡里挑拣选择，考察他们的才能，然后给他官做，胜任职务以后再按照一定等级封爵授禄。所以读书人在偏僻乡村里闭门读书，也能到朝廷来做官，隐居修身，做官扬名。不因为关系疏远而丢掉贤能的人，不论大小事功，都没有被遗失的。因此，贤能的人得到任用，没有才能的人被检查罢免。现在选举之途杂乱，不按人的才能选拔官吏，富有的人用钱财来买官，勇敢的人卖命求取功名。耍车技的和举鼎技的人，都出来充当官吏，多次立功，积年累月，有的人甚至当上了卿相。"古之进士也，乡择而里选，论其才能，然后官之，胜职任然后爵而禄之。故士修之乡曲，升诸朝廷，行之幽隐，明足显著。疏远无失士，小大无遗功。是以贤者进用，不肖者简黜。今吏道杂而不选，富者以财贾官，勇者以死射功。戏车鼎跃，咸出补吏，累功积日，或至卿相。"

历史大致是按儒生们的路线前进的，东汉至隋，察举制成了主流（魏晋演化为腐朽的九品中正制），政治腐败成了家常便饭。唐以后科举制是为纠察举制之弊而设立，它在一定程度上解决了魏晋以来察举制任人为亲的弊端，选举进一步平民化和制度化；至于社会功勋制，甚至被中国人自己"忘记"了。

所以，长期以来中国学者们研究本国政治制度史时，大体总是提到世袭制、察举制和科举制，偶尔也提及军功制，不过那常作为秦国残暴的历史罪证。

近年来秦律和汉律失传后重新出土，以及西汉地方政府档案（尹湾汉简）的发现，明确告诉我们，在世袭制和察举制中间，存在着一个长达数百年的社会功勋制，那是强盛的秦汉时代最基本的政治制度，是人类政治文明史上最为宝贵的财富之一。

我们不要误以为世袭制、功勋制、察举制和科举制层次分明。在中国政治史上，这四个阶段的划分只说明历史某一阶段哪种政治录用制度占据主流。西周世袭制占主导地位，并不说没有功勋制这一项；再比如世袭制，这一制度贯穿20世纪以前中国历史，长达数千多年之久——就像我们不能因为希腊罗马是奴隶制就说民主制野蛮一样，我们也不能说存在世袭制，秦汉社会功勋制就一无是处。

19世纪西方人曾经将科举制引入本土的民主制，我们可否在现代公务员制度的基础上重建社会功勋制呢——那将是一个法治的、中性的、因尚功精神而充满活力的超党派政治体制。

第十章 复兴中国古典战略思想王霸术

战略思维方式是处理国际关系及制定竞争战略的理论、价值基础，是国际斗争策略的内在逻辑，战略定力的支点。

对于西方主流以民族国家利益为核心，以实力竞争为基础的均势理论，中国研究国际关系的学者耳熟能详。他们还密切跟踪从意识形态到金融领域的竞争，文化战、金融战、舆论战、软实力、巧实力……这些词汇常常出没在各类媒体上。

对于中国之所以成为中国的原因、战略思想，以及战略思想背后的战略思维方式，却鲜有人研究。一些人满足于作西方战略思想的俘虏，甚至不屑于听到中国古典战略思想的名称——王霸术，多元共存，维持世界和平的方略。

王霸术认为拥有一个强大、作为文明榜样的政治重心（中）才能一统天下，实现世界持久和平，它是中国古典政治学"建中立极"原则在世界范围内的自然延展。所以西方主流战略思维内政外交截然两分，而中国古典战略思维内政外交连续一贯；西方主流战略思维以国家竞争为中心，而中国古典战略思维以多元共存天下和谐为目标；西方主流战略思维以军事实力为基础，而中国古典战略思维以国内政教为基础。

王霸术明确主张静因无为，反对强力竞争。遵从先国内而后国外的原则，对外交结盟持谨慎、甚至反对态度，强调首要处理好自身内部事务，将国家打造成牢不可破的金刚堡垒，把握历史机遇，以迅雷不及掩耳之势克敌制胜，方能一平天下。《淮南子·诠言训》指出，即使身为圣贤，若没遇上残暴动乱的世道，道与德也只能用来保全自身，不能靠它们称霸称王。汤、武之所以能王天下，因为碰上了桀、纣的残暴。桀、纣不是因汤、武贤能而残暴的，汤、武倒是遇上桀、纣的暴政才称王。所以圣王必须等待机遇——机遇指遇到时机能牢牢把握住，这不是靠智力所能追求到的。"虽有圣贤之宝，不遇暴乱之世，可以全身，而未可以霸王也。汤、武之王也，遇桀、纣之暴也；桀、纣非以汤、武之贤暴也，汤、武遭桀、纣之暴而王也。故虽贤王必待遇。

遇者，能遭于时而得之也，非智能所求而成也。"

所以，正确的战略首先要坚持守中，自立自强，而非掠夺他国。《淮南子·诠言训》总结道："外交而为援（援，外部援助——笔者注），事大（事大，事奉大国——笔者注）而为安，不若内治而待时。""圣人守其所以有，不求其所未得。求其所无，则所有者亡矣；修其所有，则所欲者至。故用兵者，先为不可胜，以待敌之可胜也；治国者，先为不可夺，待敌之可夺也。"

因为王霸术超越了西方战略思维方式的零和博弈，注重"不可胜""不可夺"的保民、养民政策，包容天下，因时而动，使之成为"天下莫能与之争"的超级战略，世界和平的不二法门。《老子·第六十六章》一言以蔽之："以其不争，故天下莫能与之争。"

对于"天下莫能与之争"的王霸术特点，我们分述如下：

1. 以国家竞争为中心 VS 以多元共存为目标

首先我们要清楚两对重要概念：国家与天下、王道与霸道。

夏商周三代是统一于王权（盟主）、由众多诸侯国组成的政治共同体。在先秦观念中，国常常指诸侯国。比如《史记·陈涉世家》记楚人陈胜、吴广的话："今亡亦死，举大计亦死，等死，死国可乎？"这里的国，就是指楚国。"死国"指为复兴楚国而死，其国号"张楚"，意为"张大楚国"。

《史记·陈涉世家》："陈胜曰：'天下苦秦久矣……今诚以吾众诈自称公子扶苏、项燕，为天下唱，宜多应者。'"这里的"天下"，既包括山东六国，又包括秦国，是当时中国版图内所有国家的总和。所以古人指称整个中国之地为"天下"。

当然古人没有现代国家边界观念，他们说的天下，除了华夏文明的核心区，还包括当时已知的人类居住区域——华夏是天下的主体和中心。

与西方近代均势理论不同，中国古典战略思维不是以大国霸权的争夺为目标，而是以整个天下的和谐秩序（礼）为目标。

四千多年来，帝尧都是中国人的榜样。《尚书·尧典》开篇讲到尧的伟大功绩，他不仅有明察四方的智慧，而且做事敬业节俭，为人宽容温和。能实践德行，广布恩泽，实现了家庭和睦、百官各尽其职、万国和合，天下太平。

文中说:"(帝尧)钦明文思安安,允恭克让,光被四表,格于上下。克明俊德,以亲九族。九族既睦,平章百姓(百姓,百官族姓,百官之宗族——笔者注)。百姓昭明,协和万邦。"

后世天下为公,服务人民,实现普世和平成为中国人的一贯精神追求——这与近代西方排他性的公民、民族国家观念迥异。《六韬·卷一文韬·文师第一》说:"天下非一人之天下,乃天下之天下也。同天下之利者,则得天下;擅(擅,独自享用——笔者注)天下之利者,则失天下。"

孔子谈到夏以前天下为公的大同之世时,说那是一个废私立公,舍己为人的世界,政府要对人民承担无限责任,从扶助弱势群体,到婚姻工作以及生活的方方面面。《礼记·礼运》记孔子言:大道流行的时代,天下是属于大家的,选拔贤能之人当政,相互讲究信用,建立和睦关系。人们不只是把自己的亲人当亲人,不只把自己的儿子当儿子。还要使老年人得到赡养,壮年人有用武之地,幼年人得到抚养,鳏寡孤独者及残疾人得到保障,男子有正当职业,女人适时出嫁。爱护财货却不必藏于身边,竭尽其力却不必为自己。因此阴谋诡计不会兴起,没有人偷窃作乱,所以大门不用关闭,这就叫大同世界。"大道之行也,天下为公,选贤与能,讲信修睦。故人不独亲其亲,不独子其子,使老有所终,壮有所用,幼有所长,矜寡孤独废疾者皆有所养,男有分,女有归。货恶其弃于地也,不必藏于己;力恶其不出于身也,不必为己。是故谋闭而不兴,盗窃乱贼而不作,故外户而不闭。是谓大同。"

以天下人利益为出发点,以普世和平为目标,中国并没有像西方社会那样陷入幼稚的、被民族国家和宗教信仰反复撕裂的世界主义。因为中国人践行王霸术,以王畿为重心,依托四方的伯(霸),维系天下的普遍秩序。当中央不能维系普遍秩序时,强大的霸国有责任出面,以武力恢复秩序,重现天下太平,这就是霸道。东汉学者应劭回顾夏代霸国(夏伯)昆吾氏、商代霸国(商伯)大彭氏、豕韦氏的历史后说:"王道废而霸业兴"。(《风俗通义·卷一皇霸·五伯》)

由此可见,中国的霸道不同于西方世界为谋求竞争优势实行的霸权主义,它是次一等的王道,是对王道的补充,所以孔子认同霸道。他多次赞叹辅佐齐桓公存亡国继绝世、恢复多元共存天下秩序的管仲,说若不是管仲,恐怕自己也要成为夷狄，披头散发，衣襟向左开了。"管仲相桓公，霸诸侯，一匡天下，民到于今受其赐。微管仲，吾其被发左衽矣。"(《论语·宪问》)

根据东汉章帝建初四年（公元79）国家经学辩论撰集而成的《白虎通义》，代表东汉政府的基本观念。其中论及霸道时指出，五霸为维系政治秩序，率领诸侯朝见天子，修正天下的教化，复兴中国，攘除夷狄，所以称之为霸。霸就是伯，行使方伯的职权，召集诸侯朝见天子，使之不失臣下的职责，维护天下和平统一，所以圣人赞成五霸。"昔三王之道衰，而五霸存其政，率诸侯朝天子，正天下之化，兴复中国，攘除夷狄，故谓之霸也……霸者、伯也，行方伯之职，会诸侯朝天子，不失人臣之义。故圣人与（与，赞许——笔者注）之。"(《白虎通义·卷二·号》)

不难看出，"霸道"在先秦是褒义的。商鞅劝秦孝公以霸道，仍屡言王道，不忘王天下的远景，他告诉孝公只有统一教化，统一思想，让民众与国家同心同德，才能最终王天下，平天下。他说："凡治国者，患民之散而不可抟（抟，集聚——笔者注）也，是以圣人作壹，抟之也。国作壹一岁者，十岁强；作壹十岁者，百岁强；作壹百岁者，千岁强，千岁强者王。君修赏罚以辅壹教，是以其教有所常，而政有成也。"(《商君书·农战第三》)战国大争时代，商鞅所说的"教"主要指重农重战的耕战思想。

只是从《孟子》开始，学人才将王道与霸道对立起来，片面强调仁政、王道。经过宋明理学的宣扬，这种思想深深影响了中国国运及其文化面貌。当强敌环伺的时候，空谈仁政，王道，不仅迂腐，简直是自废武功、引颈受戮！

2. 内政外交截然两分 VS 内政外交连续一贯

王道用政治教化的榜样力量凝聚天下为一，霸道以信用将天下联结为一个政治共同体。

《说文解字》释"王"，强调王是天下人向往、服从的对象。为何？因为王道合乎天道、地道、人道，贯通为一，真正与天下同利。天道者，静因无为；地道者，养育万物；人道者，慈爱（仁）智慧（义）。文中说："王，天下所归往也。董仲舒曰：'古之造文者，三画而连其中谓之王。三者，天、地、人也，而参通之者王也。'孔子曰：'一贯三为王。'"《荀子·王霸第十一》指出："义立而王，信立而霸，权谋立而亡。"

历史上习惯于将商汤、周武王以百里之地取得天下作为王道的典范，其中虽有理想化成分，却道出了政治教化在中国古典战略思想中的重要意义。荀子论证说，臣民因道义敬仰君主，这是政治稳固的基础。政治基础稳固了，国家就安定；国家安定了，天下就能平定。如果让天下显赫的诸侯真把道义贯彻到思想中，落实到法律制度上，体现在政务中，再强化以提拔、废黜、处死、赦免等手段，并始终如一。如此，其名声会如同太阳一样显扬，商汤、周武王就是这样。商汤的亳邑、周武王的鄗京不过百里见方的领土，而天下被他们统一了，诸侯做了他们的臣属，凡人迹所至没有不服从的，是因为他们遵循道义。"如是，则下仰上以义矣，是綦（綦，通"基"——笔者注）定也。綦定而国定，国定而天下定……今亦以天下之显诸侯，诚义乎志意，加义乎法则度量，箸（箸，通"著"——笔者注）之以政事，案申重之以贵贱杀生，使袭然终始犹一也。如是，则夫名声之部发于天地之间也，岂不如日月雷霆然矣哉……汤以亳，武王以鄗，皆百里之地也，天下为一，诸侯为臣，通达之属，莫不从服，无它故焉，以济义矣。"（《荀子·王霸第十一》）

与王道相比较，霸道不以文教、政治服人之心，而是以实力、信誉服天下，服人以力。荀子论证说，没有把政治教化作为立国之本，没有达到最佳的社会治理，没有健全礼仪制度，没有使人心悦诚服。但他们注重方法策略，使民众有劳有逸，重视储备，加强战备，君臣上下互相信任协作，因而天下就没人能抵挡他们。齐桓公、晋文公、楚庄王、吴王阖闾、越王勾践，五霸都处在偏僻落后的国家，其威势却震动天下，强盛危及中原各国，没有别的缘故，因为他们有信用啊。"非本政教也，非致隆高也，非綦（綦，通"极"——笔者注）文理也，非服人之心也。乡（乡，通"向"——笔者注）方略，审劳佚，谨畜积，修战备，齺（齺，zōu，牙齿咬物时上下交切的样子，比喻上下相向——笔者注）然上下相信，而天下莫之敢当。故齐桓、晋文、楚庄、吴阖闾、越句践，是皆僻陋之国也，威动天下，强殆中国，无它故焉，略（略，意为取——笔者注）信也。"（《荀子·王霸第十一》）

无论是王道服天下，还是霸道震天下，国内政治都是决定性的，内政决定了外事的特点和成败——中国古典战略思维内政外交连续一贯，《管子·大匡》直言："内政不修，外举事不济。"反观近代西方，国内行自由民主政治，国际行强权帝国主义，内外断为两截，常常以邻为壑，行损人利己的勾当。

《礼记·大学》指出天下和平源于格物，道法万物之自然，正确认识并利用自然万物之法则，经由修身、齐家、治国，达到平天下的境界。上面说："古之欲明明德于天下者，先治其国；欲治其国者，先齐其家；欲齐其家者，先修其身；欲修其身者，先正其心；欲正其心者，先诚其意；欲诚其意者，先致其知，致知在格物。物格而后知至，知至而后意诚，意诚而后心正，心正而后身修，身修而后家齐，家齐而后国治，国治而后天下平。"《礼记·中庸》中治理天下国家的"九经"，与《大学》"八目"相类，不过更重视外在社会治理。文中说："凡为天下国家有九经，曰：修身也，尊贤也，亲亲也，敬大臣也，体（体，接纳——笔者注）群臣也，子庶民也，来百工也，柔远人也，怀（怀，安抚——笔者注）诸侯也。"

儒家重视普通人的社会教化，故将落脚点放在日常人伦礼义；黄老道家重视治国理政，所以更强调领袖提升心性修养，认识性命之本的重要性，其论证过程近似《礼记·大学》。黄老经典《淮南子·诠言训》："为政之本，务在于安民；安民之本，在于足用；足用之本，在于勿夺时；勿夺时之本，在于省事；省事之本，在于节欲；节欲之本，在于反性；反性之本，在于去载（载，指物欲带来的精神负担——笔者注）。去载则虚，虚则平。平者，道之素也；虚者，道之舍也。能有天下者，必不失其国；能有其国者，必不丧其家；能治其家者，必不遗其身；能修其身者，必不忘其心；能原其心者，必不亏其性；能全其性者，必不惑于道。"

具体言之，修身主要包括弄清天命、修正内心、理顺好恶、调适情性四个方面，《淮南子·诠言训》："原天命，治心术，理好憎，适情性，则治道通矣。原天命则不惑祸福，治心术则不妄喜怒，理好憎则不贪无用，适情性则欲不过节。不惑祸福则动静循理，不妄喜怒则赏罚不阿，不贪无用则不以欲用害性，欲不过节则养性知足。"

3. 以军事实力为基础 VS 以国内政教为基础

西方近代主流战略重视军事实力，以及由军事实力衍生的文化实力（软实力）、经济实力（巧实力）。而中国古典战略思维聚焦国内政治，强调要先行"必全之道"，不将外交结盟、竞争实力作为国家战略的重心。

《淮南子·诠言训》明确指出"（天下）不可以强胜也"，认为靠外交手段讨好别国，不是送去珍宝钱财，就是对人低三下四。用珍宝钱财讨好别国，将钱财耗尽也未必使人家的欲望得到满足；态度谦卑说尽好话也未必能建立友好关系。即使签订条约、立誓结盟，说不定哪一天就毁约撕盟。如果放弃外交结盟的策略，一心一意于内政，充分挖掘土地潜力，积累国家财富，勉励人民不怕牺牲巩固城防，上下一心，教育团结广大民众拼死保卫社稷国家，那么想扬名也不必去讨伐没有罪过的国家，想获利也不必去攻打难以战胜的强敌，这才是保全国家的最好方式。"凡事人者，非以宝币，必以卑辞。事以玉帛，则货殚而欲厌；卑礼婉辞，则论说而交不结；约束誓盟，则约定而反无日。虽割国之锱锤（六两曰锱，十二两曰锤，锱锤代指很少的财物——笔者注）以事人，而无自恃之道，不足以为全。若诚外释交之策，而慎修其境内之事。尽其地力，以多其积；厉其民死，以牢其城；上下一心，君臣同志；与之守社稷，殿（殿，通"效"——笔者注）死而民弗离，则为名者不伐无罪，而为利者不攻难胜，此必全之道也。"

马基雅维利（Niccolò Machiavelli，1469—1527）以后，为了谋求一国之私利，西方国际关系中充斥着非道德的欺诈权谋以及野蛮的武装暴力。这在西方霸权主义横行的近代已成常态，但在中国先贤的眼中却是灭亡之道。因为这类国家不讲礼义，不讲信用，唯利是图，掠夺成性。即使强大一时，也终将灭亡。荀子所谓"权谋立而亡"。

比如齐闵王时代、孟尝君任相的齐国。他们在强大的齐国柄政，不修明礼义，不把政治教化作为立国之本，不以此统一天下，反而将勾结拉拢别国，纵横外交作为要务。所以齐国强大时，南能攻破楚国，西能使秦国屈服，北能打败燕国，中能攻占宋国。可一旦燕国、赵国合起来进攻强齐，就摧枯拉朽，闵王身死国亡，蒙受天下的奇耻大辱，后人谈起坏事，还要以齐国为前车之鉴。没有其他的缘故，是因为他们不遵循礼义而专搞强权阴谋啊！《荀子·王霸第十一》："故用强齐，非以修礼义也，非以本政教也，非以一天下也，绵绵常以结引驰外为务。故强，南足以破楚，西足以诎秦，北足以败燕，中足以举宋。及以燕、赵起而攻之，若振槁（振，拔起；槁，枯木——笔者注）然，而身死国亡，为天下大戮（戮，耻辱——笔者注），后世言恶，则必稽焉。是无它故焉，唯其不由礼义而由权谋也。"

值得指出的是，中国古典国际关系理论反对将国家战略置于实力基础上，并非不注重实力，而是反对以强凌弱的霸权行径。中国古典战略思想王霸术以文明的榜样力量为基础，其战略力量是多元的。《六韬·卷一文韬·文师第一》指出"同天下之利者，则得天下"，因为与天下同利，方能天下归之，具体包括仁、德、义、道四大方面。与人共享天下财富就是仁，解民于倒悬就是德，与民同好恶就是义，为天下民众谋幸福就是道。做到以上四点，就能天下归心，赢得天下。文中说："天有时，地有财，能与人共之者，仁也。仁之所在，天下归之；免人之死，解人之难，救人之患，济人之急者，德也。德之所在，天下归之；与人同忧同乐、同好同恶者，义也。义之所在，天下赴之；凡人恶死而乐生，好德而归利，能生利者，道也。道之所在，天下归之。"

《管子·七法》谈到平天下的策略，包括四大方面，依次是治理好民众，治军有方，战胜敌国有理有节，匡正天下有步骤策略，即治民有器，为兵有数，胜敌国有理，正天下有分。其中"为兵之数"从武力恢复世界秩序（正天下）的角度，将战略力量分为八个方面，包括财富、技术、装备、选士、政教、训练、情报、机数。机数——把握战机和运用策略是制胜的关键。只有八个方面皆天下无敌，方能克敌制胜。文中说："为兵之数，存乎聚财，而财无敌。存乎论工，而工无敌。存乎制器，而器无敌。存乎选士，而士无敌。存乎政教，而政教无敌。存乎服习，而服习无敌。存乎遍知天下，而遍知天下无敌。存乎明于机数，而明于机数无敌。故兵未出境，而无敌者八；是以欲正天下，财不盖天下，不能正天下；财盖天下，而工不盖天下，不能正天下；工盖天下，而器不盖天下，不能正天下；器盖天下，而士不盖天下，不能正天下；士盖天下，而教不盖天下，不能正天下；教盖天下，而习不盖天下，不能正天下；习盖天下，而不遍知天下，不能正天下；遍知天下，而不明于机数，不能正天下；故明于机数者，用兵之势也。"

进而言之，即使从军事实力角度，战略力量也超越军事本身，还包括经济、政治等多方面内容。

过去500年的历史表明，以实力为基础的均势理论只能带来一时的稳定，无法维护持久的和平。因为地区强国为了谋求战略优势、削弱潜在对手（特别是实力处于第二位的国家），会蓄意挑起冲突和战乱。大国为了满足自己的战略野心，也会不断侵犯包括盟国在内的别国利益，最后均势理论只会沦为霸权主义的遮羞布。

今天，我们有必要对西方这一霸权战略理论进行深刻反思！

据说国画大师齐白石曾对弟子许麟庐说："学我者生，似我者死。"学习了解别人的优点是对的，但对别人的做法东施效颦，照单全收，结果只会是迷失自我，葬送自我。

这句话不仅适用于绘画，也适用于国际关系。

学习西方战略理论是了解西方的重要途径，但我们不能丢掉中国主体战略思维，盲从西方。有些中国学者表面上以自己国家利益为中心，实际已落入西方战略思维的逻辑陷阱不能自拔。思想上自毁长城极其危险——这是目前中国国际关系研究者、战略专家必须警醒的！

第十一章　重建中国古典政治经济学体系

过去100多年来，欧亚大陆诸多古老帝国分裂衰败甚至沦为废墟，只有中国凤凰涅槃般地重新屹立于世界东方！

在信息化的大争时代，软实力越来越走向国家竞争前台。理论、话语权的建设成为摆在我们面前的突出任务。学术强没国强，因此，重建中国古典政治经济学体系，让它服务于新时代，成为重要的历史任务。

1. 找回中国本土的政治经济理论

对中国文化的第一次大规模系统整理，是西汉末年由刘向、刘歆父子完成的，班固继承了他们的成果，稍作增删改撰而成《汉书·艺文志》，从中我们能看到中国古典学术体系的本来面目。

顾名思义，《汉书·艺文志》不是按作者，而是按不同书籍进行分类，"艺文"指各种典籍、图书。刘氏的分类标准是什么呢？是社会功用，根据书籍反映思想的社会功用不同，分成六略，分别是：六艺略、诸子略、诗赋略、兵书略、术数略、方技略。

六略中，与国家治理直接相关的主要是六艺略和诸子略，二者是源与流，母与子的关系。如果说六艺（即六经）是中国文化的1.0版，那么诸子则是中国文化的2.0版。章太炎先生指出："九流皆出王官，及其发舒，王官所弗能与；官人守要，而九流究宣其义。"①

透过经学和诸子，特别是源出六经的诸子，我们能明确中国古典政治经济学的精华所在。《汉书·艺文志》共列诸子十家，除小说家较为务虚外，其余九家均十分重要，它们的源头及其社会功用如下：

> 儒家者流，盖出于司徒之官，助人君顺阴阳明教化者也。游文于

---

① 《吕思勉文集：先秦学术概论》，译林出版社，2016，第12页。

六经之中，留意于仁义之际，祖述尧舜，宪章文武，宗师仲尼，以重其言，于道最为高。

道家者流，盖出于史官，历记成败存亡祸福古今之道，然后知秉要执本，清虚以自守，卑弱以自持，此君人南面之术也。合于尧之克攘，易之嗛嗛（qiǎn qiǎn，谦逊貌——笔者注），一谦而四益，此其所长也。

阴阳家者流，盖出于羲和之官，敬顺昊天，历象日月星辰，敬授民时，此其所长也。

法家者流，盖出于理官，信赏必罚，以辅礼制。易曰："先王以明罚饬法"，此其所长也。

名家者流，盖出于礼官。古者名位不同，礼亦异数。孔子曰："必也正名乎！名不正则言不顺，言不顺则事不成。"此其所长也。

墨家者流，盖出于清庙之守。茅屋采椽，是以贵俭；养三老五更，是以兼爱；选士大射，是以上贤；宗祀严父，是以右鬼；顺四时而行，是以非命；以孝视天下，是以上同。此其所长也。

纵横家者流，盖出于行人之官。孔子曰："诵诗三百，使于四方，不能专对，虽多亦奚以为？"又曰："使乎，使乎！"言其当权事制宜，受命而不受辞，此其所长也。

杂家者流，盖出于议官。兼儒、墨，合名、法，知国体之有此，见王治之无不贯，此其所长也。

农家者流，盖出于农稷之官。播百谷，劝耕桑，以足衣食，故八政一曰食，二曰货。孔子曰："所重民食"，此其所长也。

上述道家与后世由"独任清虚"的道家极端派演化而成的道教不同，指西汉初年的治国理念黄老之术。如同汉人习惯将"文学"（经书）与"儒者"并称一样，他们也会将"黄老""道德"并称，二者都指称道家。《史记·孟子荀卿列传》上说："慎到，赵人。田骈、接子，齐人。环渊，楚人。皆学黄老道德之术。"

"道生法"，只有抱法处势、循名责实、定分止争才能实现无为而治，所以"黄老"又与"形名"（循名责实，亦称"刑名"）并称。《史记·老庄申韩列传》称："申子之学本于黄老，而立刑名"，韩非亦"喜刑名法术之学，而其归本于黄老"。又《史记·商君列传》："鞅少好刑名之学"。

黄老、道家与法家形名法术之学没有根本区别，所以冯友兰先生干脆将《管子》等直接称为"齐法家"，与商鞅、申不害、韩非等三晋法家相区别。[①]只是认为齐法家于重农之外，更重视工商业，而晋法家则对工商业有更多的限制，甚至排斥。比如黄老道家经典《管子》，在《隋书·经籍志》中就被列入法家，战国人已将管子与法家商鞅并称为"管商"；法家集大成者韩非在《韩非子·解老》《韩非子·喻老》中对《老子》作了深入阐发。

综上所述，诸子九家直接涉及治国理政的，只有黄老道家，以及归本于黄老的法家，二者为"君人南面之术"，这是中国古典政治经济学的重要组成部分！

2. 儒家与中国古典政治经济学

自汉武帝"罢黜百家，表彰六经"，为经学开利禄之途，作为诸子百家"公共经典"的六经在西汉取得了至尊地位，直接影响了两汉政局，也影响中国长达两千年之久。所以成书于东汉《汉书·艺文志》首列"六艺略"，并于"诸子略"首列传播经学、主礼义教化的儒学，称其"游文于六经之中，留意于仁义之际，祖述尧舜，宪章文武，宗师仲尼，以重其言，于道最为高。"

请注意，这里的"于道最为高"，是说儒者所传经学对于国家治理来说"最为高"，而不是儒家本身最高——因为在古人心中，儒家只是百家之一。汉武帝罢黜百家，儒家并非王官学，亦在罢黜之列。钱穆先生曾详细论及这一点："且称《诗》《书》，道尧舜，法先王，此战国初期学派儒、墨皆然。不专于儒也。文帝时有《孟子》博士，至武帝时亦废。若谓尊儒，何以复废《孟子》？其后刘向父子编造《七略》，《六艺》与儒家分流。儒为诸子之一，不得上侪（侪，chái，同类、等同——笔者注）于《六艺》。然则汉武立《五经》博士，若就当时语说之，谓其尊《六艺》则然，谓其尊儒则未尽然也。即仲舒对策，亦谓：'百家殊方，指意不同。臣愚以为诸不在《六艺》之科，

---

① 冯友兰：《中国哲学史新编》上，人民出版社，2001，第252-265页。

孔子之术者，皆绝其道.' 则仲舒之尊孔子，亦为其传《六艺》，不为其开儒术。故《汉志》于《六艺》一略，末附《论语》《孝经》小学三目，此亦以孔子附《六艺》，不以孔子冠儒家也。此在当时，判划秩然，特《六艺》多传于儒生，故后人遂混而勿辨耳。"①

学术史上，经学、孔学、儒学内涵大不同，不可轻言汉武帝曾"独尊儒术"！广泛流传的"罢黜百家、独尊儒术"之说蕴含着严重的逻辑错误——贬抑百家，何以又独尊百家之一儒家？这种提法上是20世纪的"发明"，1916年2月，易白沙在《新青年》杂志（1卷6号）发表《孔子平议》，这位深受西方自由民主思想影响的革命家首次提出"罢黜百家，独尊儒术"一说。② 相隔千年的两大文史事件就这样被无缝对接，串为一体，以至后来学人多习焉不察。历史真相是：只有到了宋明理学那里，"独尊儒术"才成为现实。佛教化的儒家使四书超越五经，成为知识分子普遍学习的经典。

与先秦蕴含百家、教化万方的大儒不同，汉以后儒家一反中华治道（王道）政治与经济相统一，以政统经的传统，宣传的是一种自由主义的、代表豪民富商阶层的意识形态。他们表面上打着"不与民争利"，为民请命的大旗，本质是让国家退出重要公共领域，成为"小政府"，将中央关在宫墙之内，为豪民富商垄断市场、窃取基层政权大开绿灯。

不是作为一种辅助王道的教化手段，儒家作为独立的政治经济意识形态登上历史舞台发生在公元前81年，汉武帝去逝后西汉政府的最高国策讨论会上——这就是著名的盐铁会议。此后，儒家自由主义政治经济意识形态逐步成为主流。

参加这次会议的多从长安京畿地区选拔出来的贤良，他们是迁到此地的"天下豪富民"子弟，自然成为豪民巨富的理想代言人。王利器先生在《盐铁论校注》前言中写道："参加这次会议的六十多个贤良、文学，他们都是'祖述仲尼'的儒生，除了心不离周公，口不离孔、孟之外，还大肆宣扬当时'推明孔氏'的董仲舒的学术思想。董仲舒就是向汉武帝建议要'盐、铁皆归

① 钱穆:《两汉经学今古文评议》，商务印书馆，2001，第200页。
② 宋定国:《国学纵横》，首都师范大学出版社，2013，第121页。

于民'的始作俑者。他攻击秦'用商鞅之法，改帝王之制'，'田租、口赋、盐、铁之利二十倍于古'；他在对策时，大肆宣扬'正其谊（谊通'义'——笔者注）不谋其利，明其道不计其功'的儒家说教，反对'与民争利'，一再宣扬什么'亦皆不得兼小利，与民争利业，乃天理也'。他之所谓民，并不是一般的老百姓，而是指的豪门贵族和富商大贾。"①

这次会议对中国及人类历史产生了深远影响。宋明理学蓬勃兴起，儒家获得真正独尊地位后，国家运用强大的国有资本理财，平衡市场成为一种与民争利的"政治不正确"，中央财力的衰弱是明清两朝崩溃前的典型特征。汉唐以后中国国运衰弱，直到共产党人引入马克思主义，实行公有制，重建强大的国有经济，中国才从积贫积弱走向富强。

历史充满巧合。儒家自由主义经济理论如日中天之时，16世纪末叶开始，西方传教士来到中国。他们看到中国自由市场经济的表面繁荣，就认为这样才符合经济的自然法则。于是开始批判欧洲流行的重商主义，鼓吹自由主义，为资本主义的崛起奠定了理论基础。英国谢菲尔德大学政治与国际关系学高级讲师约翰·霍布森（John Hobson）评论说："尽管盎格鲁-撒克逊人偏狭地认为亚当·斯密是第一个政治经济学家，却又认为斯密背后是法国的'重农主义者'魁奈，而关键的是，在魁奈的背后是中国。第一个批判重商主义的欧洲人，是魁奈，而不是亚当·斯密。'重农主义'一词是指'自然法则'，魁奈的思想起源于中国，其重要性至少表现在两个方面：第一，他认识到农业乃是财富的根本源泉（这成为英国农业革命的一个重要思想）；第二，也是更重要的是，他认为只有在生产者不受国家专制任意干预的情况下，农业才能获得充分发展，只有这样，市场的'自然规律'才能起作用（中国人早已认识到这一点）。"②

"中国人早已认识到这一点"，约翰·霍布森当不知道这一时间点是公元前81年，更不会意识到中国古典政治经济学反对自由放任的市场经济，它主张一种强大国有资本参与其中的市场经济。另外，资本主义强大的原因在于

---

① 王利器：《盐铁论校注》，中华书局，1992，第8~9页。
② 约翰·霍布森：《西方文明的东方起源》，山东画报出版社，2009，第175页。

掠夺和市场垄断，而非自由放任的市场经济——自由市场经济常常成为是资本野蛮掠夺的口实！

在"独尊西学"的21世纪，有人不知东西方文明史上复杂的交流互动，以及宋明理学对欧洲资本主义崛起的重要影响，继续"言必称西方"、盲目坚持"西是中非"的西方中心论、"以西释中"，认为资本主义的学术能解决社会主义发展的理论问题，何其荒唐！

3. 贯通经子、超越诸子

只有在贯通经子、超越诸子的基础上重建中国古典政治经济学体系。

汉武帝一统教化"罢黜百家，表彰六经"，恢复三代中央政府学术体系王官学的权威性，功劳是历史性的。但也隐含着巨大的弊端——经学与子学的断裂，中国文化源与流的断裂。结果经学迅猛崛起的同时，子学快速衰落，随着时间的推移，经学本身也逐渐陷入烦琐化、神学化和僵化，成为一潭死水。

宋以后，理学家依照佛教分科判教，将子学异端化，极力贬低诸子，乃至欲焚之而后快。这进一步加剧了子学的衰亡，以对诸子影响甚巨的墨家为例，它的历史就是一部不断散佚的历史。据《汉书·艺文志》，刘向、刘歆父子校勘的先秦《墨子》有71篇。南宋时，已经亡佚9篇，加上目录1篇已不存，只剩下61篇。至明代又散佚了8篇，幸亏重编《道藏》时收录了剩下的53篇，否则《墨子》定会失传，世人再也不知墨学、名学的本来面目。

清末民初，儒学独尊已成明日黄花，在本土考据学和西学的刺激之下，子学才有了复振之势。吕思勉先生1933年出版的《先秦学术概论》总结道："先秦诸子之学，近数十年来，研究者大盛。盖以民气发舒，统于一尊之见渐破，而瀛海大通，远西学术输入，诸子之书，又多足互相印证也。诸子之书，皆去今久远，非经校勘注释不能明。昔时留意于此者少。清代考证学盛，始焉借子以证经，继乃离经而治子。校勘训释，日益明备。自得西学相印证，义理之焕然复明者尤多。[1]

---

① 《吕思勉文集：先秦学术概论》，译林出版社，2016，第14页。

不幸的是，由于民国以后受教育的一代不复读经，经典学习无童子功，以及新的"儒家独尊"再度确立，儒学近乎成为中国文化的代名词，经学、子学研究再度沉沦，至于今日。所以我们欲完成中国文化的真正复兴，非复兴黄老、法家中蕴含的中国古典政治经济学不可。

清末民初，西学排山倒海般地东进，除了当时救亡图存的严峻现实，与儒家文化不能为中国工业化提供思想资源有关。

现代西方人文社会科学是在牛顿物理学范式的影响下形成的，其（数学）形式上的简明和逻辑上的严谨让中国学人耳目一新，中国本土以书分类的弱点突显。1918 年蔡元培为胡适《中国哲学史大纲》所作的序言中清楚表达了时人对本土文化的普遍认识："我们今日要编中国古代哲学史，有两层难处。第一是材料问题，周秦的书真的同伪的混在一处。就是真的，其中错简错字又是很多。若没有做过清朝人叫作'汉学'的一步功夫，所搜的材料必多错误。第二是形式问题，中国古代学术从没有编成系统的记载。《庄子》的《天下篇》，《汉书·艺文志》的《六艺略》《诸子略》，均是平行的记述。我们要编成系统，古人的著作没有可依傍的，不能不依傍西洋人的哲学史。所以非研究过西洋哲学史的人不能构成适当的形式。"[1]

百年之后我们知道：为了"形式上"的简洁将中国本土学术作为西学的材料进行整理，"以西释中"是错误的学术路线，结果是灾难性的。民间将人死后不入棺椁直接入土埋葬称为软埋，据说软埋之人不能转世。今天我们才逐渐醒悟，胡适等人将活生生的中国本土学术史学化、僵尸化，并以西方学术形式肢解（整理）国故正是文化上的"软埋"——当前，这已成为中国文化复兴的主要障碍。

我们所要做的，是贯通经学和子学，重新连接中国文化的源与流，找到子学之源，开通经学之流；融汇诸经、融汇诸子，进而重建中国古典学术体系。

贯通经子，因为经学是诸子百家的公共经典，诸子百家都是传承经学的流派。所以《汉书·艺文志》小结诸子说："今异家者各推所长，穷知究

---

① 蔡元培：《中国哲学史大纲序》，收入北大元培学院编《大学教育》，北京出版社，2018。

虑，以明其指，虽有蔽短，合其要归，亦《六经》之支与流裔。"唐代颜师古注："裔，衣末也。其于《六经》，如水之下流，衣之末裔。"

以纵横家为例。位列孔门四科中的言语科，被称为纵横家之祖的子贡就身通六经（六艺）。另据《战国策》，著名纵横家苏秦曾引经学《尚书·周书》，正是因为他苦读《周书》，才得以游说天下。《史记·苏秦传》记载："苏秦者，东周洛阳人也。东事师于齐，而习之于鬼谷先生。出游数岁，大困而归。兄弟嫂妹妻妾窃皆笑之，曰：'周人之俗，治产业，力工商，逐什二以为务。今子释本而事口舌，困，不亦宜乎！'苏秦闻之而惭，自伤，乃闭室不出，出其书遍观之。曰：'夫士业已屈首受书，而不能以取尊荣，虽多亦奚以为！'于是得《周书》《阴符》，伏而读之。"黄怀信先生指出："《周书》《阴符》，旧读一书，未确。《周书》有不少篇章言为君牧民之道，且含兵书，无疑可以之说当世之君，又苏秦亦自引《周书》语，说明其所伏读必非《周书阴符》，故当分读二书。"[①]

具体以政治学为例，去道德化是政治现实主义的一个重要特征，不仅在国际事务中，也在西方世界的政治实践里，如今民主已退化为无底线党争、为反对而反对的社会分裂机制。

中国古典政治学提出了符合中国大一统政体的德行原则，最早出现在夏商周三代的政治文献汇编《尚书》。《尚书·洪范》据说是传自大禹的治国大法，其中提出了政治的"三德"，包括对平正康宁的人，要以正直方式对待；对倔强不亲附的人，要以强硬的方式对待；对和顺可亲的人，要以温和方式对待。国家首脑要牢牢把握赏罚之权，不能使之旁落，那样会导致社会失序，家国灾难。上面说："平康，正直；强弗友，刚克；燮友，柔克……惟辟作福，惟辟作威，惟辟玉食。臣无有作福、作威、玉食。臣之有作福、作威、玉食，其害于而家，凶于而国。"

到中国古典政治学法家的集大成者韩非子那里，不仅专作《韩非子·二柄》论赏罚，且"三德"已经发展为复杂的无为而治思想。

——对于国家首脑，无为体现为"以虚无为本，以因循为用"，抱法处

① 黄怀信：《逸周书校补注译》（修订本），三秦出版社，2006，前言，第38页。

势，循名责实，让官员各司其职，依法赏罚。《韩非子·主道》解释："明君无为于上，君臣竦惧（竦惧，肃立惶恐——笔者注）乎下。明君之道，使智者尽其虑，而君因以断事，故君不穷于智；贤者勑（通饬，整治——笔者注）其材，君因而任之，故君不穷于能；有功则君有其贤，有过则臣任其罪，故君不穷于名。是故不贤而为贤者师，不智而为智者正。臣有其劳，君有其成功，此之谓贤主之经也。"

——对于各级行政官员，无为体现为如商鞅那样"极身无二虑，尽公不顾私"（《新序论》）。《韩非子·有度》指出，贤人做臣子要效忠元首没有二心。在朝廷不敢推辞贱事，在军队不敢推辞难事；顺从君主的行为，遵从君主的法令，虚心等待命令，不挑弄是非。所以有嘴不因私事而说，有眼不因私事而看，要和君主保持协调一致。上面说："贤者之为人臣，北面委质，无有二心。朝廷不敢辞贱，军旅不敢辞难；顺上之为，从主之法，虚心以待令，而无是非也。故有口不以私言，有目不以私视，而上尽制之。"

下级服从上级，是政治大一统的关键。正是靠这种制度，在新冠疫情中，我们能保证国家层面联防联控工作机制顺利运行，拯救了很多人的生命。尽管我们也付出了一定的社会经济代价，但整体上山河无恙，成为全世界有效控制疫情传播的唯一大国。西方以个人主义和地方自治为基础的政治运作体制，根本无法形成这样涵盖方方面面的协调工作平台。中国在全球抗疫大战中一枝独秀，充分显示了大一统政治在应对危机中的优越性。

今天，我们有必要贯通经子，让中国大一统的政治组织原则和政治德行原则传遍全世界。它不仅能解释今天的伟大成就，也将造福整个人类！

贯通经子，不能如"以西释中"一样，随意肢解诸子百家，而是按照不同门类，拈出其中超越时空的精义。比如我们研究中国古典政治经济学，就要深入研究《尚书》和法家、黄老的关系，因为《尚书》本身就是专述政治经济的，《荀子·劝学篇》说："故《书》者，政事之纪也。"

除了贯通经子，我们还要超越诸子的界线，这样才能恢复中国古典学术体系的系统性。如前文所述，黄老道家和法家根本没有明显分界。

再如名家，除了我们熟知的惠施、公孙龙等名家一派，还有一部分重要内容在《墨子》一书中，集中于《经上》《经下》《经说上》《经说下》《大取》

《小取》墨辩六篇。这是名家的源头，西晋鲁胜《墨辩注·叙》中说："墨子著书，作《辩经》以立名本，惠施、公孙龙祖述其学。"

《汉书·艺文志》收录名学七家，三十六篇。目前只存三家:《邓析子》、《尹文子》和《公孙龙子》。《邓析子》一般认为是伪书，《尹文子》内容庞杂，真正讨论名家核心理论的只有《公孙龙子》6篇;若我们不参考《墨辩》诸篇，先秦留下的诸多古老逻辑论题几乎无解。足见墨家对于名学研究的重要。[①]

又，法家亦称"刑名法术之学"或"刑名之学"，这里"刑"通"形"，可以说名学是法家的逻辑基础。

中国古典学术体系源于夏商周三代大一统的中央政府，所以其外在构成最为系统，内在理路最为清晰。只是因为过去两千年来，经子断裂、诸子争鸣，才导致道术为天下裂，内圣外王、内养外用一以贯之的大道隐而不明。近代西学东进浪潮涌动，中国古典学术并未因之重见光明，反陷更深黑暗，成为西学任意宰割的散乱材料，其义理内涵惨遭曲解，价值意义模糊不彰!

恢复中国古典学术，特别是以经学 – 黄老为主导的中国古典政治经济学，是时代赋予我们的历史使命。这一重大课题，需要最端正的用心，最艰辛的探索。那些叶公好龙式、蜻蜓点水式的研究可以充斥版面，可以随意列出一、二、三、四，却不能找到问题的大本大源，更不能服天下之心、动天下之心!

---

① 翟玉忠:《正名:中国人的逻辑》，中央编译出版社，2013，第 267–277 页。

道术一贯

环顾全球，21世纪科学、物质上的进步可谓日新月异，但在人文领域，人类仍未摆脱野蛮状态。此时此刻，巴以冲突正在吞噬太多无辜的生命。长期被压迫的加沙地带缺乏的不再仅仅是食物、水和药品，还有裹尸布！那里的医院成了丧命的"万人坑"，那里是名副其实的"儿童坟场"，很多父母提前在孩子身上写上名字，以便孩子被炸死时还能认出自己的亲骨肉……

人类急切需要一种持久和平与发展机制，在西方发达物质文明的视野之外，我们看到中华道术不仅是维系中华民族生生不息的学术基础，也是维护全人类持久和平与发展的理论基石。这是多年来，我们努力阐扬以孔门四科为主体的内圣外王知识体系——中华道术的原动力。

中华道术是与大一统的政治体制相表里的大一统学术体系，一种关于天与人、宇宙自然与社会人生的整体学问，先哲称之为内圣外王之道。它不是简单的"中国的文化"！而是由先哲阐述、诞生于中华大地的普世真理。在对宇宙人生奥秘的探求中，先哲发现了生生不息、可持续发展的社会道路，这是中华文明五千年从未断流的内因；发现了行善、智慧、安乐"三位一体"的生活方式，它比任何宗教都更具普世价值。

第十一章　中国文化是解决世界和平与发展问题的金钥匙

中国文化是中国人安身立命、安邦治国的根本，因其道法（万物之）自然、王者无外的天下观念，也使它成为人类安身立命、安邦治国的重要思想资源——为全球化时代的世界提供了新的文明范式。

面对冲破文明底线的巴以冲突，面对二战后确立的国际秩序的解体以及越来越严重的生态资源危机，面对西方人文社会科学解决这些问题的苍白无力，太多有识之士在寻找取代西方文明的新路。

实践是检验真理的唯一标准。过去五千年来维系了持久和平和持续发展的中国文化，成为解决世界和平与发展问题的金钥匙。

1. 维系人与自然动态平衡的礼义文明

从尧舜禹汤到 21 世纪，中国是如何生生不息、绵延不绝，今天再度雄起于世界东方的呢？关键是它在内部维系了社会系统的平衡，在外部维系了生态系统的平衡，前者是后者的前提条件。进而言之，没有社会系统内部的平衡，人与自然的平衡终将被打破，生态系统走向崩溃。

这种维系人与自然的动态平衡体系，先贤称之为礼，中国人称自己"礼义文明"！

战国末年贯通百家的荀子就注意到人类欲望的无穷性和自然资源有限性之间的矛盾，他认为解决此一矛盾的根本在于区别确定人们的社会职责（名分），用以调节人类的欲望，满足人们的物质需要，使物质资源和人类欲望在互相制约中均衡增长——欲望、消费不超过资源承载力，资源不因欲望、消费而枯竭，这就是礼的起源。《荀子·礼论》说："礼起于何也？曰：人生而有欲；欲而不得，则不能无求；求而无度量分界，则不能不争；争则乱，乱则穷。先王恶其乱也，故制礼义以分之，以养人之欲，给人之求，使欲必不穷乎物，物必不屈（屈，竭尽——笔者注）于欲，两者相持而长。是礼之所起也。"

在具体操作层面，作为中华世界一切社会活动的总和——礼的原则被贯彻到生产生活的方方面面，节制资本、节制消费、节制欲望是礼制的重要内容。因此，早在三千多年前，我们就有了严格的环境生态法规，目的不是站在生态之外"保护环境"，而是参赞天地之化育，促进天地自然的可持续发展，所谓"育之以时，而用之以节"。（《汉书·货殖列传》）

《逸周书·文传解》是周文王临终前，向太子发（周武王）讲述的治国大法，其中谈到如何根据自然的生产周期从事生产：山林不到季节不举斧子，以成就草木的生长；河流湖泊不到季节不下渔网，以成就鱼鳖的生长；不吃鸟卵不吃幼兽，以成就鸟兽的生长。打猎有季节，不杀小羊，不杀怀胎的牛。牛犊不拉车，马驹不驱使。土地不失其所宜，万物不失其本性，天下不失其时令。"山林非时不升斤斧，以成草木之长。川泽非时不入纲罟，以成鱼鳖之长。不麛（麛，mí，幼鹿，这里泛指幼兽——笔者注）不卵，以成鸟兽之长。畋猎唯时，不杀童羊，不夭胎牛，不服童马，不驰不骛，泽不行害，土不失其宜，万物不失其性，天下不失其时。"

这里的"时"，就是《礼记·礼运》说的"夏时"，后世月令的鼻祖《夏小正》，它是社会各阶层（包括天子）都要遵守的律令、规则，后世月令不乏与生态环境保护有关的内容。比如《吕氏春秋·孟春纪第一》载：春天第一个月要修订祭祀的典则，祭祀山林河流不用母牲做祭品。禁止砍伐树木，不许捣翻鸟巢，不许杀害幼小的禽兽，不许捕捉小兽和掏取鸟卵，不得聚集民众，不得建立城郭，要掩埋枯骨尸骸。"乃修祭典，命祀山林川泽，牺牲无用牝，禁止伐木；无覆巢，无杀孩虫、胎夭、飞鸟，无麛无卵；无聚大众，无置城郭，掩骼霾髊（霾，通'埋'；髊，cī，腐骨——笔者注）。"

作者还指出，若在本月施行其他季节的时令，会导致灾难性结果。比如孟春如果执行应在夏天发布的政令，风雨就不能正常来去，草木会过早地干枯，人民会感到惶恐。"孟春行夏令，则风雨不时，草木早槁，国乃有恐"。

人类一味追求物欲的满足，不用礼义法度节制自己，结果人类定会灭亡。荀子指出，如果只看见生，这样的人就一定会死；如果只看见利，这样的人就一定会受到损害；如果只喜欢懒惰苟且偷安，这样的人就一定会遇到危难；如果只纵情作乐满足物欲，这样的人就一定会灭亡。《荀子·礼论》说："故人苟生之为见，若者必死；苟利之为见，若者必害；苟怠惰偷懦之为安，若者必危；苟情说（说：通'悦'——笔者注）之为乐，若者必灭。"

所以，荀子提出了礼的三个根本，天地自然作为根本，奠定了经济生活的基础，这是20世纪后半叶环境保护运动兴起后，西方人才醒悟到的现实。《荀子·礼论》说："礼有三本：天地者，生之本也；先祖者，类之本也；君师（君师，天子——笔者注）者，治之本也。无天地，恶生？无先祖，恶出？无君师，恶治？三者偏亡（偏亡，犹言部分缺失——笔者注），则无安人。故礼，上事天下事地，尊先祖而隆君师。是礼之三本也。"

2. 社会平衡的重心、集权而非极权的中央政府

祖先是种族的根本，这好理解。为何说天子是礼的根本呢？因为天子作为国家元首是社会统一公正的象征，社会平衡的重心。一个社会失去重心，必将陷入混乱。先贤认为天下秩序的根本是社会重心的稳固，而非代表不同利益集团的权力制衡，这是东西方政治文化重要的不同点。

古人称超越党派、建立吸纳社会各阶层的强大中央政府为"建中立极"。成书于周代早期的《尚书·洪范》将"建其有极"作为治国大法的核心，指出："无偏无党，王道荡荡（荡荡，宽广的样子——笔者注）；无党无偏，王道平平；无反无侧，王道正直。会其有极，归其有极。"就是说不要有偏私，不要结朋党，王道是宽广的。不要结朋党，不要有偏私，王道是平坦的。不要背离法度，王道正直！大家要团结在中央政府之下，坚持大中之道。

同所有现代国家一样，中国自四五千年前就是中央集权的国家，且集权程度有加大的趋势，表现为政府的复杂化，官员数目的增加。据《礼记·明堂位》，有虞氏（舜王朝）有官五十人，夏后氏有官一百人，殷代有官二百人，周代有官三百人。"有虞氏官五十，夏后氏官百，殷二百，周三百。"

但集权不是极权，中国的皇帝制度要求国家元首依法依礼行为，且对全体人民负有无限责任，包括教化责任，所以天子又称君师。

过去一百多年来，学人习惯于用"极权""专制"形容中国传统政治制度，乃至形容继承了大一统国家的当代政治体制，这是对历史和现实的极大

误读，是思想自我殖民的产物。事实上，只是在 1901 年以后，将中国政体归为"专制"才流行起来，并利用它作为批判现实的武器，当时并没有多少人关心其学理上正确与否。清华大学人文学院侯旭东教授详细梳理了中国古代专制主义说，痛心地写道："'中国专制'说从出现到流行于中国学界与社会的历程是中国近代遭遇危机背景下国人思想上经历西方理论殖民的一个缩影。如果说中国在现实中仅仅是半殖民化，但在思想观念上受到的殖民却更加严重。近代中国学术可以说几乎都是在西方的刺激下形成的（其中不少是取道日本而获得的），许多基本前提与判断，和'中国专制'说一样，都是没有经过认真的论证就接受下来，作为学术积累与流行观念的基础。追根溯源，这类中国观大多不是在科学研究基础上形成的，加以西方'东方主义'的歪曲，其中的问题必然不少，不可等闲视之。"[①]

国家元首"天子"具有排他性的权威，却不能超越道及由道衍生的法律，且必须对人民负无限的责任，中国人干脆称官员为"父母官"，因为父母对子女的责任近乎是无限的。"大同"是中华治道的最高理想，也是千百年来国人的基本价值观。《礼记·礼运》论及尧舜天下为公的大道流行之世时说，那时根据功绩，选贤任能，彼此间讲究信誉，和睦相处。人们不只把自己的亲人当亲人，不只将自己的子女当子女。使老年人能安度晚年，壮年人都有活干，矜寡孤独和残废有病的人都能得到照顾，男子都有职业，女子适时而嫁。"大道之行也，天下为公。选贤与能，讲信修睦。故人不独亲其亲，不独子其子，使老有所终，壮有所用，幼有所长，矜寡孤独废疾者，皆有所养。男有分，女有归。"

这里，国家管理责任甚至延伸到了适时婚配层面！

3. 西方治道不是先进的，而是危险的

中国传统的选举制度不是通过几年一度的多党竞选，而是通过复杂且频繁的考绩问责，让官员对人民负责。《尚书》最早的篇章记尧舜时代政治，

---

① 侯旭东：《中国古代专制主义说的知识考古》，收入《近观中古史：侯旭东自选集》，中西书局，2015。

其中屡次提及考绩问责。《尚书·尧典》中有"敷奏以言，明试以功，车服以庸"，《尚书·皋陶谟》作"敷纳以言，明庶以功，车服以庸"，又《左传·僖公二十七》赵衰引《夏书》作："赋纳以言，明试以功，车服以庸"，三者文字略有不同，但都体现了选贤与能、循名责实、以法赏罚的基本政治原则。在舜王朝，"三载考绩"，每三年考察官员的政绩，据此进行表彰惩罚已成定制。

反观西方多党制民主选举，代表特殊利益集团的党派以民选的方式剥夺了人民的政治权力。因为投票根本不是问责，无人能撼动特殊利益集团在社会中的地位——无论哪个候选人上台！无论哪个在任者垮台！

我们看美国政府处置此次新冠疫情就知道，尽管死了上百万人，但事实上没有一个州长，一个联邦政府官员被问责。特朗普竞选连任失败也很难说是因其疫情处置不当，而是经济政治等多种因素造成的。

西方学者习惯于将中国元首想象为无法无天，凌驾于法律之上的帝王，理由是中国缺乏西方那样的一神或多神超验性宗教，把最高权力者与老百姓一样变成了神的子民，一同受宗教法规的约束。美国政治学者弗朗西斯·福山认为："宗教权威的分开存在，使统治者倾向于承认，自己不是法律的最终来源。弗雷德里克·梅特兰坚信，没有一位英国国王认为自己高于法律。但这不适用于任何一位中国皇帝，因为没有一条法律是他们承认的，除非是自己的金口玉言。在这方面，像印度的拉贾（raja，旧时印度的邦主，王公——笔者注）和刹帝利、阿拉伯和土耳其的苏丹，基督教君主同意自己身处法律之下。"①

这完全是对中国古典政治的无知。在中国文化中，取代西方上帝位置的是道。道在人间的体现就是法，任何人都身处法律之下，即使作为"执道者""（以道）生法者"的君主也是一样。《管子·任法》指出："有生法，有守法，有法于法。夫生法者，君也；守法者，臣也；法于法者，民也。"《慎子·逸文》说："以力役法者，百姓也；以死守法者，有司也；以

①　弗朗西斯·福山：《政治秩序的起源：从前人类时代到法国大革命》，广西师范大学出版社，2014，第247页。

道变法者，君长也。"黄老经典《黄帝四经·经法·道法》说："道生法。法者，引得失以绳，而明曲直者也。故执道者，生法而弗敢犯也，法立而弗敢废也。"

《管子·任法》直接将"法"定义为："君臣上下贵贱皆发（发，通"法"——笔者注）焉。故曰'法'。"《慎子·逸文》说："法者，所以齐天下之动，至公大定之制也。"《韩非子·外储说右下》干脆将"君"定义为："人主者，守法责成以立功者也。"

元首作为人民长远和整体利益的最终维护者，当效仿大道，无私无我，均平天下，普施万类，防止任何代表特殊利益集团的朋党或党派形成，这样才能保证法律的中正，治道的贯彻。《韩非子·扬权》论证说："道不同于万物，德不同于阴阳，衡不同于轻重，绳不同于出入，和不同于燥湿，君不同于群臣。凡此六者，道之出也。道无双，故曰'一'。是故明君贵独道之容（容，犹言样子、模式——笔者注）。"

所以千百年来，反对"兼并""下相役"，反对特殊利益集团剥削人民，是历代王朝不变的政治主题。这使中国没有陷入西方国家"以资为本"，资本特殊利益集团近乎垄断一切的极端。

资本的本质特征是逐利性，逐利就要不断刺激消费，而刺激消费的最便捷方式就是掠夺资源，从事战争。这就是为什么，不受节制的资本使世界长期动荡不安的原因。

战争总会使"军工复合体"（MIC，Military industrial complex，由军队、军工企业和部分美国国会议员组成的庞大利益集团）赚得盆满钵满。以最近的俄乌冲突为例，在战争开始的一周之内，美国就向乌克兰提供了近1.7万枚"毒刺"防空导弹和"标枪"反坦克导弹，而约有18名美国国会议员及其夫人持有制造"毒刺"和"标枪"导弹的军火公司股份。尤其是雷神公司和洛克希德·马丁公司，预计这两家军火商将因此获得高达数十亿美元的巨额利润。[①]

---

① 哈利勒·阿纳尼：《美国的战争掮客》。网址：https://chinese.aljazeera.net/opinions/2022/4/5/%E7%BE%8E%E5%9B%BD%E7%9A%84%E6%88%98%E4%BA%89%E6%8E%AE%E5%AE%A2，访问日期：2022年9月29日。

西方国家内部的分权制衡及国际的实力均势，由于缺乏真正的政治中心和稳定重心，使其长期处于社会分裂和国家战争之中。美国从未真正实现民有、民治、民享，多数时间里是一种吸血的权贵资本主义，掠夺性的垄断资本主义，是经济学家约瑟夫·斯蒂格利茨所说的：1% 有、1% 治、1% 享——铁的事实证明，西方治道不是先进的，而是危险的，无论在学理上还是在现实中都是这样。

以"建中立极"维系社会系统的和平，以礼义法度维系生态系统的平衡——给出了 21 世纪解决世界和平与发展问题的中国方案，为人类文明提供了新范式。

该范式基于中国人五千年的文明实践和五千年的学术传统，相对于其他尚在襁褓中挣扎的模棱两可的可替代道路，这是怎样非凡与宝贵啊！

在此意义上，践行中国文化就是救世！

第十二章　中国文化是诞生于中华大地的普世真理

我们复兴中国文化，自己先要有一份觉悟和信心，中国文化不是简单的"中国的文化"，而是普世真理。这样我们才会理解中国文化在人类文明中的重要地位，及其重大时代意义。

1. 从宏观整体角度探究宇宙万物的基本法则

中国文化是由先哲阐述、诞生于中华大地的普世真理。为何这样说？因为先哲"推天道以明人事"，从宏观整体角度探究宇宙万物的基本法则，用以说明社会人生的正确道路，提示了物质世界和社会人生的共通规律、演化路线。

《道德经·第三十五章》说："执大象，天下往。"在古人的心中，"象"指用一种简单显明的事物比方那种不易察觉、难以明说的事物或道理。《易传·系辞上》："圣人有以见天下之赜（赜，zé，幽深难见——笔者注），而拟诸其形容，象其物宜，是故谓之象"把握了事物的宏观整体规律，也就掌握了普世真理，人们因此才会认同向往。掌握普世真理会给人带来安乐和平，犹如听到美妙音乐和看到美食一样，我们会为之止步。所以《道德经》接着说："往而不害，安平太。乐与饵，过客止。"

在对宇宙人生普世真理的探求中，先哲发现了生生不息、可持续发展的社会道路，这是中华文明五千年从未断流的内因；发现了行善、智慧、安乐"三位一体"的生活方式，它比任何宗教都更具普世价值。

宗教的基本特点是要有所"宗"，比如基督教，它打破了犹太教种族的藩篱，给予人人得救的可能，使之成为超越族群的世界性宗教。同时基督教又极度排他，对于不信仰上帝的人来说，它的普世性立刻失灵；中国文化不是这样，"道法自然"，根据宇宙自然规律阐述的社会人生哲理必然是普世的、非排他的，因为人人都生活在天地之间，不存在"天地外"的人。犹如牛顿物理学，尽管牛顿爵士是英国人，但牛顿物理学属于全世界，具有超越时空的普世真理性——随着理论物理学的不断进步，在21世纪人类时空观已有很大改变的今天，仍然是这样。

人生活在天地之中，所能接触的最大现象当然就是天和地，《易经》中为"乾"和"坤"两卦。圣人通过对天地、远近诸事物的细致观察，将之归为八大类（八卦），用以描述万事万物的神妙变化，真实状况。这种从宏观整体角度归纳普遍规律的作法，与古希腊时代起西方文化否定现象探求本质的思维方法迥异，锚定了中国文化独特而稳健的发展道路。《易传·系辞下》将这种看待事物的方式上推到伏羲时代："古者庖牺（庖牺即伏羲——笔者注）氏之王天下也，仰则观象于天，俯则观法于地，观鸟兽之文，与地之宜，近取诸身，远取诸物，于是始作八卦，以通神明之德，以类万物之情。"

"执天地之大象"，通过对天地的细微观察，先哲总结出了宇宙人生的三大基本原则，即东汉经学家郑玄所说的《易》三义。唐代孔颖达《周易正义·序》引郑玄："《易》一名而含三义：'易简'一也，'变易'二也，'不易'三也。"

"《易》三义"分别从德性（特性）、气化和名位三个角度阐释宇宙人生至道。《易传·系辞上》开篇解释"不易"：天尊且高，地卑且低，乾坤上下的位置于是确定。卑低、尊高一经形成，上下贵贱就各居其位。天的动和地的静有一定规律，阳刚阴柔就判然分明。各种观念以门类相聚合，各种事物以类别相区分，吉凶由此产生。"天尊地卑，乾坤定矣。卑高以陈，贵贱位矣。动静有常，刚柔断矣。方以类聚，物以群分，吉凶生矣。"《易纬·乾凿度》也说："不易者，其位也。天在上，地在下。君南面，臣北面。父坐子伏，此其不易也。"

由天地的位置推演出社会上下秩序——这种秩序不仅对中国古代重要，对于当今世界同样重要。因为上下级关系是一切社会秩序的基础。

谈到"变易"，《易传·系辞上》解释说：在天上的为诸象，在地下的为各类形体，事物变化的道理从中显现。阳刚阴柔互相交感，八卦推移变动，犹如雷霆在鼓动，风雨在润泽，日月往来运行，出现寒暑交替。又如乾道化育男性，坤道化育女性。"在天成象，在地成形，变化见矣。是故刚柔相摩，八卦相荡。鼓之以雷霆，润之以风雨；日月运行，一寒一暑。乾道成男，坤道成女。"《易纬·乾凿度》："变易者，其气也。天地不变，不能通气。五行迭终，四时更废，君臣取象，变节（变节，转换时节——笔者注）相移，能消者息，必专（必专，不知变化自大专权——笔者注）者败，此其变易也。"

这也是取法自然，要求君主能够礼贤下士，若不知变化之道，狂妄自大，结果只能如商纣王一样灭亡。

《易传·系辞上》这样解释"简易"：乾体现于太初之始，坤体现于生成万物。乾以平易为人所知，坤以简约见其功能。平易就容易使人明了，简约就容易使人跟从；容易明了则易于亲近，容易跟从则可建功绩；有人亲近事业就能长久，建功绩立身就能弘大；事业长久是贤人之德，立身弘大是贤人之业。所以，明白乾坤的平易简约，天下道理就懂得了，行为处事就处处合宜。"乾知（知，意思是为——笔者注）大始，坤作成物。乾以易知，坤以简能；易则易知，简则易从；易知则有亲，易从则有功；有亲则可久，有功则可大；可久则贤人之德，可大则贤人之业。易简，而天下之理得矣；天下之理得，而成位乎其中矣。"《易传·系辞下》还有："夫乾，确然（确然，刚健的样子——笔者注）示人易矣；夫坤，隤然（隤，tuí；隤然，柔顺的样子——笔者注）示人简矣。"《易纬·乾凿度》："易者，其德也。光明四通，简易立节，天以烂明，日月星辰，布设张列，通精无门，藏神无穴，不烦不忧，淡泊不失，此其易也。"

简易无为之道，是成就事业人生的不二法门，也是道法自然，从乾坤特性推演出来的。东汉郑玄的注释"通精无门，藏神无穴"说："天下之性，莫不自得也。"由博返约——大道至简，大业至简，真是这样啊！

2. 中华文明蓝图主要存于经学和诸子之中

超越西方主流的线性变化时空观，兼具复杂性与包容性，"易简""变易""不易"三大基本原则构成了中国人时空观念的基础。世界不断运动变化，从未止息。但从名位、秩序（理）角度，却有不变存在，它们保存于经典之中。经典是文明的蓝图和基因，即《庄子·天下篇》与专门之学"方术"相对的"道术"，陈鼓应先生说："所谓'道术'，就是对于宇宙人生作全面性、整体性的把握的学问。"也是"最高的学问"。①

《庄子·天下篇》指出道术主要存在于经学和诸子百家之中。六经之学为主导教化的儒者（"邹鲁之士、搢绅先生"）所研习，其他诸子百家也常常提到道术。文中说：古代掌握道术的圣人内养外用十分圆融。他们合于神明，效法自然，养育万物，泽及百姓，以天道为根本，以法度为末节，六合通达四时顺畅，无论小大精粗，其影响无所不在。古时候的道术蕴含于法规制度中的，很多还保存在旧制度和传世史书中。保存于《诗》《书》《礼》《乐》的，邹鲁一带的学者和缙绅先生们大都知晓。《诗》用来表达心志，《书》用来记载事情，《礼》用来规范行为，《乐》用来调和，《易》用来说明阴阳，《春秋》用来正名分。其散布于天下应用于中国的，百家之学也常常提到它。"古之人其备乎！配神明，醇（醇，准的意思——笔者注）天地，育万物，和天下，泽及百姓，明于本数，系于末度，六通四辟，小大精粗，其运无乎不在。其明而在数度者，旧法、世传之史尚多有之；其在于《诗》《书》《礼》《乐》者，邹鲁之士、搢绅先生多能明之。《诗》以道志，《书》以道事，《礼》以道行，《乐》以道和，《易》以道阴阳，《春秋》以道名分。其数散于天下而设于中国者，百家之学时或称而道之。"

在庄子所处的战国时期，蕴含在经学和子学中的道术已经开始散裂，百家之学各主一方，比如儒家主要重视教化，道家主要重视社会治理，名家主要重视言语逻辑等。《庄子·天下篇》感叹：内圣外王之道暗而不明，抑郁而不发挥，人们各尽所欲自以为是。可悲啊！百家各行其道而不知其源，必定不复再相合和。后世学者不幸不能见到至上真理和古人学问的全貌——道术将被天下诸学所割裂！"是故内圣外王之道，暗而不明，郁而不发，天下之人各为其所欲焉以自为方。悲夫！百家往而不反，必不合矣！后世之学者，不幸不见天地之纯，古人之大体。道术将为天下裂。"

《庄子》的作者不会想到，随着汉武帝听从一代儒宗董仲舒的建议，"罢黜百家，表彰六经"，子学沉沦，以及近代西方学术分科不断细化，中先贤内圣外王统一的知识体系已经碎片化至不可辨识的程度。道术的根本，国家的

---

① 陈鼓应：《庄子今注今译》，商务印书馆，2007，第979页。

大法——经学成了历史陈迹。

经孔子筛选编定的六经是中国的精神血脉，是垂范万世的大宪章。如同没有精神灵魂何以言人类——没有经学何以言中国及中国特色！所以清代《四库全书总目提要·经学总叙》开篇即说："经禀圣裁，垂型万世，删定之旨，如日中天。"

章太炎先生（1869—1936）不仅是一位民主革命家，还是一位国学大师。日本侵华战争前夜，他以自己的革命经历和政治敏感性，意识到日本侵华迫在眉睫，以及经学对于凝聚民心国力的核心作用。今日读来，仍让人惊醒："《春秋》三传虽异，而'内诸夏，外夷狄'则一。自有《春秋》，吾国民族之精神乃固，虽亡国者屡，而终能光复旧物，还我河山，此一点爱国心，蟠（蟠，pán，遍及——笔者注）天际地，旁礴郁积，隐然为一国之主宰，汤火虽烈，赴蹈不辞，是以宋为元灭而朱明起，明为清灭而民国兴。余身预革命，深知民国肇造，革命党人之力，盖亦微矣，其最有力者，实历来潜藏人人胸中反清复明之思也。盖自明社既屋，亭林、船山诸老倡导于前，晚邨（邨，cūn，同"村"；晚邨，吕留良别号——笔者注）、谢山（谢山，全祖望的号——笔者注）诸公发愤于后，攘夷之说，绵绵不绝，或隐或显，或明或暗，或腾为口说，或著之简册，三百年来，深入人心，民族主义之牢固，几如泰山磐石之不可易，是以辛亥之役，振臂一呼，全国响应，此非收效于'内诸夏，外夷狄'之说而何？方今天方荐瘥（荐瘥，jiàn chài，深重的灾祸——笔者注），载胥及溺（载胥及溺，语出《诗经·大雅·桑柔》，意为相率落水——笔者注），满洲亡而复起，日人又出其雷霆万钧之力以济之，诸夏阽危（阽危，diàn wēi，面临危险——笔者注），不知胡底。设或经学不废，国性不亡，万一不幸，蹈宋明之复辙，而民心未死，终有祀夏配天（祀夏配天，犹言中华复起——笔者注）之一日。"[①]

今天许多学人以为史学可取代经学，他们已经到了不知经学为何物的境地。须知经学如一件新家电之说明书，而史学如一家电之发展史。我们欲使用一家电，不读说明书，而去探究此家电之发展史——何其荒唐迂腐！

① 章太炎：《论读经有利而无弊》，《章氏星期讲演会记录》1935年第3期。

3. 超越汉宋，复兴内圣外王一以贯之的道术

21 世纪之中国，已经不是两千多年前的"道术将为天下裂"，而是道术陆沉！

经学多明道，子学多言术。当务之急，是贯通经子，恢复内在道德修养与外在经世济民一以贯之、内养外用圆融不二的道术！大《六经》工程超越了汉学和宋学，回归先秦"道术未为天下裂"的学术形态。

汉学的歧路在罢黜百家，宋学的歧路在以佛释儒。

如果说经学是源，子学则为流。子学是经学在社会功用不同层面的细化和发展，没有经学滋养，子学会成为无源之水；抑制子学，经学会成为死水一潭。《抱朴子外篇·尚博》指出："如果正统经典是道义的深渊大海，诸子则是增加它深度的河流。仰望天空为喻，经书与诸子的关系如同杂星陪衬日月星辰；俯视大地为喻，二者如同丛生的草木有益嵩岳一样。虽途径不同，但在通向德行这点上一致；虽然起点有所区别，但振兴教化上相同。"正经为道义之渊海，子书为增深之川流。仰而比之，则景星之佐三辰也；俯而方之，则林薄之裨嵩岳也。虽津途殊辟，而进德同归；虽离于举趾，而合于兴化。"

汉武帝文武兼备，雄才大略。为了打造族群认同，他开利禄之途，"罢黜百家，表彰六经"，结果极大抑制了子学的发展。失去子学支撑，一家独大的经学很快走向烦琐、神秘和僵化。西汉一代，今文经学家解经四字至三万言，谶纬哲学乌烟瘴气，抱残守缺垄断学林。表面上经学大兴，实际上先秦经学生机殆尽！

至宋代，理学家学习佛教的外道、道统、本心、悟后起修等观念，将诸子异端化，诸子百家成了"政治不正确"，烧书废弃之声不绝于耳。清代四库馆臣将法家视为反面教材，认为这是最好的废除方法，何其迂腐。"刑名之学，起於周季，其术为圣世所不取。然流览遗篇，兼资法戒。观於管仲诸家，可以知近功小利之隘；观於商鞅、韩非诸家，可以知刻薄寡恩之非。鉴彼前车，即所以克端治本。曾巩所谓不灭其籍，乃善於放绝（放绝、废弃、废除——笔者注）者欤。"（《四库全书总目提要·法家类叙》）

我们超越汉宋之学，实际是重新沟通了中国文化的源与流、经与子。以

六经为纲，复兴蕴含于经子中的、内圣外王一以贯之的"道术"。

过去 20 年来（2003—2023），我们一直在作重新统一道术的工作，以孔子所传"孔门四科"德行、政事、文学（经学）、言语为纲，对德行、政事、言语三科已作了初步整理。先秦"孔门四科"强调孔子门徒在这四个方面有优异表现，我们将之转化为学术分类方法，这样有利于学术体系的统一。有了这个基础，中国人才能不失自我，立足中国立场放眼看世界——而不是戴着西方学术的有色眼镜看中国。

值得指出的是，我们所说的"孔门四科"，不同于嘉庆、道光年间"经济之学"兴起后清儒提倡的"儒学四门"。曾国藩（1811—1872）曾以"孔门四科"解释清代"儒学四门"，他说："为学之术有四：曰义理，曰考据，曰辞章，曰经济。义理者，在孔门为德行之科，今世目为宋学者也。考据者，在孔门为文学之科，今世目为汉学者也。辞章者，在孔门为言语之科，从古艺文及今世制义诗赋皆是也。经济者，在孔门为政事之科，前代典礼、政书，及当世掌故皆是也。"[1]

一代名臣大儒曾国藩显然已经不知"言语""文学""德行""政事"为何物了，他的类比简直是驴唇不对马嘴——清末中国文化精华破败如此！

统一道术本身就是文化奇迹。作为普世真理，内圣外王一以贯之的道术在全球范围内的传播将创造一个崭新的未来。

让我们从事于此道吧！

"从事于道者同于道"。在此意义上，我们是幸运的，也是幸福的……

---

① 曾国藩：《劝学篇示直隶士子》，见《曾国藩全集·诗文》，岳麓书社，1994，第 442 页。

第十三章　西方科学与中华道术

1. 科学和科学精神不是西方专利

过去几个世纪以来，没有任何一种知识体系对人类社会的影响能与科学相媲美。它不仅改变了我们周遭的一切，也改变了我们认知自身及社会的方式。

科学如此盛行，在许多人眼中它简直成了真知的唯一源头，尽管近代科学形成于 17 世纪的伽利略时代（1564—1642）。以至人文社科领域也开始依照科学范式改造自己，结果常常不尽如人意。因为现实社会不同于物理世界，很难进行人为控制和实验验证。

或许因为近代欧洲文明对科学的卓越贡献，所以许多人认为科学和科学精神都是西方专利。越来越多的研究表明，不仅中国的四大发明促进了西方科学的产生，阿拉伯世界的科学和哲学也是催生现代科学的重要因素。美国研究阿拉伯文明的学者乔纳森·莱昂斯指出："就像难以捉摸的将贱金属变成黄金的'万应灵药'（来自炼金术士的用语'al-iksir'）那样，阿拉伯科学将中世纪的基督教世界变得面目全非、难以识别了。这是几百年来欧洲第一次睁开自己的眼睛，放眼观察其周围的世界……阿拉伯人的科学和哲学帮助基督教世界从愚昧无知中解脱出来，并且使真正的西方思想得以形成。"①

阿拉伯人将用理性、哲学看待世界的观念传到了欧洲，欧洲从阿拉伯人那里借鉴了用数学描述自然的方法——这些是现代科学的基础。包括哥白尼写《天体运行论》的时候，也应用了波斯天文学家图斯（Nasir al-Din al-Tusi，1201—1274）的研究成果，因为图斯在 1260 年左右论证其双圆理论的证据，跟 300 年后哥白尼在《天体运行论》中论证同样几何点时所用的证据，其名

---

① 乔纳森·莱昂斯：《智慧宫：阿拉伯人如何改变了西方文明》，新星出版社，2013，第6页。

称一模一样。

当然我们同样不能否定欧洲人对科学的伟大贡献。比如图斯的宇宙仍以地球为中心，哥白尼则将宇宙中心置于太阳附近——这种观念突破是革命性的。

显而易见，即使像科学这样带有深刻西方烙印的文明成果也是人类集体智慧的结晶，中国人没有最早走上现代科学之道，我们应海纳百川、谦虚地向别人学习，而不是如今天有些人所做的那样，以狭隘的民族主义狂热，否定西方科学技术对人类文明的贡献。

说这些人"狭隘"，是因为他们除了否定别人，并不能认识自己的优秀之处。他们不知道近代科学基于数学和实验，而包括中国古典知识体系在内的许多真知基于经验的累积；除了西方现代科学，人类文明还有另一座高峰——中华道术！

2. 人类文明的另一座高峰——中华道术

那是与大一统的政治体制相表里的大一统学术体系，一种关于天与人、宇宙自然与社会人生的整体学问，先哲称之为内圣外王之道。只是因为除了中华文明，人类其他文明仍然以神道为基础，所以这种基于理性、超越不同宗教信仰、不同学术专业、不同地域文化的知识体系长期被埋没，在当今中国它尽乎到了"日用而不知"的地步。

最早描述内圣外王道术知识体系的是《庄子·天下篇》，它直接称道术为内圣外王之道。梁启超（1873—1929）评论道："'内圣外王之道'一语，包举中国学术之全部，其旨归在于内足以资修养而外足以经世。"①

道术知识体系包括哪些方面呢？大致有三：一是古代王朝的典章制度，这在史官那里保存着；二是《诗》《书》《礼》《易》《乐》《春秋》六经，主要保存在邹鲁一带的学者那里；三是诸子百家之学，它们分别包含道术的某一个方面，就是《庄子·天下篇》评论诸子百家时总要说的"古之道术有在于是者"。《庄子·天下篇》："其明而在数度者，旧法、世传之史尚多有之；其

---

① 陈鼓应：《庄子今注今译》，商务印书馆，2007，第859页。

在于《诗》《书》《礼》《乐》者，邹鲁之士、搢绅（搢绅，即插笏而垂绅的儒服——笔者注）先生多能明之。《诗》以道志，《书》以道事，《礼》以道行，《乐》以道和，《易》以道阴阳，《春秋》以道名分；其数散于天下而设于中国者，百家之学时或称而道之。"

不幸的是，早在两千多年前的庄子时代，内圣外王知识体系的分裂已经十分明显，就如同人的各个感官一样，不能相通了。结果道术变成了只研究某一方面学问的"方术"，学者多成为偏于某一专科的"一曲之士"。对于内圣外王的知识体系——道术整体，反而很少有人知道了。所以《庄子·天下篇》的作者才发出"道术将为天下裂"的感叹。

道术决定了中国学术体系会通的特点，崇尚"通儒"。不仅自然科学领域与人文领域相会通，经史子集也互相会通。《礼记·学记》专门讲教育与学习之道，其中明确提出"大德不官，大道不器"，唐代孔颖达解释说："'大德不官'者，大德，谓圣人之德也。官，谓分职在位者。圣人在上，垂拱无为，不治一官，故云'大德不官'也，不官而为诸官之本；'大道不器'者，大道，亦谓圣人之道也。器，谓物堪用者，夫器各施其用，而圣人之道弘大，无所不施，故云'不器'，不器而为诸器之本也。《论语》云'君子不器'，又云'孔子博学而无所成名'是也。"①

钱穆先生总结道："故中国学术乃亦尚通不尚专。既贵学之能专，尤贵其人之能通。故学问所尚，在能完成人人之德性，而不尚为学术分门类，使人人获得其部分之智识。"②

现代西方学术正好与以道术是主体的中国古典学术相反，前者重分科，且随着科学技术的发展及工业社会分工的细化，学科分类越来越细，已经到了严重碎片化的程度。所以，内圣外王的道术知识体系成为西化大学学者怀疑、嘲弄的对象，动不动就以"无条理"、"不专业"视之。"大道以多歧亡羊，学者以多方丧生"（《列子·说符篇》），今天看来真是这样啊！

---

① 李学勤主编：《十三经注疏·礼记正义》，北京大学出版社，1999，第1071页。
② 钱穆：《中国学术通义·序》，九州出版社，2011。

3. 实现人类持久和平与发展需要中华道术

近二十年来，我们一直努力恢复中华道术——内圣外王的知识体系，为国立学，这是中国文化安全与文化强国的基础。其主体可以用"孔门四科"来描述，即重内在智慧修养、为百家所推重的德行科，重外在社会治理的政事科（主要包括黄老、法家），联结内外的言语科（主要包括名家、纵横家），以及这三科的总纲文学科，它以经学的中心。我们发起大《六经》工程，目的在于研究经学，通过经史互参，贯通经子，纲举目张，全面复兴中华古道术——这一人类最为高度发展的知识体系。要知道，在西方世界主导的当代知识体系中，信仰与理性、自然与社会诸多学科间仍存在难以跨越的鸿沟。

也只有中华道术，能够超越西方排他性的地域、宗教文化，成为天下大一统和人类持久和平的黏合剂。2300 年前先贤就阐明了这一点。《司马法》是公元前 4 世纪齐威王时大夫"追论"三代《司马兵法》而作，其重要性不言而喻。其中提到人的性情因地方而不同，通过教化可以形成一个地方的风俗，但风俗各地方也不同，只有道术才能改变一个地方的习俗，实现天下一统，六合同风，世界不再有冲突和战争。《司马法·严位第四》："人方有性，性州异；教成俗，俗州异；道化俗。"宋代兵学家施子美注解说："传曰：'五方之民各有性。故齐性刚，秦性强，楚性弱，燕性悫（悫，què，诚实、谨慎——笔者注），三晋之性和。'是五方各有性也。性虽随其方，人各随其州而异焉。传曰：'以俗教安则人不偷。'故太公在齐尚贤而易俗，伯禽在鲁简礼而因俗，是教能成其俗也。俗虽因于教，亦各随其州而异焉。古者千里不同风，百里不同俗，此性也，所以随州而异也。然天下有不同之民，而圣人有能同之理。大道之行也，天下为公。吾化以道，则天下一统，六合同风，一归于道化之中，而无异政殊俗矣。"[①]

可见，维护中华大一统需要道术，实现人类持久和平与发展需要道术！

环顾全球，21 世纪科学、物质上的进步可谓日新月异，但在人文领域，

---

① 陈曦译注：《吴子·司马法》，中华书局，2018，第 408–409 页。

人类仍未摆脱野蛮状态。此时此刻，巴以冲突正在吞噬太多无辜的生命。长期被压迫的加沙地带缺乏的不再仅仅是食物、水和药品，还有裹尸布！那里的医院成了丧命的"万人坑"，那里是名副其实的"儿童坟场"，死难者中近一半是儿童！很多父母提前在孩子身上写上名字，以便孩子被炸死时还能认出自己的亲骨肉……

人类急切需要一种持久和平与发展机制，在西方发达物质文明的视野之外，我们看到中华道术不仅是维系中华民族生生不息的学术基础，也是维护全人类持久和平与发展的理论基石。这是多年来，我们努力阐扬以孔门四科为主体的内圣外王知识体系——中华道术的原动力。

第十四章　中国学术与西方学术的分野

1. 台北素书楼孤独的呐喊

跨越一个多世纪的历史，我们才清楚：1894 年中国在甲午战争中战败最大的损失并不是北洋舰队的覆灭，而是本土学术的沉沦——甲午之后，西学的涌入成为不可遏止的潮流，西学吞噬了中学。

就在甲午战败后不久，曾在北洋水师学堂任要职的严复发表了《救亡决论》，在这篇影响巨大的文章中，面对儒学（无论汉学还是宋学）应对民族存亡危机的苍白无力，严复转向了西方。在宣言"四千年文物，九万里中原，所以至于斯者，其教化学术非也"的同时，提出"取西学之规矩法戒，以绳吾'学'"。①

严复的目的是救亡图存，拳拳报国之心，力透纸背！结果却是中华文明之根，中国本土学术的消解——这是严复当时没有料到的。

很快，一些有识之士就意识到这种方法有摧毁中华礼义文明之本、中华学术体系的危险。面对"亡天下"的危机，1907 年一群企图折中西学、救亡本土学术的知识分子大声疾呼："中国自古以来，亡国之祸迭见，均国亡而学存。至于今日，则国未亡而学先亡。故近日国学之亡，较嬴秦、蒙古之祸为尤酷。何则，以嬴秦之焚书犹有伏生孔鲋之伦抱遗经而弗堕，以蒙古之贱儒犹有东发（指宋代思想家黄震，宋亡不仕——笔者注）、深宁（指王应麟，南宋灭亡以后，他隐居乡里，闭门谢客，著书立说——笔者注）数辈维古学而弗亡，乃维今之人不尚有旧，自外域之学输入，举世风靡。既见彼学足以致富强，遂消（消，qiào，责备——笔者注）国学而无用，而不知国之不强，在于无学，而不在于有学。学之有用无用，在乎通大义，知今古，而不在乎新

---

① 严复：《救亡决论》，收入《严复集》第一册，中华书局，1986。

与旧之分……彼嬴秦、蒙古所不能亡者，竟亡于教育普兴之世！"①

过去一百多年来，亦曾有钱穆先生那样的有识之士欲挽狂澜于既倒，扶大厦于将倾，但终不能遏住西学排挤中学的汹涌狂潮。今天我们已经知道"治朱子必先通康德""非取法西方文学无以建中国文学"这类主张是愚蠢的，但中国知识分子更多的是对本土学术体系的麻木，多以研究一两本古籍为荣。

让我们聆听八十岁高龄的钱穆在台北素书楼上孤独的呐喊吧！这是一个智者声嘶力竭的抗议：

> 今国人一切以信奉西方为归，群遵西方学术成规，返治中国传统旧存诸学，精神宗旨既各异趣，道途格局亦不一致。必求以西方作绳律，则中国旧学，乃若不见有是处。抑且欲了解中国旧学，亦当从中国旧学本所具有之精神宗旨道途格局寻求了解，否则将貌似神非，并亦一无所知。既所不知，又何从而有正确之批判。
>
> 或又谓时代变，斯学术亦当随而变，此固是矣。不仅西方学术，远自希腊，迄于现代，固已时时有变。即中国学术亦然。自西周以迄先秦，下经两汉，循至于近代，亦何尝不随时有变。如人之自婴孩而成年而壮而老，岂不亦随时有变。然而各有生命，各有个性。我不能变而为彼，彼亦不能变而为我，此则终有其不可变者……故欲复兴国家，复兴文化，首当复兴学术。而新学术则仍当从旧学术中翻新复兴，此始为中国学术文化将来光明一坦途。②

目前我们所要做的最急迫的工作，就是像钱穆先生所说的那样，复兴中国旧学。在本土学术的基础上，借鉴适宜于中国的西方学术成果，开拓出新的中国文化。为防止继续以西学规范中学，我们首先要清楚东西方学术的分野在那里。

---

① 《拟设国粹学堂启》，《国粹学报》第三年第一期。
② 钱穆：《中国学术通义》，台北学生书局，1975，序，第2-3页。

从整体上说，东西方学术的分野可以归为两大方面，首先是思维方式的不同，再就是由思维方式引发的学术范式的不同。

2. 东西方迥异的思维方式

1953 年，爱因斯坦在致斯威泽 (J.E.Switzer) 的信中谈及西方科学成就的基础时，将之归因为古希腊哲学家发明的形式逻辑和文艺复兴时期欧洲科学家采用的实验方法，而这，正是中国先哲所欠缺的，他写道："西方科学的发展是以两个伟大的成就为基础，那就是：希腊哲学家发明形式逻辑体系（在欧几里得几何学中），以及通过系统的实验发现有可能找出因果关系（在文艺复兴时期）。在我看来，中国贤哲没有走上这两步。"[①]

我们不能奢望爱因斯坦对中国 13 世纪以前的科技成就有多么高深地理解，就如同我们不能奢望今天中国的学者理解中国古典学术一样。不过这里爱因斯坦的确发现了东西方学术的分野所在——那就是东西方完全不同的思维方式。对中国人来说，形式逻辑不仅不是正确思维所必须的，而且，形式逻辑本身就意味着危险的思维陷阱——韩非子称之为"离理失术"。

为什么会这样呢？因为中国人注重在主客统一中把握事物的整体性质及其内部的动态平衡，其世界体系是自创的；西方人注重主客的二元对立并在二元对立的基础上发展起了形式逻辑体系，其世界体系是他创的，典型的是上帝创世神话和牛顿的"第一推动力"。

中国哲学中也是阴阳这样的二元偶对体观念，但与形式逻辑中的"A"与"非 A"不同，阴与阳不是截然对立的，而是互相转化，相生相克，最后还是要和合于道，所谓"一阴一阳之谓道"。西方的形式逻辑不是这样，它的三大基本规律是同一律、矛盾律、排中律，强调在同一思维过程中，"A"就是"A"，要么是"A"或是"非 A"，二者必择其一。

对于中国先哲来说，强调"A"或"非 A"只会使思维走向"两末之议"极端，不仅不会发现真理，还会远离真理。

韩非子在论述拥有一般贤能的"中主"抱法处势而治的思想时，明确批

---

① 《爱因斯坦文集》第 1 卷，商务印书馆，1976，第 574 页。

驳了儒家的"贤治"观点。他在指出，不能简单地用两个对立的概念来论证事理，因为代表昏君的桀纣和代表明君的尧舜都是历史上两种极端，是很少出现的，如果等待尧、舜这类贤人来治理当代的民众，就好比一个一百天不吃饭的人非要等待大鱼大肉一样，非饿死不可；针对论者"良马坚车，让奴仆驾驭就要被人讥笑，而让善于驾车的王良驾驭却能日行千里"的比喻，韩非子反驳说，就如同等待善于游泳的越国人来救中原地区落水的人，越人固然善于游泳，但落水的人并不能得救。等待古代的王良来驾驭当今的车马，也好比等越人来救落水者的说法一样，显然也是行不通的。况且驾车，要是不用王良，就一定要让奴仆们把事办糟。治理国家，要是不用尧、舜，就一定要让桀、纣把国家搞乱。就好比品味，不是蜜糖，就一定是苦菜。这些都是堆砌言辞，违背常理，极端化的理论，怎能用来责难那种合乎道理的言论呢？《韩非子·难势第四十》："中且夫百日不食以待粱肉，饿者不活。今待尧、舜之贤乃治当世之民，是犹待粱肉而救饿之说也。夫曰：'良马固车，臧获御之则为人笑，王良御之则日取乎千里'，吾不以为然。夫待越人之善海游者以救中国之溺人，越人善游矣，而溺者不济矣……且御，非使王良也，则必使臧获败之；治，非使尧、舜也，则必使桀、纣乱之。此味非饴蜜也，必苦菜、亭历也。此则积辩累辞，离理失术，两未之议也，奚可以难夫道理之言乎哉？

《淮南子·修务训》反驳非议学习的人时，也指出不能只看极端情况，应该看到学习教化的普遍作用。作者论证说，现实生活中虽然有儿子杀父亲的逆子，但天下的父母并不因此疏远自己的孩子，为何？因为杀父亲的只是极端少数，大多数子女还是孝敬父母的。同样，儒生中也有邪僻之人，但先王之道却始终不曾废弃，为何？因为躬行先王之道的人还是多数。现在如果因为学习者有过错而就因此非议求学之人，这就好像一次被饭噎住便永远拒绝进食，一次绊倒摔疼就一辈子不走路那样，这是糊涂的表现；对良马，不需马鞭、马刺，它也能行走。而对驽马，即使用两副马刺它也不前进。如果因为这样而不用马鞭、马刺来驾御所有的马匹，那就愚蠢了；懦夫手持利剑，砍也砍不断、刺也刺不深；而等到勇士上阵，只需捋袖挥拳一击，便会将对手打得肋骨折断、身体受伤，因此就抛弃干将、莫邪这样的宝剑而空手搏斗，那就荒唐了。这些说法，应该是符合大多数人的习性的。如果不是说到天上，就是说到地下，这是走极端之言，不可以作为公论。"且子有弑父者，然而天下莫疏其子，何也？爱父者众也，儒有邪辟者，而先王之道不废，何也？其行之者多也。今以为学者之有过而非学者，则是以一饱之故，绝谷不食，以一蹪之难，辍足不行，惑也。今有良马，不待策锤而行，驾马虽两锤之不能进，为此不用策锤而御，则愚矣。夫怯夫操利剑，击则不能断，刺则不能入，及至勇武，攘卷一捣，则折胁伤干，为此弃干将、莫邪而以手战，则悖矣。所谓言者，齐于众而同于俗，今不称九天之顶，则言黄泉之底，是两末之端议，何可以公论乎！"

王良／臧获，尧舜／桀纣，饴蜜／苦莱、亭历，九天之顶／黄泉之底，用这些对立的概念讨论事理存在逻辑风险，有时会违背常理，走向极端。然而在20世纪初的白话文运动中，西方人文学科中大量二元对立概念被引入中国，直接影响了当代国人的思想方式。这些概念包括理论／实践、唯物／唯心、民主／独裁、具体／抽象、积极／消极、绝对／相对、主观／客观、肯定／否定等。

今天已经很少人讨论老子是唯物主义者还是唯心主义者了，因为这样的确会走向"积辩累辞，离理失术"的两末之议。但应然／实然，民主／专制，传统／现代，（普世价值的）客观主义／相对主义仍然是诸多知识分子的理论兴奋点——他们对这些人文学术概念背后的逻辑陷阱毫无察觉。

瑞士日内瓦高等国际问题研究院的相蓝欣教授曾撰文指出："这一大批移植对应词的危害不在于'用'，而在于'体'，即对中国语言，特别是中国人思维方式'本体'的扭曲。钱穆先生曾强调，中国重和合，西方重分别。依笔者之见，西方岂止是重分别，而是重对立，重斗争。这源于基督教文化的'二元主义'（dualism），即将任何事物都看成是两个性质相对的实体组成，如善与恶。"①

反映到国际关系领域，美国将战略对手简单地称为"邪恶国家"（比如伊朗与朝鲜），为将来可能的战争寻求合法性——无论这类战争正义与否。二元

---

① 相蓝欣：《传统与对外关系》，生活·读书·新知三联书店，2007，第13页。

对立的思维惯性，再加上西方国际关系理论重利轻义的传统，使美国失去了领导世界的道义基础。

三国时魏清河太守阮武在《政论》中，也看到了将二元对立的"两末（端）之议"引入政治领域的危害，他认为这样会使政治权力为某个特定利益集团所操纵，官官相护，结党营私，进而导致社会的混乱。他说："夫交游者，俦党结于家，威权倾其国。或以利厚而比，或以名高相求。同则誉广，异则毁深。朝有两端之议，家有不协之论。至令父子不同好，兄弟异交友。破和穆之道，长争讼之源。"（《太平御览》卷四〇六）

需要指出的是，中国哲人并不否认矛盾的存在，只是他们更注重矛盾间的互相转化关系。大家熟悉的矛盾寓言就来自《韩非子·难势第四十》。

3. 东西方学术范式的不同

钱穆先生在《现代中国学术论衡》自序中说："文化异，其学术亦异。中国重和合，西方重分别。"[1]

中国古典学术反对两末之议，而西方学术中两末之议却占有基础性地位。这种现象使得西方学术长期以来呈现专业化、碎片化发展趋势，就是韩非子所说的"积辩累辞"，学科越分越细，理论也越来越繁杂不整。

钱穆先生注意到西方学术的专业化、碎片化对于培养德才兼备之人不利，而中国本土学术则不强调分科，以会通诸学，培养通人为目的。《礼记·学记第十八》所谓："知类通达，强立而不反，谓之大成。"钱穆先生论证说："即就西方近代传授知识之大学言，分科分系，门类庞杂，而又日加增添。如文学院有文学史学哲学诸科系，治文学可以不通史学，治史学亦可不通文学。治文史可以不通哲学，治哲学亦可不通史学文学，各自专门，分疆割席，互不相通……今日西方人竞称自由平等独立诸口号，其实在其知识领域内，即属自由平等独立，无本末，无先后，无巨细，无深浅，无等级，无次序，无系，无组织，要而言之，则可谓之不明大体，各趋小节。知识领域已乱，

① 钱穆：《现代中国学术论衡》，生活·读书·新知三联书店，2001，序，第1页。

更何论于人事。"[1]

细较起来，传统上西方学术受欧几里得《几何原本》的影响很大，核心架构是定义－公理－演绎；而中国古典学术则如《九章算术》一样，以问题为中心，核心架构是由内养而外用，重德行智慧、事理和事例。

在《论语》中，孔子重仁，但他从未就仁的本质属性作出定义。孔子只是根据不同的教育对象从不同角度解释仁的内涵。《论语·颜渊篇第十二》有如下三则问对：

> 颜渊问仁。子曰："克己复礼为仁。一日克己复礼，天下归仁焉。为仁由己，而由人乎哉？"
>
> 仲弓问仁。子曰："出门如见大宾，使民如承大祭；己所不欲，勿施于人；在邦无怨，在家无怨。"
>
> 司马牛问仁。子曰："仁者，其言也讱（rèn，话难说出口，这里引申为说话谨慎——笔者注）。"

如果用现代西方的学术标准，孔子的说法显然不符合基本学术规范，别说毕业论文通过了，就是进现代大学的门都不可能。

中国古典学术重视内在智慧（心术）的培养，事理是解决问题的法则，然后用举例的方法说明这些法则如何灵活运用。中国古典学术讲求"运用之妙，存乎一心"，从不追求形式上的完美。

"运用之妙，存乎一心"一语源于岳飞。故事是这样的：岳飞在宗泽部下当偏将时，一次宗泽送给岳飞一张阵图，要他好好学习。岳飞回答说："阵而后战，兵法之常。运用之妙，存乎一心。"就是说作战时，应据当时的实际情况，灵活运用，不能死守阵法。《宋史·岳飞传》，记此事云："（岳飞）战开德、曹州皆有功，泽大奇之，曰：'尔勇智才艺，古良将不能过，然好野战，非万全计。'因授以阵图。飞曰：'阵而后战，兵法之常，运用之妙，存乎一心。'泽是其言。"

---

[1] 钱穆:《现代中国学术论衡》，生活·读书·新知三联书店，2001，第94-95页。

近年来，中国本土学术文史哲不分，"通人之学"的优点已为越来越多的学者所关注。西方学术也开始了重新整合的趋势，但要像中国古典学术那样将文史哲统一起来，将人文与科学理论统一起来，可能还有相当长的路要走。李创同教授在《还原论的局限；来自活细胞的训诫》一书译后记中这样写道："今天对于某一问题的研究，已经到了这样的时代：以传统工业分工方式为基础的单门独户研究，似已不能面对任何问题本身的复杂性。说白了，任何学者似乎已不能再以自己是哪一个系、所的名称来限定自己的研究范围；应当循着问题走，看看问题实际上牵涉了一些什么现象和学科领域。人文和社会科学尤应如此。"①

"循着问题走"，正是中国古典学术范式的基本特征！

笔者无意否定西方在人文与科学领域取得的伟大成就，但我们一定要懂得，学习西方先进经验并不一定要以否定中国本土学术为代价——这是需要我们特别警醒的！

---

① 斯蒂芬·罗思曼：《还原论的局限；来自活细胞的训诫》，李创同、王策译，上海译文出版社，2006，第253页。

第十五章 走出胡适——警惕"软埋"中国文化现象

1."整理国故"作为"新典范"是灾难性的

2023 年是胡适发表《〈国学季刊〉发刊宣言》100 周年。

1923 年北京大学创办《国学季刊》，胡适执笔的《〈国学季刊〉发刊宣言》揭开了以西方学术范式"整理国故"的大幕，锁定了中国当代"以西释中"的基本学术范式。从此，中国古典学术成为过时的旧物，西方学术的研究对象。

对于《〈国学季刊〉发刊宣言》的历史意义，吴晶、张昭军总结道："《〈国学季刊〉发刊宣言》在中国现代学术史上占据重要地位……《宣言》作为'新国学的研究大纲'（唐德刚整理：《胡适口述自传》），阐述了国学研究的基本原则和方法，开辟了新的方向，引领了学术潮流。也正是在此意义上，著名学者余英时称之为建立'新典范'的宣言书。"①

这种"新典范"是灾难性的。因为长期接受西方教育的胡适惯于用二元对立的思维方式看世界，在他眼里只有西方的东西才是现代的、新的、活的，而中国的东西都是古老的、旧的、死的——中国一切不如人，中国本土学术只配作西方学术的实验小白鼠，任由西方学术观察、解剖、重塑。面对推翻帝制后的混乱政局，胡适等学者将中国问题归因于文化等诸多方面，1930 年他说："我们必须承认我们自己百事不如人，不但物质机械上不如人，不但政治制度不如人，并且道德不如人，知识不如人，文学不如人，音乐不如人，艺术不如人，身体不如人。"②

在更深心理层次上，这是一种高度的文化自卑和自我否定，它贯穿胡适的一生。胡适死后第六天，与他有过相当多交往的蒋介石在日记中对胡适有个"盖棺"之论，值得我们参考："盖棺论定：胡适实不失为自由评论者，其

---

① 吴晶、张昭军：《〈国学季刊发刊宣言〉：国学只是国故学》，《团结报》2014 年 11 月 27 日第七版。

② 胡适：《介绍我自己的思想》，见《胡适文集》卷五，北京大学出版社，1998，第 515 页。

个人生活亦无缺点，有时亦有正义感与爱国心，惟其太褊狭自私，且崇拜西风，而自卑其固有文化，故仍不能脱出中国书生与政客之旧习也。"①

胡适"整理国故"的方法沿袭百年，成为今日学者研究中国本土学术的基本范式，结果便是中华优秀传统文化被不断消解，即使我们引入西方优秀文化，也很难同本土文化、本土现实有机结合，因为本土的东西多被肢解了。吴晶、张昭军反思道："《宣言》主张把一切'国故'作为有待考证的史料，客观上否定了中国学术体系的主体性和合法性，轻视了乃至无视中国文化的精神和价值。就此而言，国学研究无异于釜底抽薪，实际上是对中国学术体系的一种解构。"②

21世纪的今天，复兴中华优秀传统文化，重建中国人文社会科学的主体性，首先要"走出胡适"，抛弃胡适那一代人奠定的学术研究范式，将中国本土学术从史学化、哲学化、西学化的错误路线中解救出来。

"软埋"是四川方言，指人死后不用棺木，尸体直接用土掩埋，据说这样死者将不能转世，没有来生——胡适确立的研究范式是"软埋"中国文化，很大程度上丧失了复兴中国学术的可能性。

2. 胡适如何"软埋"中国文化的

胡适"软埋"中国文化的第一步是将其史学化。胡适的学术思想是西方化的，但他治学仍踏着清代考据学的老路，并往下走至极端，抛弃我们垂范千载的经义，将传统文化中的一切都史学化了。这就是他所说的"专史式整理"："国学的方法是要用历史的眼光来整理一切过去文化的历史。国学的目的是要做成中国文化史。国学的系统的研究，要以此为归宿。一切国学的研究，无论时代古今，无论问题大小，都要朝着这一个大方向走。"③

---

① 1962年3月2日蒋介石日记，转引自李宗陶：《胡适此生粘着"自由"行》，《南方人物周刊》2012年第9期。

② 吴晶、张昭军：《〈国学季刊发刊宣言〉：国学只是国故学》，《团结报》2014年11月27日第七版。

③ 胡适：《〈国学季刊〉发刊宣言》，《胡适文集》卷三，北京大学出版社，1998，第14–15页。

"专史式整理"首当其冲的就是我们的大经大法——经学。

六经出自夏商周三代的礼法制度、历史档案，后经孔子精心编订，成为两千多年来中华政教的基本范型，中华民族共同体的根本价值。胡适"胡解"清代学者章学诚的"六经皆史"，将中华文明之魂六经硬说成僵死的史料，提出了"六经皆史料"的观点。章氏本义是六经皆有历史事实依据，故能施之于政治现实。而胡适的"六经皆史料"等于判了六经的死刑。钱穆先生在1937年初版的《中国近三百年学术史》中明确指出了这一点："章氏'六经皆史'之说，本主通今致用，施之政事……近人误会'六经皆史'之旨，遂谓'流水账簿尽是史料'。呜呼！此岂章氏之旨哉！"①

近百年后，胡适用史学方法研究本土学术范式受到越来越多学者的批判。清华大学陈壁生教授激愤地写道："中国传统学术本一有本有末，有源有流，有根基有枝叶的生命体，到了章太炎，传统的'以经为纲'转化成'以史为本'，而到了胡适，更进一步将'史'视为'史料'。章太炎的'以史为本'，史是一个活泼的生命体，而史一旦变为史料，则成为一堆杂乱无章的'材料'。胡适之所以要'整理国故'，就是要整理这堆材料。用'材料'的眼光看待传统，就像走进一座古庙宇，只看到可以重新利用的砖头和木块。拿起一本宋版书，只看到可以重新回炉造纸的原浆。"②

光将中国本土学术制成"史料"木乃伊还不够。经学出自于历史档案，较容易将之消解为史料。但经学衍生出的诸子百家就不一样了，它们显然不是史料，有太多超越时空的思想性，如何消解它们呢？

胡适从西方引入哲学，用西式思辨哲学将从政治经济到修养身心的诸子百家解构。胡适留学美国哥伦比亚大学时的博士论文《中国哲学史大纲》奠定了所谓"中国哲学"的基础。因为有史学化的大前提，所以今天大多数学者所写的仍然不过是"哲学史"。

《中国哲学史大纲》忽略了中国人文社科的根——经学，从老子、孔子讲起，一直到孔门弟子，墨子、杨朱、孟子、荀子；要知道，在中国古典学术

① 钱穆：《中国近三百年学术史》，商务印书馆，1997，第433页。
② 陈壁生：《经学的瓦解》，华东师范大学出版社，2015，第90页。

体系中，（黄老）道家是"君人南面之术"，中国古典政治经济学的主体，但在胡适那里，却成了哲学！儒家主教化，其社会功用更似西方宗教，也同样被说成哲学。清华大学人文学院方朝晖教授甚至认为"儒家学说被称为哲学是一种历史错觉的产物"。[①] 中华文化的核心，以经学和诸子百家为代表的中华政教体系就这样隐没于哲学史的暗夜中！

这种削足适履、以虚化实的研究方法，就是中国本土学术的哲学化。冯友兰 1928 年到清华大学讲授中国哲学史期间所写的《中国哲学史》，被学界称为"第一部具有现代意义的中国哲学史"，这本书是中国本土学术西方哲学化的代表作。冯氏并不避讳这一点，他说："哲学本一西洋名词。今欲讲中国哲学史，其主要工作之一，即就中国历史上各种学问中，将其可以西洋所谓哲学名之者，选出而叙述之。"[②]

因为民国学人的一般观点是：至清末中国本土学术已成一团腐朽不堪的乱麻，只有经过西方学术系统的整理，才能拯救它。1918 年北京大学校长蔡元培为胡适《中国哲学史大纲》作序，认为胡适既留学西洋学过西方哲学，又通汉学，所以才能"以西释中"，写出中国古代哲学史来，他说："中国古代学术从来没有编成系统的记载。《庄子》的《天下篇》，《汉书·艺文志》的《六艺略》《诸子略》，均是平行的记述。我们要编成系统，古人的著作没有可依傍的，不能不依傍西洋人的哲学史。所以非研究过西洋哲学史的人不能构成适当的形式。"[③] 民国时期，国人已经对中华文化高度圆融高度发展，修己治人内外一贯的知识体系近乎一无所知！

史学和西方哲学远不能容纳博大精深的中国本土学术，于是知识界花了百年功夫将其进一步西学化。胡适《〈国学季刊〉发刊宣言》中按西方学术范式拟定了十个科目，企图将整个中国学术体系肢解，分别装入西方学术科目的各个大口袋。他分科的根本特征是"有史无学"，具体内容如下：

①民族史

① 方朝晖：《中学与西学》，中央编译出版社，2022，第 13 页。

② 冯友兰：《中国哲学史》，见《三松堂全集》第 2 卷，河南人民出版社，2001，第 245 页。

③ 蔡元培：《中国哲学史大纲序》，收入北京大学元培学院编《大学教育》，北京出版社，2018。

②语言文字史

③经济史

④政治史

⑤国际交通史

⑥思想学术史

⑦宗教史

⑧文艺史

⑨风俗史

⑩制度史

以进一步肢解经学为例，蔡元培的方案具有代表性。1938 年，蔡元培在《我在教育界的经验》一文中回忆："我以为十四经中，如《易》《论语》《孟子》等已入哲学系，《诗》《尔雅》已入文学系，《尚书》《三礼》《大戴记》《春秋三传》已入史学系，无再设经科的必要，废止之。"[①]蔡元培说得很清楚："整理"经学是为了废止经学、消灭经学。

3. 走出胡适确立的"以西释中"学术范式

问题是，中国经学是一个有机的整体，是政治经济和社会教化的中国模式，西方史学、文学、哲学根本不能涵盖它。20 世纪 40 年代蒙文通先生写道："由秦汉至明清，经学为中国民族无上之法典……自清末改制以来，昔学校之经学一科遂分裂而入于数科，以《易》入哲学，《诗》入文学，《尚书》《春秋》《礼》入史学，原本宏伟独特之经学遂至若存若亡，殆妄以西方学术之分类衡量中国学术，而不顾经学在民族文化中之巨大力量、巨大成就之故也。其实，经学即是经学，本自为一整体，自有其对象，非史、非哲、非文，集古代文化之大成、为后来文化之指导者也。"[②]

中国本土学术体系的史学化、哲学化、西学化，终极目的还是"以西释中"。这导致中国四五千年学术传统的人为中断，中国人文价值体系的体制性

---

① 蔡元培：《我在教育界的经验》，收入《蔡元培全集》第七卷，中华书局，1989，第 193 页。

② 蒙文通：《论经学遗稿三篇》，收入作者《经学抉原》，上海人民出版社，2006。

消解，中国人的精神家园成为西方学术殖民地——文化"软埋"如此可悲！可怕！可恨！

世界史上的大型复杂原生文明，只有中国本土学术绵延不绝传承至今，它是人类文化的长明灯！不幸的是，经过胡适及现代学人持续百年的"整理国故"，已到了"若存若亡"的危险境地。今天，我们只有走出胡适确立的"以西释中"学术范式，才能结束"以西灭中"的残酷现实，复兴本土学术，在不失文化主体性的基础上吸收其他文明的一切优秀成果，返本开新，走向人类智慧的星辰大海……

我们期待着，我们努力着，我们前进着！

第十六章　破除"两个凡是"，摆脱胡适陷阱

与经济科技实力的飞速发展相比，中国人文学界并没有走出百年前的学术框架。除了少数专业讲"坏"美国故事的狭隘民族主义者，绝大多数知识分子依旧坚持"两个凡是"——凡是西方的都是先进的，凡是中国的都是落后的。在"西是中非"的前提下，任意歪曲拆解宇宙人生、内养外用相统一中华学术，走"以西释中"的学术路线。他们自以为繁荣中国学术，实则将中国本土学术异化，掏空我们的意义世界，甘做西方的精神附庸。

"以西释中"的学术范式百多年前由胡适提出，所以我们称之为"胡适陷阱"。

如何走出"胡适陷阱"，构建中国学术的主体性，实现中华文化的复兴呢？

笔者认为，最好的办法就是针锋相对。胡适先生如何将我们带入"以西释中"陷阱的，我们就原路返回，找到回归我们精神家园的路。

早在 1919 年，胡适就在当年 12 月的《新青年》上撰文阐述"以西释中"学术范式，题目叫《新思潮的意义》。他提到"以西释中"的十六字诀："研究问题、输入学理、整理国故、再造文明"，锚定了过去百年中国学术的基本路线。

1. 从评判态度到敬重态度

如果说十六字诀是建立新文化的方法，那么胡适最根本的还是对待中国古典文化的心态——"评判的态度"，表面上他学习尼采"重新估定一切价值"，实质是要否定中国固有的一切价值。他写道："新思潮的根本意义只是一种新态度。这种新态度可叫作'评判的态度'"[1]

现代生物学的研究表明，人除了是生物物种，还是文化物种，人类是"文化－遗传共同演进"的结果。相对于个人的智慧，集体智慧在文明演化中

---

[1]　胡适：《新思潮的意义》，收入欧阳哲生编《胡适文集》二，北京大学出版社，1998。

更为重要，人类一直通过维系文化共同体、传承集体智慧防止文明衰退。哈佛大学人类进化生物学系教授约瑟夫·亨里奇（Joseph Henrich）写道："人类取得成功的秘密不在于个人智慧，而在于所在群体的集体智慧。集体智慧是综合了我们的文化与社会性质后共同形成的，在文化上表现为我们从别人那里学来的东西；在社会性质上则表现为我们在正确的规范下，生活在互相交往的大群体之中。从狩猎采集者使用的独木舟、复合弓，到现代社会的抗生素及飞机等，这些人类特有的惊人事物并不是凭借个人之力就能完成的，而是在相互间的思维交流及数代人的努力下依靠想法、实践、意外的发现与偶然的体会的交流与结合下才成为可能……为什么一个规模较小的社会在突然受到隔离后，他们的技术水平与文化知识开始逐渐衰退。你会看到相比于智力而言，人类的创新更多地取决于社会属性，而我们一直以来所面临的挑战都是关于如何防止社会的分裂以及社会关系网的消解。"①

但胡适却告诉我们，针对习俗相传形成的制度风俗、古代传诵下来的圣贤教训、公认的行为与信仰等，不要继承这些集体智慧，而要怀疑和评判它们。他忘记了，无论东西方，上述智慧传承都是其文明存活的根基，可以发展它们，但不能将之连根拔起——胡适这种"评判的态度"与人类演化规律背道而驰。在此意义上，他既是反文明的，更是反动的——西方殖民者对待殖民地和半殖民地，或推行种族灭绝，或推行文化灭绝，胡适的"评判态度"实际是一种"自愿的文化灭绝"。

我们对传统观念和学术体系应该采取人类普遍的尊敬态度。所以孔子才说君子要"畏圣人之言"。从评判态度到敬重态度，是摆脱胡适陷阱的起点。不再满怀敬意地赓续传统，就背离了复兴中华传统文化、返本开新的初心——中国人文社会科学的主体性将成为水中月镜中花。

2. 从输入学理到贯通经子

胡适"以西释中"十六字诀，"研究问题、输入学理"是手段。这里的"问题"指需要"怀疑评判"的中国固有风俗制度。

---

① 约瑟夫·亨里奇：《人类成功统治地球的秘密》，中信出版集团，2018，第8页。

在西方强势文明的大举入侵之下，诸多学人对中国本土文化和学术丧失了信心。在他们眼中，中国固有的一切似乎都成了问题，需要纠正之，解决之。胡适写道："为什么要研究问题呢？因为我们的社会现在正当根本动摇的时候，有许多风俗制度，向来不发生问题的，现在因为不能适应时势的需要，不能使人满意，都渐渐的变成困难的问题，不能不彻底研究，不能不考问旧日的解决法是否错误；如果错了，错在什么地方；错误寻出了，可有什么更好的解决方法；有什么方法可以适应现时的要求。"① 胡适所谓的"动摇"、"困难"背后是西方列强及其代理人在国民革命和人民革命大潮下的"动摇"和"困难"，"研究问题、输入学理、整理国故、再造文明"不过想建设符合西方列强利益的文化而已。

研究问题是评判态度的具体化，那么他又如何解决问题呢？就是输入西方学理，用西方学术概念、学术范式来解决中国的"问题"——一句话，只有西方学术能够救中国！即便中国古典文化本身（国故），也全赖西方学术的拯救。因为在胡适时代，中国内圣外王一以贯之的学术体系（道术）已"为天下裂"，所以胡适"整理国故"才要"从乱七八糟里面寻出一个条理脉络来；从无头无脑里面寻出一个前因后果来；从胡说谬解里面寻出一个真意义来；从武断迷信里面寻出一个真价值来。"②

胡适"整理国故"的学术路线是"胡整国故"，他将经学史学化了，将中国古典政治学（黄老道家、法家）、中国古典逻辑学（名家）等诸子百家哲学化了，其他如中医之类也要用西方医学评判。结果是中国古典学术体系整体沉沦。

我们要做的，就是结束胡适盲目输入西方学理的错误学术路线，贯通经子，找到中国学术修己治人的内在理路，让世人看到这一高度发展、高度圆融、高度普世的人类文明峰巅——这也是过去二十年来，我们发扬孔门四科，努力前进的方向。

---

① 胡适：《新思潮的意义》，收入欧阳哲生编《胡适文集》二，北京大学出版社，1998。
② 胡适：《新思潮的意义》，收入欧阳哲生编《胡适文集》二，北京大学出版社，1998。

3. 从以西释中到中西互鉴

或许出于"政治正确"，或是"为尊者讳"的原因，一些学者将胡适"评判的态度"解释为科学的怀疑精神，将其全盘西化思想解释为"充分世界化"、"一心一意的现代化"。

这是不对的。胡适学术路线就是全面否定中学，全面引入西学，这里的全面是"尽量"和"用全力"的意思。

胡适用典型的二元对立思维看待中西学术。他说："我们对于旧有的学术思想有三种态度。第一，反对盲从；第二，反对调和；第三，主张整理国故……为什么要反对调和呢？因为评判的态度只认得一个是与不是，一个好与不好，一个适与不适——不认得什么古今中外的调和。调和是社会的一种天然趋势。"[①]

1935年，胡适评论全盘西化论代表陈序经的文章，对陈将自己列入"折衷派"大为不满，他宣言："我是主张全盘西化的。但我同时指出，文化自有一种'惰性'，全盘西化的结果自然会有一种折衷的倾向……现在的人说'折衷'，说'中国本位'，都是空谈。此时没有别的路可走，只有努力全盘接受这个新世界的新文明。全盘接受了，旧文化的'惰性'自然会使他成为一个折衷调和的中国本位新文化。若我们自命做领袖的人也空谈折衷选择，结果只有抱残守阙而已。"[②]

历史事实告诉我们：全盘西化，以西方学术解析中国学术和现实的结果不是"折衷调和的中国本位新文化"，而是中国本土学术体系的全面肢解，本土人文价值的大量流失。即使在当代国学研究中，胡适"以西释中"的路线仍占据主流，学人对如何摆脱胡适陷阱尽乎不能自拔——尽管也有人指出，经学不是西方史学，《诗经》不是西式文学，儒家不是哲学……

我们只有贯通经子，复兴中国古典学术体系，用中国文化的内在理路解释经学和经典，方能实现真正的文明互鉴——要知道，从西方一人一票民主

---

① 胡适：《新思潮的意义》，收入欧阳哲生编《胡适文集》二，北京大学出版社，1998。

② 胡适：《编辑后记》，收入罗荣渠主编《从"西化"到现代化——五四以来有关中国的文化趋向和发展道路论争文选》，北京大学出版社，1990。

的立场上看中国是"不民主"，但从中国"建中立极"的立场上看西方由于缺乏稳定的政治重心，注定走向社会分裂；西方世界史以"现代性"为指南，而中国人的世界史（《春秋》）则重礼义王道、人的觉醒和政治共同体的复杂化；西方人的宇宙观强调"帝在道先""神为民主"，中国人的宇宙观则强调"道在帝先""民为神主"……

鉴于胡适学术路线锁定了学者们的研究路径和方法，破除"两个凡是"，摆脱胡适陷阱肯定"道阻且长"。我们需要以壮士断腕的决心践行返本开新、中西互鉴——无论付出怎样的代价都要这样做，我们没有选择！因为错误的学术路线再怎么长袖善舞，只会离中国学术的主体性、独立性越来越远……

第十七章　新时代学人必须转变三大观念

这是全球版战国时代。

这是越发白热化的列国大争时代。

这是需要直面百年未有之大变局的新时代。

"沉舟侧畔千帆过，病树前头万木春"。鸦片战争后，救亡图存的中国已经习惯于以别人为师，英法、德日、苏俄，乃至新加坡……我们走过一个个标杆。

"山高人为峰"。今日中国需要开拓自己的路，一条迈向光明未来的路！这条路不可能凭空而来，它须立足于中华五千年丰厚的文化积淀，立足过去百年社会主义革命和建设的实际经验！

这客观上要求新时代学人改变过去一百多年的学生心态，从探索者的角度认识开拓新道路。因此，我们必须转变三大思想观念：从疑而非古到信而好古；从不破不立到不立不破；从以西释中到返本开新。

1. 从疑而非古到信而好古

世界范围内，没有哪个国家像中国这样积累了如此丰富的学术资料——从公元前21世纪的尧舜时代一直持续到公元21世纪的社会主义建设时期，历史记录从未中断。如果我们以正确的态度开发这些宝藏，找到其中经过历史检验的普遍规律，必将为人类开拓出崭新的天地。

1984年，哈佛大学张光直教授在北京大学考古系所做的"考古学专题六讲"中就提道："中国拥有二十四史和其他史料构成的文献史料，又由于史前考古和历史时代的考古，进一步充实了中国的历史资料，并把中国历史又上溯了几千年。在全世界，很少有哪个区域的历史过程有如此丰富、完整的资料。既然如此，在中国这样大的地域，这样长的时间内积累起来的众多资料中，所看到的历史发展的法则，是否应该对社会科学的一般理论，即对于社会科学关于文化、历史发展的一般法则，具有真正新颖的启示，或有所开创？"①

宋人做学问喜欢师心自用，对经典妄加怀疑也从那时开始，至清末民初，遂成巨流。特别是 20 世纪初集疑古思潮之大成的"古史辨派"，他们深受缺乏史官传统的西方影响，从经学到史学再到子学，几乎怀疑一切，却又没有提供科学实证，结果极大撼动了中国文化的根基。尽管今天考古资料证明他们的怀疑大多空口无凭。特别是古书的辨伪，造成了太多的"冤假错案"。古文字学家裘锡圭先生在 2003 年的一篇文章中总结道："根据 20 世纪 70 年代以来出土的先秦秦汉文献来看，古史辨派在古籍真伪和时代方面的见解，可以说是失多于得的。"②

中国有数千年史官传统，他们秉笔直书，记录着这个民族前进的轨迹，司马迁的《史记》之所以有"实录"的千古美誉，是因为他继承父业为太史令，能恰当取舍诸多先秦流传下来的经、史、诸子文献。处于司马迁千载之下的我们，怎能随意怀疑经典呢？ 20 世纪二三十年代，面对疑古学派的滚滚思潮，章太炎先生大声疾呼："经史传世，江河不废。历代材智之士，籀读（籀读，zhòu dú，诵读——笔者注）有得，施之于用而见功效者，不胜偻指（偻指，lǚ zhǐ，屈指而数——笔者注）……（经史）率皆实录。实录者，当时之记载也。其所根据，一为官吏之奏报，二为史臣所目击，三为万民所共闻，事之最可信者也。"③

经典是一个族群赖以生存的文化血脉。人类学的研究表明，它同基因一样，是人类演化不可或缺的组成部分。即便是那些没有文字的狩猎采集部落，对于口头流传的经典也采取尊重、崇信的态度，现代西方一神教族群更是推重自己的宗教经典。但过去百年来许多中国学者不是这样，再真实的经典，也会被他们当作僵死的史料，用西方学术框架进行"削足适履式"研究。结果是 20 世纪初"整理国故"运动以来，中国人价值体系几近全面崩溃，话语权和合法性不断流失，我们至今没能建立起自己的学术体系！

---

① 张光直：《考古学六讲》，文物出版社，1986，第 2–3 页。

② 裘锡圭：《新出土先秦文献与古史传说》，收入作者《中国出土古文献十讲》，复旦大学出版社，2004。

③ 章太炎：《论经史实录不应无故怀疑》，收入作者《国学十八篇》，中国华侨出版社，2013。

对胡适将国学"做成中国文化史"的学术路线，清华大学哲学系陈壁生教授批判道："以'历史的眼光'来看待中国，即便心存温情的敬意，也必将瓦解'中国'自身的价值系统。中国古代那些伟大的注经家，在注经过程中不断彰显经学作为'常道'的义理，以使之引领一代又一代的历史进程。而今人如果以'历史'眼光看待他们，则古人的一切努力，都会被瓦解在时间的河流中，成为'经学史'、'思想史'的一个部分。"①

百年历史表明，按照现代与传统对立的逻辑，将中国本土学术史学化，是思想文化领域的虚无主义——将中国四五千年的学术命脉连根拔起，这是文明自残！

今天，我们必须转变对传统经典和学术思想疑而非之的态度，回到孔子"信而好之"的正确思想路线。《论语·述而》开篇引孔子语：我只转述先哲的思想而不创立自己的思想，我相信且喜好古人的经验。"述而不作，信而好古。"

这才是人类对待经典的普遍理性态度。因为经典承载的文化是一个族群演化的主要动力之一，决定了文明的本色——只有回归经学，回归经典，回归灵魂家园再出发，我们才不至迷失自我！

2. 从不破不立到不立不破

中国近代史是受列强欺辱的历史，也是奋起革命的历史。

很少有时代如清末民初一样，中国前所未有地面临着亡国灭种大危机。当时凡有血性者，皆为探寻救亡之路而上下求索。由于我们已无法从腐朽的宋明理学中找到现代化思想资源，只得将目光投向了西方，认为只有摆脱中国旧文化的包袱，以西方为师，方能复兴中华。

所以当时人们大胆破除文化中不合时宜的一切，认为只有破坏掉旧的世界，才能建立起新的世界。不破不立，其高潮是1919年爆发的五四运动。

近些年，每到"五四"纪念日，就有人提出五四运动打倒孔家店致使中国文化衰落，这种想法过于浅薄。因为正是五四运动及后来的社会主义革命，

---

① 陈壁生：《经学的瓦解》，华东师范大学出版社，2015，第162-163页。

扫除了复兴中国文化的主要障碍之一——宋明理学,那是一种佛学化的、具有极大误导性的中国文化!

哲学家贺麟先生 1941 年就指出这一点,尽管他并未找到复兴中国文化的道路。贺麟写道:"五四时代的新文化运动,可以说是促进儒家思想新发展的一个大转机。表面上,新文化运动是一个打倒孔家店、推翻儒家思想的一个大运动。但实际上,其促进儒家思想新发展的功绩与重要性,乃远远超过前一时期曾国藩、张之洞等人对儒家思想的提倡。曾国藩等人对儒学的倡导与实行,只是旧儒家思想的回光返照,是其最后的表现与挣扎,对于新儒家思想的开展,却殊少直接的贡献,反而是五四运动所要批判打倒的对象。"①

特别是中国共产党领导的社会主义革命,从经济层面消灭了宋明理学深入基层的力量士绅地主阶层,士绅地主所代表的君权、族权和夫权衰落,妇女得到解放,人与人对等的社会关系(礼的应有之义)得以重新确立……诸多伟大的社会改造成就,影响深远。

从中央苏区时代开始,中国共产党就重视妇女解放,妇女平等参加劳动,参与政治,婚姻自由,中华人民共和国成立后,妇女解放的相关措施成为国策。据相关研究:1950 年女性党员占比高的县,到 20 世纪 80 年代,女性相对于男性的受教育水平也更高,出生人口性别比更加平衡。人民公社时期女性劳动参与率大幅度提高,改革开放后这一传统得以保留。当今中国女性的劳动参与率保持在 60% 以上,远高于 50% 的世界平均水平。②

新文化运动以推翻旧道德的束缚为己任。问题是,推翻旧道德后,我们并不能建立起系统的新道德来。科学家丁文江是中国地质学的开创者之一,由于长期受到科学训练,他以"科学"的生活方式著称——每天必睡 8 小时,到哪里都要对自己的餐具消毒,极讲卫生。

留学英国的丁文江似乎没弄清西方人伦道德的基础是宗教,他回国后要建立以西方近代科学为基础的人生观,一生中曾三次宣布这种人生观——当

---

① 贺麟:《儒家思想的新开展》,收入《文化与人生》,商务印书馆,2015。
② 姚洋:《中国现代化道路及其世界意义》,《国家现代化建设研究》2022 年第 3 期。

然最后都流于空想。去逝前两年（1934年）他写了《我的信仰》一文，还希望建立起用科学习惯和世界观培育自我牺牲的宗教。丁文江写道："我相信不用科学方法所得的结论都不是知识，在知识界内科学方法万能。科学是没有界限的，凡有现象都是科学的材料。凡用科学方法研究的结果，不论材料性质如何，都是科学……举凡直觉的哲学，神秘的宗教，都不是知识，都不可以做我们的向导。"①

宋明理学将天理与人欲对立起来，诱导普通百姓践行禁锢人性的伦理道德，理应被推翻。关键是我们还要建立起一种超越宋明理学，基于社会自然分层和对等社会关系的人伦道德来，只有这样才能巩固百年社会革命的成果。否则，在市场经济的薰染下，社会有滑向道德虚无主义的危险。

无论在道德领域，还是在学术的各个领域，目前我们的主要任务是建设一个新世界，建设一个新时代，而非破坏一个旧世界，破坏一个旧时代。这就要求我们转变思维观念，以不立不破取代不破不立。

3. 从以西释中到返本开新

近代中国文化的一大悲剧是"以西释中"，按西方之履削中国之足，导致中国本土文化大面积沉沦。不幸的是，今天这仍是中国文化研究的主流。

悲剧是从100年前，胡适发表著名的《〈国学季刊〉发刊宣言》开始的。1923年北京大学创办《国学季刊》，揭开了"整理国故"的帷幕。《国学季刊》隶属于中国现代大学体制下最早成立的专门性国学研究机构——北京大学国学门，发刊宣言代表了国学门全体同仁的意见，在很大程度上影响了之后百年中国文化的走向，以及中国学术的范式。

根据这份宣言，本土学术体系成了"故"，成了历史。如何将之现代化（即西化）呢？就是用西方之学裁剪中国之"故"。这种学问叫"国故学"，简称国学，《〈国学季刊〉发刊宣言》写道："'国学'在我们的心里，只是'国故学'的缩写。中国的一切过去的文化历史，都是我们的'国故'；研究这一切过去的历史文化的学问，就是'国故学'，省称为'国学'。'国故'这个名

---

① 丁文江：《我的信仰》，《独立评论》1934年第100号。

词，最为妥当；因为他是一个中立的名词，不含褒贬的意义。"

偷梁换柱，将"国故学"说成"国学"，等于将中国人安身立命、安邦治国数千载的学术体系判了死刑，且给她树起一块"国故学"的墓碑，使其永世不得翻身。如果将胡适提倡的"国故学"比作一台计算机，那么输入的是中国文化，输出的则是以中国文化为研究对象的西方文化。

《〈国学季刊〉发刊宣言》发表后，很快有人看到这一研究路线的灾难性，它遭到了章太炎、梁启超、张尔田、孙德谦、柳诒徵等人的批评。"国故学"不可以简单称为"国学"，民国学者曹聚仁认为这将导致中国本土学术体系（国故）的异化，他说："按之常理，国故一经整理，则分家之势即成。他日由整理国故而成之哲学，教育学，人生哲学，政治学，文学，经济学，史学，自然科学……必自成一系统而与所谓'国故'者完全脱离。"①

"国故学"实为"亡国故之学"！朱宗熹先生写道："名为研究国学，实则促国学于沦亡。名为考订经传，实则沦经传于散佚。"②

历史没能阻止西学大潮铺天盖般地涌入中国，胡适式"整理国故"运动成了"消解国故"运动，直到今天，还有不少学者为之痛心不已。吴晶、张昭军在《〈国学季刊发刊宣言〉：国学只是国故学》一文中说："《宣言》主张把一切'国故'作为有待考证的史料，客观上否定了中国学术体系的主体性和合法性，轻视了乃至无视中国文化的精神和价值。就此而言，国学研究无异于釜底抽薪，实际上是对中国学术体系的一种解构。"③

今天，我们所要做的，就是以壮士断腕的决心，结束过去百年"以西释中"的错误学术路线。在接续中国五千年学术传统的基础上，贯通包括马克思主义在内的西方学术，返本开新，构建一种新的学术体系。从以西释中到返本开新，这是中国现代学术范式的伟大革命，也是中国文化的凤凰涅槃。

---

① 曹聚仁：《国故学之意义与价值》，收入许啸天编辑《国故学讨论集》，上海书店，1991。

② 朱宗熹致邵力子的信，见曹聚仁《审订国学之反响》，《民国日报·觉悟》1923 年 5 月 29 日。

③ 吴晶、张昭军：《〈国学季刊发刊宣言〉：国学只是国故学》，《团结报》2014 年 11 月 27 日第七版。

如果中国学人继续株守过去百年错误的学术路线，迷信基于私人大资本的"西方现代（资本主义）学术"，在当前的战略环境下，是不折不扣的与虎谋皮——在学术思想已成为战略工具的当代是极其危险的。

晚清重臣张之洞在《劝学篇·序》中说："世运之明晦，人才之盛衰，其表在政，其里在学。"学术重要如此。

学术关系国运之根本。对于学术路线，吾辈敢不三思而后行之！

第十八章 复兴中华优秀传统文化的三个必经阶段

在印刷和通信技术高度发达的今天，获取有关中国文化的信息并不难，但系统研究中华优秀传统文化、复兴中国古典学术体系却十分困难。

为何这样？首先是内部因素，在近代门槛上的中国古典学术体系已经崩溃了。诸子百家是经学的支流，"六经之支与流裔"（《汉书·艺文志》），先是汉武帝"罢黜百家，表彰六经"，割裂经学与子学，经学成为有源无流的一潭死水。后又有宋明理学引佛入儒，"独尊儒术，表彰四书"，经学佛教化、子学异端化。所以 1840 年以后，面对排山倒海而至的西方学术，学界选择了"西是中非、以西释中"的学术路线，成为毁灭中国古典学术体系的最后一根稻草。从 1923 年胡适发表《〈国学季刊〉发刊宣言》算起，这一学术路线统治学界已经百年。

因为"以西释中"已成为一种固化的思维方式、普遍的学术范式，所以我们在肯定中国古典学术体系的基础上中西互鉴，坚守"返本开新"的学术路线变得格外艰难。

如今，中国几乎所有学者都坚持"以西释中"，我们是不是要跟着他们跑呢？显然不行。早有学人注意到，面对强势的西方文化，如果放弃中国文化主体性，我们连消化西方学术的能力都会失去，只会被西方同化和征服。1935 年，经济学家刘絜敖总结古今中外历史教训写道："凡此种种，皆足证明在吸收外来文化之前，先须有一种建设本位意识的预备工作，要是不然的话，则告人未有不被外来文化所同化所征服的！这是我们谈本位文化的人和想吸收欧美文化的人所最应注意的一点，所以我愿意在此地郑重下一个警告！"[①]

刘絜敖的警告早已成过眼烟云。过去三十年"国学热"越来越"热"，但今日国学研究整体上并没有脱离胡适"西是中非、以西释中"框架——特别

---

① 刘絜敖：《中国本位意识与中国本位文化》。收入罗荣渠主编《从"西化"到现代化——五四以来有关中国的文化趋向和发展道路论争文选》（中册），北京大学出版社，1990。

是大学学者积重难返。这些所谓"国学专家"习惯于脱离经典，想入非非，构想他们千奇百怪的"国学理论"。他们甚至可以不提及古典政治学黄老、法家，就下笔万言大谈中华治道。

由于缺乏足够的资源和交流平台，体制外学者即使能摆脱"西是中非，以西释中"的束缚，也常常陷入以管窥豹，玄而又玄的困境。他们研究了某一本书（如《易经》《论语》《老子》），就以为找到了普遍真理，研究了某一方面的学问（如中医，甚至是印度来的佛教），就变身国学专家招摇过市。

笔者不否定过去百年西学和国学的研究本身。正是对西学的研究，我们引入了马列主义，它成为我们凝聚国力、开启现代化的指导思想；正是因为国学的研究，我们对两汉经学、程朱理学、民国学术的阶级属性认识更加清晰，驱散了蒙蔽优秀传统文化的迷雾，复兴中国文化的大势，至今方兴未艾。

我们所要做的，是百尺竿头，更进一步，厘清到底什么是中华优秀传统文化，并全面复兴中国本土学术体系。要实现这个远大目标，至少要经历以下三个阶段。包括折中百家，表彰六经；沟通古今，统合中西；天下合和，再造文明。

1. 折中百家，表彰六经

汉武帝文治武功，为一代雄主。他对中国文化的主要贡献是政治上确立了经学的指导思想地位，影响后世中国达两千多年。人类历史上与此相当的事件，恐怕只有公元313年，罗马皇帝康士坦丁颁布"米兰赦令"，宣布基督教合法化。

汉初国内外政局复杂，为"大一统"打造政治认同，汉武帝听从董仲舒的建议"罢黜百家，表彰六经"，给传习经学者开利禄之途。没想到却割断了经学与子学间的源流、母子关系，导致两个严重后果：一是诸子百家之学的沉沦，二是经学的僵化与繁琐化，西汉后期甚至玄学化为谶纬之学。

我们今天整理经学，首要的一点就是从"罢黜百家，表彰六经"到"折中百家，表彰六经"，恢复经学与子学的有机联系，以子证经，以经明子，让中华学术体系的核心经学、子学得以完整呈现。

呈现的具体成果我们归纳为孔门四科之学。从孔门弟子的四种个人专长到四类学术科目，这是我们的创新。目的是让学人"宗经"，通经典，明常道，认识宇宙人生的整体普遍规律，防止盲人摸象，将中国文化的一小部分认作全体。孔门四科指德行、言语、政事、文学四科。其中起统领作用的是文学，主要指经学，其他三科包含着中国文化道（德行）、名（言语）、法（政事）三大部分，它们形上形下，内养外用一以贯之。

所以，我们主张人们学习"孔门四科"，不主张传习一本书，或一方面的学问，这样才能得中国文化的全体大用，否则很可能走上独尊一家，以偏概全，空疏无物，玄而又玄的歧路——这是过去两千年历史的惨痛教训！

2. 沟通古今，统合中西

《庄子·天下篇》反映的是内在修养之学（内圣）与外在事功之学（外王）尚未割裂时中国学术的本来面目，弥足珍贵。作者将学术分为宇宙人生、内圣外王的整体学问"道术"，和反映"道术"某一方面的诸子百家之学"方术"——二者并非对立，诸子百家中也有"道术"的重要内容，是"道术"沿某方向的进一步发展。

内圣外王一以贯之的"道术"在哪里呢？除了历史上传下来的礼仪法规，主要在经学与子学中。文中说："其明而在数度者，旧法、世传之史尚多有之；其在于《诗》《书》《礼》《乐》者，邹鲁之士、搢绅先生（指官员——笔者注）多能明之……其数散于天下而设于中国者，百家之学时或称而道之。"

今天，《庄子》所说的"旧法、世传之史"我们已很少看到，幸好经学和子学流传了下来，所以研究内圣外王之学非通过经学和子学不可。特别是经，是子学的母体，中国文化的源头，必须珍视！

经者，常也。经学是常道、宇宙人生方方面面的自然规律，具有超越时空的特点。如同西方不能抛弃诞生于工业革命以前的基督教和牛顿力学，我们也不能弃经学如敝履。大家想一想，如果我们清楚经学和轻重术阐发的国家与市场关系，懂得价值规律在市场中不可或缺的作用，过去七十多年探索社会主义经济发展道路就不会走那么多弯路！

经学，规范了从上古至今的文明发展道路，锚定了中华文明的根本特点和中国学术体系的基本范式——是国人人文价值和政治经济模式的基因，也是 21 世纪我们道路自信、理论自信、制度自信、文化自信的基础。

经学是中华五千年文明史的经线，是沟通古今的桥梁。只有理解了经学，才能理解 21 世纪的"中国特色"——从社会生活方式到政治选举方式都是这样。

在经学沟通古今的基础上，有了孔门四科这个文化主体，我们才能站在自己的价值视角上睁眼看世界，才能真正汲取西方文化的精华，统合中西，开中国式现代化之新。

过去近千年来，西方文明的主要特征是去道德化，不仅政治经济制度是去道德化的，其学术体系也是去道德化的。以古典经济学为例，它认为"个人私欲的种"可以开出"社会公益之花"。资本主义历史表明，这根本不成立，私欲绝不会"自然"转化为公益。而中国道德化的政治经济理论无疑可补西方学术之不足——我们要在道德的基础上重建人类新文明和学术新规范。

3. 天下合和，更新文明

创造如中华文明那样实现持久和平、可持续发展的人类文明新范式，不仅要汲取西方资本主义优秀文明成果，也要深入研究印度文明和伊斯兰文明。

近年中国学者对印度河流域的考古发掘表明，早在四五千年前，印度文化与中国文化之间就有交流。2018 年以来，由河北师范大学等单位组成的联合考古队对巴基斯坦哈拉帕文化巴哈塔尔遗址的挖掘证实，4800 年前巴哈塔尔相关文化层与甘青地区的马家窑文化、西藏的卡若文化之间存在着互动关系。[①]

但从大历史角度看，印度古文明和中华文明的交流互鉴相当复杂。除佛教外，印度丰富多彩的文化并没有在东亚生根发芽，印度教在中国诸多地区（如福建泉州）只是昙花一现。即使是佛教，宋以后也只有高度中国化的法门（如禅宗和净土宗）发扬光大。

印度佛教的中国化相当成功，正是通过中国化，佛教成为一种世界性宗教。但中国文化在借鉴佛教方面却不是很成功，因为宋明理学引佛入儒，以

---

① 汤惠生等：《在印度河谷遥望河湟文化》，《青海日报》2021 年 4 月 16 日。

禅解经，结果《大学》《中庸》之类经典被佛学化了。若不是《五行》《性自命出》等问世，我们可能永远不会理解中国文化积善成德，先"止于至善"，再"亲民"，最后"明明德"的修养次第了。

总之，我们要审慎对待中印和中西文化的交流互鉴，再不能走"以佛释中""以西释中"的旧路、邪路，过去一千年来，我们付出的代价太高了。二者都是在否定中国本土文化的基础上引入印欧文化，但宋明理学"以佛释中"只否定了儒学之外的诸子百家，并以佛教精神解释中国经典；而现代学术"以西释中"近乎对中国文化全盘否定，对西方文化全盘引入！

只有不失自我，我们方能建立自主的人文社会科学体系，不是戴着西学的有色眼镜，而是真正"睁眼看世界"。全球化时代呼唤全人类的普遍价值认同，中国人习惯于超越血缘、国家和信仰边界，从整体天下的角度看世界。可以预料，中华文化这种包含万有的精神，将为合和世界不同文化、更新人类文明作出重大贡献。

总之，我们在要孔门四科的基础上重建中国本土学术，在中国本土学术的基础上汲取别国优秀文明成果，为建立生生不息，持久和平与可持续发展的人类新文明提出中国方案。

这是时代的要求，这也是历史的使命！

附录一

守孔门四科之正，出古典学术之新

"取其精华，去其糟粕""守正出新""返本开新"……

这些针对中国文化的方针人们耳熟能详，直到今天，还不时出现在各类媒体上。

但对于什么是中国文化的精华，如何"守正""返本"，又如何"出新""开新"，却常常是笔糊涂账，众说纷纭。

过去20年，我们是如何找到中国文化的正源，又是如何开出全球化时代新声的呢？关键是我们把握住了天下为公、人民立场的基本宗旨。无论是两汉经学，还是宋明理学，只要它们站在大资本利益集团一边，违背了天下为公的准则，损害了最广大人民群众的利益，我们就要反对它、超越它。

这使我们较快找到了中国文化的正源——以孔门四科为代表的经学和子学。经学即孔门四科中的文学，子学涵盖了孔门四科中的德行、政事、言语三科。经学是源，子学是流。所以《汉书·艺文志》说诸子是"六经之支与流裔"。

两千多年前，汉武帝为铸造民族共识，贬抑诸子百家，独为经学开利禄之途。其"罢黜百家，表彰六经"政策割断了中国文化的源与流，导致经学迅速繁琐化、玄学化和传经之家儒学独大。结果经学逐渐失去了理论生机，成为一潭死水，儒学独大影响至今——21世纪还有很多人将儒学等同于中国文化本身！

我们所做的，是将经、子重新连接起来，打破诸子壁垒，重建了中国古典学术体系。比如我们打破墨家与名家壁垒，重建了中国古典逻辑学体系；我们打破法家与道家壁垒，重建了中国古典政治学体系；打破经学与子学的界线，重建了中国古典经济学体系……

这是过去2000年没人做过的。从西汉末年刘向、刘歆父子领衔整理国家图书，建立中国本土学术体系开始，学人都是按"书"来分类的。比如墨家核心经典《墨子》，是墨子本人及其后学的思想结晶。但墨家不仅研究守城，讲兼爱、非攻等，它还有专门研究中国古典逻辑学的《墨辩》六篇，包括《经上》《经下》《经说上》《经说下》《大取》《小取》。西晋鲁胜在《墨辩注·叙》中说"墨子著书作《辩经》以立名本，惠施、公孙龙祖述其学。"我们研究中国古典逻辑学名学，不研究墨家，就不会知道公孙龙这些名家是如何用论题推理的，就会误解他们是在诡辩。

研究中国文化，不能再以分家的"书"为核心，而要以研究内容"学"为核心。从"读书"到"求学"，是我们研究中国文化开创的新路线，也是我们能够出新、开新的重要原因。

早在两千多年前的《庄子》时代，"道术为天下裂"已经开始，至19世纪末中国学术体系已经面目全非，不可辨识。中国古典学术大厦拔地而起，在技术上解决了清末民初西学大规模涌入以来，学者们不得面对的"中国古代的学术从没有编成系统的记载"问题。当时学人的解决方案是"以西格中"，将中国活生生的文化体系史学化、僵尸化、材料化，用西方诸学科野蛮肢解。1918年，蔡元培在为胡适《中国哲学史大纲》所作的序中说："中国古代学术从来没有编成系统的记载。《庄子》的《天下篇》，《汉书·艺文志》的《六艺略》《诸子略》，均是平行的记述。我们要编成系统，古人的著作没有可依傍的，不能不依傍西洋人的哲学史。所以非研究过西洋哲学史的人不能构成适当的形式。"[①]

历史证明，那条路线是失败的，它导致国人意义世界的丧失，失魂落魄——今天学人一谈到选举，已经到了只知西式民主票选，根本不知中国有四五千年的

---

① 蔡元培：《中国哲学史大纲序》，收入北大元培学院编《大学教育》，北京出版社，2018。

选举经验——史书中的"选举志""选举典"可以用汗牛充栋来形容！

以经学为源、子学为流的孔门四科，代表了夏商周三代王官学的精华，也是中国"天下为公"生生不息发展路线（大道）的精华。我们"守孔门四科之正，出古典学术之新"不仅要复兴中国文化，为国人构筑安身立命安邦治国之本，还要参与到新时代、新世界的创造中去！

"大道之行也，天下为公"，如果用一个字概括中国文化的本质，可以称之为"公"。"公"不仅包括强大的国有经济，还包括从王官学到政府教化责任等方方面面。这与西方自古希腊、古罗马时代就根深蒂固的私有观念截然不同。人类学家、社会活动家大卫·格雷伯谈到罗马人的财产观念时说："罗马法确实坚持认为财产的基本形式是私有财产，而私有财产是所有者用他的财产做任何想做之事的绝对权力。12 世纪的法理学家将其限定为 3 个原则：usus（对物体的使用）、fructus（成果，即享用这个物体的产品）和 abusus（这个物体的滥用或销毁）。"①

今天，资本主义已将私有财产和自由企业神圣化，资本近乎垄断一切——资本增值的原始动力要求不断扩大生产、扩大市场，这成为当代世界不断刺激欲望，刺激消费的总推手。结果是人类内心的失衡与分裂，社会的失衡与分裂，生态的失衡与分裂。危机四起，痛苦不安的现实不断警示世人，这是一种不可持续的发展模式。

屹立 5000 年的中华礼义文明，站在天下为公的立场上，节制欲望、节制资本、节制消费，以维系人类自我、人与人、人与自然的动态平衡，必将成为文明的新型态，为世界持久和平与可持续发展提供强大思想动力。

---

① 大卫·格雷伯：《债：5000 年债务史》，中信出版社，2012，第 193 页。

附录二

人工智能时代的智慧教育体系

今天，我们面临一万年前农业革命以来最大之变局。

四五千年前农业时代的畜力能源革命、两百多年前工业时代的化石能源革命，将人类从繁重的体力劳动中解放出来。21 世纪人工智能革命，则将人类从复杂的脑力劳动中解放出来！

从采集时代的萨满到 20 世纪的大学教授，知识一直被少数人垄断着。人工智能打破了这种垄断，知识冲破学围校墙，成为免费的公共产品。随着知识的无限丰富以及知识获取的充分自由，身处信息大爆炸时代的我们，知识的选择、创造、应用比知识的记忆变得更为重要——这必然引发智慧之学取代理性知识，成为学习的主体。

智慧之学的目标不是成为专家博士，更不是庸俗的成功学，而是要在人生中战胜一切困难、烦恼，达到通达无碍的安乐境界——这是超越穷达、贫富、生死的！所以孔子说："君子之学，非为通也，为穷（穷，困窘——笔者注）而不困、忧而意不衰（衰，恐惧、慌乱——笔者注）也，知祸福终始而心不惑也。"（《荀子·宥坐篇》）

人工智能也改变了生产者与生产资料的关系。过去一万年来，人类一直深入生产过程。狩猎采集时代人们从自然界直接获取生活资料。从农业时代开始，通过选种和灌溉等技术革新，人类开始干预植物的自然生长过程。工业时代，人对生产过程的干预越发深入，新能源得到开发，新技术层出不穷，产业链越来越长，今天飞机等复杂产品的产业链已覆盖全球。

人工智能改变了上述趋势。随着大量无人工厂，智慧工厂的产生，人类开始远离生产过程，社会经济、就业结构发生根本性改变，影响现实中的每一个人——不仅影响到传统体力劳动者，也影响到脑力劳动者。

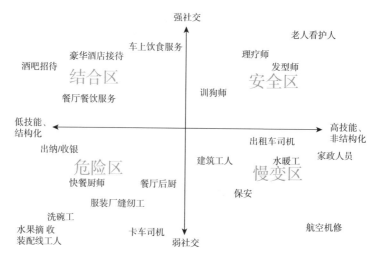

附2-1 就业风险评估图——体力劳动

来源:《AI·未来》，浙江人民出版社，2018，第182页。

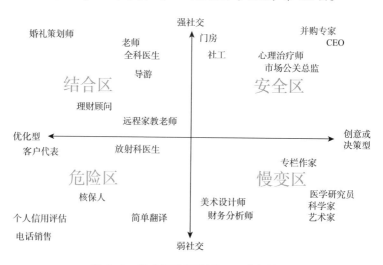

附2-2 就业风险评估图——脑力劳动

来源:《AI·未来》，浙江人民出版社，2018，第182页。

人工智能在多大程度上取代人类工作，专家对此有十分不同的观点。有一点是肯定的：人工智能会对不同职业造成巨大冲击，那些强社交领域将有更多工作机会。请看李开复博士提供的人工智能时代就业风险评估图，明确显示社交能力在人工智能时代的重要价值。要求更强社交能力的职业处在"安全区"内，不大可能失业。而处于"危险区"的职业会在不久的将来消失。

人工智能与人类最大的不同是前者没有自我意识和情感，后者拥有自我意识和情感。2017年5月，阿尔法狗3比0完胜柯杰，柯杰哭了，阿法狗却没有胜利的喜悦——心理学的研究表明，情感是人类复杂决策所必须的。机器可以有强大的理性决策能力，却没有基于情感的德行智慧，后者可能成为未来人与机器共存的基础。

郭店楚简《性自命出》说："道始于情，情生于性。"人工智能的短板——社交技能的培养来自人世间的自然秩序——人伦，以及基于人伦的道德情感，智慧权变。"德成智出"，这使得世俗化的中国智慧在人工智能时代变得尤其重要。

过去五百年来，人类对理性近乎迷信。而中国先贤认为，人类思辩本身不完备，它会受到各种已知、偏见的影响，为了摆脱这样的影响（《荀子》所说的"解蔽"），心性上的修养是必须的，是智慧的必经之路。所以孟子说："学问之道无他，求其放心而已矣。"（《孟子·告子上》）西汉扬雄说："学者，所以修性也。"（《扬子法言·学行第一》）

古代教人，必先内在修养（内圣）而后技术技能（外王），此为学术之本，《大学》云："自天子以至于庶人，壹是皆以修身为本。"郭店楚简《性自命出》云："教，所以生德于中者也。"中国西式现代大学教育舍本而逐末，诚可痛也！

现代西方教育将有灵性智慧的人培养成工业社会的机器零件，信息时代的智慧教育则要恢复"人"的教育，以培养能修身、齐家、治国、平天下的"成人"、"大人"为目标。

中国文化中，生理上的成熟并不是"成人"的主要标尺，成人意味着内圣外王、内养外用的成就，既要掌握自然天道，又要践行世间人道，本末合一，圆融无碍。孔子德行科的著名弟子颜回曾问孔子什么叫成人，孔子回答说："成人之行，达乎性情之理，通乎物类之变，知幽明之故，睹游气之源，若此而可谓成人。既知天道，行躬以仁义，饬身以礼乐。夫仁义礼乐，成人之行也。穷神知化，德之盛也。"（《说苑·辨物》）

德无止境。所以智慧教育体系必然是一种圣贤教育、一种通人教育、一种终身教育。

摆脱西方教育理念并不意味着抛弃西方知识体系，相反，我们在坚持中国主体性的同时，要包容西方知识体系，有容乃大！

孔子于中国文化中承上启下，为万世师表。过去二十年来，笔者努力整理孔子所传智慧之学体系"孔门四科"。在诸多贤能大德的帮助下，出版了有关德行、政事、言语、文学（经学）的著作十多种，让学人修习大道智慧有落脚处。

人工智能时代的教育必然是一种智慧教育。大道永恒——"孔门四科"作为智慧之学的教材，必将在新时代焕发出新的光彩。

它不仅意味着一种新型教育，也意味着从古老东方走向全球化智能时代的新文明！

附录三

复兴中国文化就是拯救世界

今天我们习惯于用西方概念解析中国文化，比如将儒学理解为重理性认知的西方哲学。实际上儒学重道德情感，"道始于情"，更接近于西方宗教。如果我们将儒学理解为西方哲学，最多只能盲人摸象，概括儒学的一个方面——只见哲学而不见儒学，将导致中国本土学术体系的消解。

清华大学人文学院方朝晖教授认为，西方学术体系遵从"知"的逻辑，是针对"认知"目的而建；中国学术遵从"做"的逻辑，总结生命实践以服务人格成长，二者不能"拉郎配"。他对此痛心疾首："20世纪中国学术史的一个重要特征就是，把本来不属于'认知'范畴的学术强行纳入到'认知性'的学术传统之中，从而导致几千年来绵延不绝的中国古代学术传统的人为中断。这种情况的发生，完全是由于到今天为止几代人都在用西方'认知'的逻辑来阅读、理解和接受中国古代学术的产物，这场对中国传统学术思想的普遍误读无疑同时也构成了我们民族学术史、思想史及文化史上一场空前绝后的灾难。"[1]

所以，我们要高度重视中国本土学术与现代西方学术的异质性。在全球化时代，这是中国文化复兴的理论起点。

---

[1] 方朝晖：《中学与西学》，中央编译出版社，2022，第3页。

1. 内外一贯——异于西方的中国文化特征之一

任何文明都包括内养外用两个方面。内养即内在的修养、伦理道德；外用即外在的事业、社会治理。

人类早期社会，由于人口少，复杂程度低，社会治理能够与内在修养水乳交融，弥漫于神话仪式、生产生活之中。

一旦进入大型的社会共同体，内养与外用关系就变得复杂起来。西方宗教文明本质上是超越现世的，尽管基督教对艺术、科学有着巨大的影响力。哲学家贺麟甚至将宗教精神视为体，物质科技文明视为用，认为二者共同缔造了近代西方文明。在《儒家思想的新开展》中他说："基督教文明实为西方文明的骨干，其支配西洋人的精神生活，实深刻而周至（周至，意为周到，详尽——笔者注），但每为浅见者所忽视。若非宗教的知'天'与科学的知'物'合力并进，若非宗教精神为体、物质文明为用，绝不会产生如此伟大灿烂的近代西方文化。"[①]

西方历史告诉我们：基督教与现代科学，基督教与政治间存在着持续的张力，它有时会转化为难以调和的矛盾。比如达尔文的进化论与《圣经》的上帝造人观念，中世纪神权与王权的斗争。现代西方文化解决这一矛盾的方法是政教分离，政治、经济等人文社会科学的去道德化——"上帝的归上帝，凯撒的归凯撒"。

中国文化不是这样。它深入世俗，内养与外用，内圣与外王相统一，修身、齐家、治国、平天下一以贯之。具体包括法律与道德的统一，社会教化与政治治理（政教）的统一等。

在去道德化泛滥的当代，如何引导和约束激进的物质文明已成当务之急。可以预料，内在道德与外在事业统一的中华文化，将发挥重要的建设性作用。

2. 道法自然——异于西方的中国文化特征之二

物理学定律具有普世性，放之四海而皆准，因为物理学描述客观事物的

---

① 贺麟：《儒家思想的新开展》，收入《文化与人生》，商务印书馆，1998。

规律，是超越种族、国家、宗教界限的。

中国文化也具有普世性，放之四海而皆准。因为它强调道法自然，道义——正确的路线以万物自我演化为准则。

受河上公注释的影响，长期以来，人们将《老子》中的"道法自然"理解为"道自己如此"、"道无所效法"，这是错误的。清华大学哲学系王中江教授对此有过细致的剖析，他指出《老子》中道同"万物"和"百姓"密切联系，并没有脱离形而下的物理世界，道一方面是万物之源，更为重要的，它是万物演化发展的道路、路线。他说："'道法自然'的意思是'道'遵循'万物'之自然。老子哲学一方面思索的是形而上学的问题，这一问题主要是围绕'道'与'万物'的关系展开的；另一方面思索的是政治哲学的问题，这一问题主要是围绕'圣王'和'人民'的关系展开的。"①

与西方一神教信仰、公民（民族）国家强烈的排他性不同，中国文化崇尚道法自然，"道并行而不悖"——基于自然社会分层，建立起伦理道德体系；基于趋利避害的人类本性，建立起明德慎罚的政治体系；"天地之性，人为贵"，所以没有排他性的公民观念和异教观念，人与人社会地位、角色不同，但精神人格上最高级、皆平等——这才是真正的自由、真正的平等！

今天，我们需要用"道法自然"的理念和精神看待世界及他者，创建涵盖全人类的、真正的普世文化！

3. 天下为公——异于西方的中国文化特征之三

西方社会与中国社会明显的区别是：前者缺乏代表人民整体利益、调节不同阶层利益的强大中央政府，即中国文化中的"公"或"中"，《礼记·礼运》称之为"天下为公"，《尚书·洪范》称之为"建中立极"——对于发端于四五千年前且延续至今，为中华所独有的这种社会形态，西方人不能理解，粗暴冠之以"威权""专制"这类恶名，而将自己的社会美其名曰"自由"、"民主"。

殊不知，由于缺乏代表社会整体利益的强有力中央政府，西方国家政府

---

① 王中江：《道与事物的自然：老子"道法自然"实义考论》，《哲学研究》2010年第8期。

多为庞大的私人垄断资本所绑架，社会公平失去保障，必然走向失衡和分裂。国内如此，国际上更如此，结果国内国际都动荡不安，这是当今世界的严峻现实！

21世纪的美国社会不再呈中产阶级独大的枣核形，其社会严重分裂，到了无法达成基本共识，社会鸿沟难以弥合的程度。在国际上，则表现为全球化的倒退、国际合作难以展开以及国际局势的持续紧张。2022年9月20日，联合国秘书长古特雷斯在第77届联合国大会一般性辩论讲话中指出：目前世界"已陷入大麻烦之中"，国际合作遭到破坏，地缘政治分歧不断加深，不平等现象加剧，气候危机继续恶化，生物多样性丧失严重。在减少贫困、消除饥饿和实现优质教育等最基本可持续发展目标方面所取得的成果发生逆转。①

面对失序的世界，全球大争时代，人类需要新的发展道路——事实证明，以私有制和自由市场为基础的当代西方文明不能让我们摆脱目前的困境。《大宪章》（1215年）奠定的自由民主精神、《威斯特伐利亚和约》（1648年）奠定的当代民族国家体系一方面促进了西方文明的迅猛发展，另一方面也锁定了它走向内外分裂的历史宿命。

生生不息持续发展五千年，以天下为公为基础有中华政治经济、社会生活方式，无疑为人类提供了一条古老而崭新的可替代道路！

中国发展道路及其背后的中国文化，是21世纪人类文明范式革命的根本动力——在此意义上，复兴中国文化就是拯救世界！

---

① 《联合国秘书长警告：世界已经"岌岌可危"》，网址：https://news.ifeng.com/c/8JTJ3n9feqp。